知識ゼロからの

着物と暮らす入門

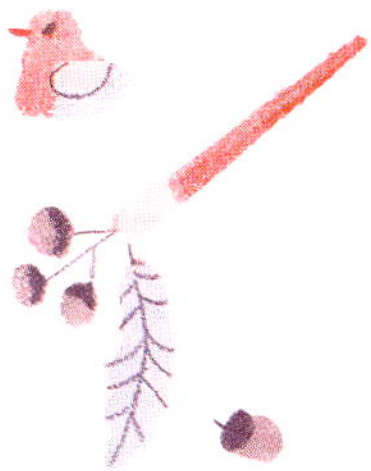

ぺたこさん
石橋富士子

幻冬舎

知識ゼロからの

着物と暮らす

―入門―

もくじ

第一章 お気に入りの着物を手に入れる 7

第二章 「習うより慣れ」が着るコツ 19

第三章

四季それぞれに着物を楽しむ

第四章

着物で働く、出かける　85

第五章 手入れ、手作りで、自分流に 113

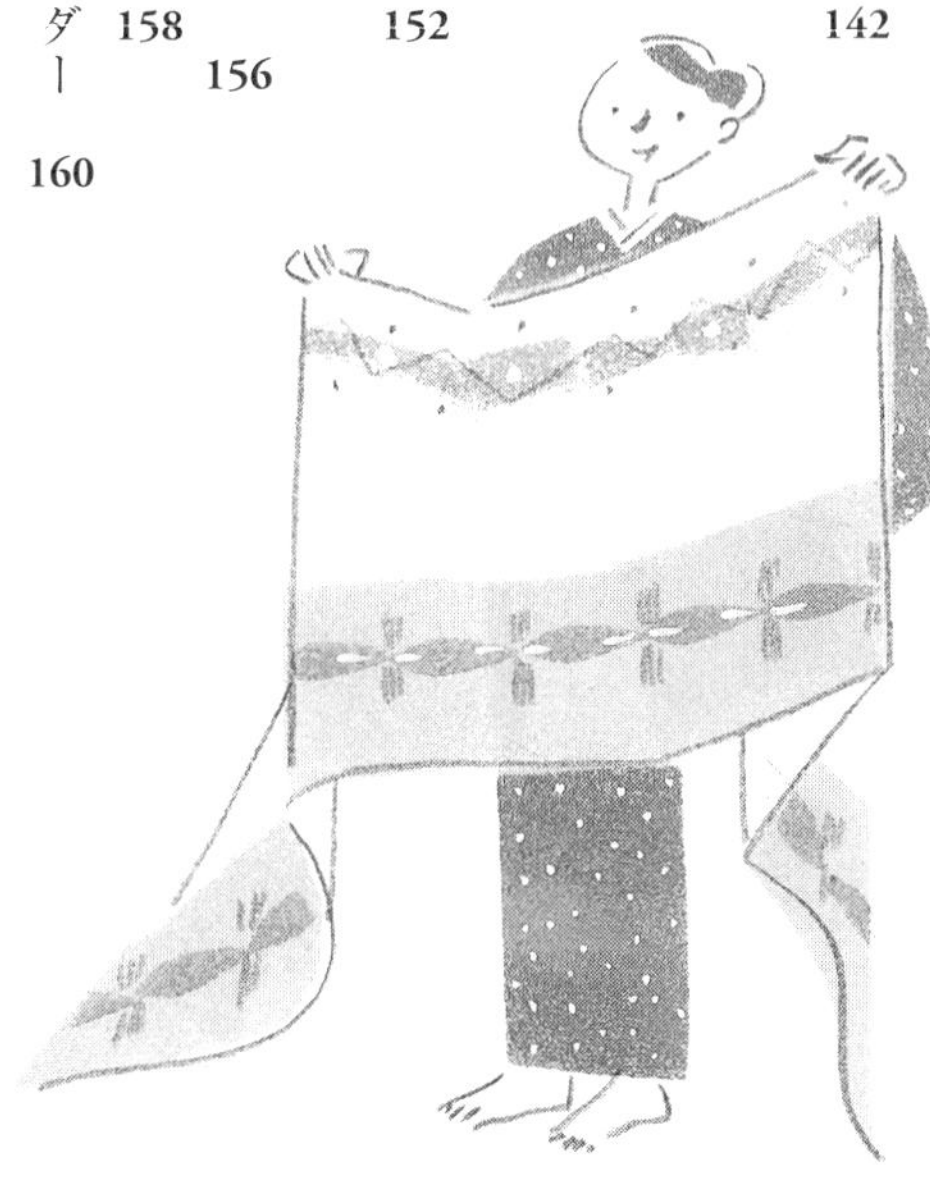

第1章

お気に入りの着物を手に入れる

基礎知識

知っておきたい、サイズと名称

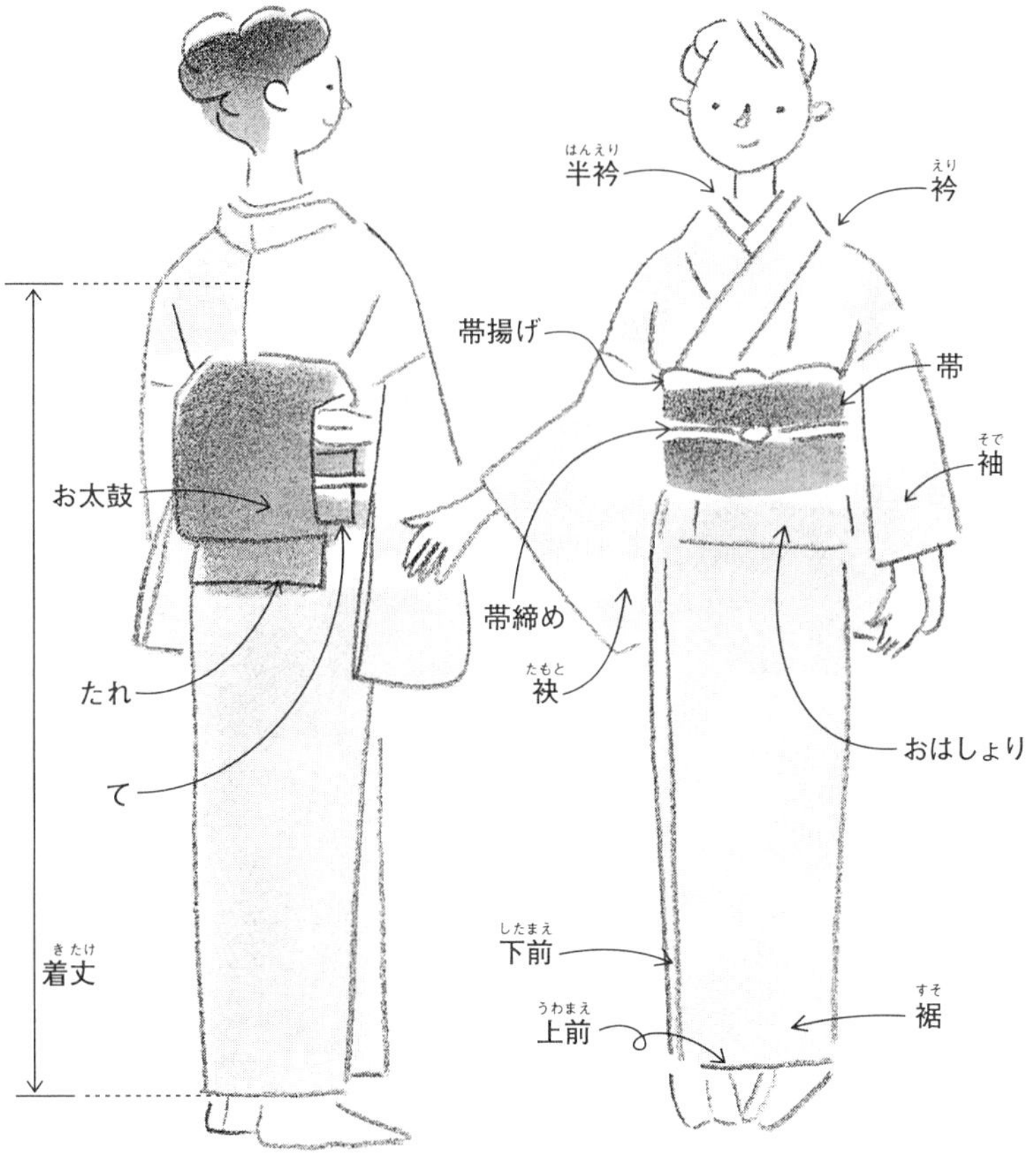

着物の各部分には名前がついています。聞き慣れない呼び名ですが、覚えておくと仕立てや直しなど、人の手が必要となったときに便利です。

とくに電話やインターネットでのやりとりのときに、呼び名を知らないと話が通じないことも。ネットオークションでも、この呼び名で表示されるのが一般的です。

なかでも重要なのは着物の長さの「身丈《みたけ》」と、袖の長さ「裄《ゆき》」。着物を購入するときはこの二つをとくに気をつけます。身丈が足りないとおはしょりができず、裄が足りないと袖がつんつるてんになってしまうからです。

アンティーク市や骨董市《こっとういち》など、その場で試着できないけれど気に入った着物を見つけたときや、たくさんの着物のなかから短時間で着られるサイズを見つけるにも、自分のサイズを知っていると重宝です。ぜひ一度サイズを測りましょう。

自分のサイズを
一度きちんと
測っておくと便利ですョ

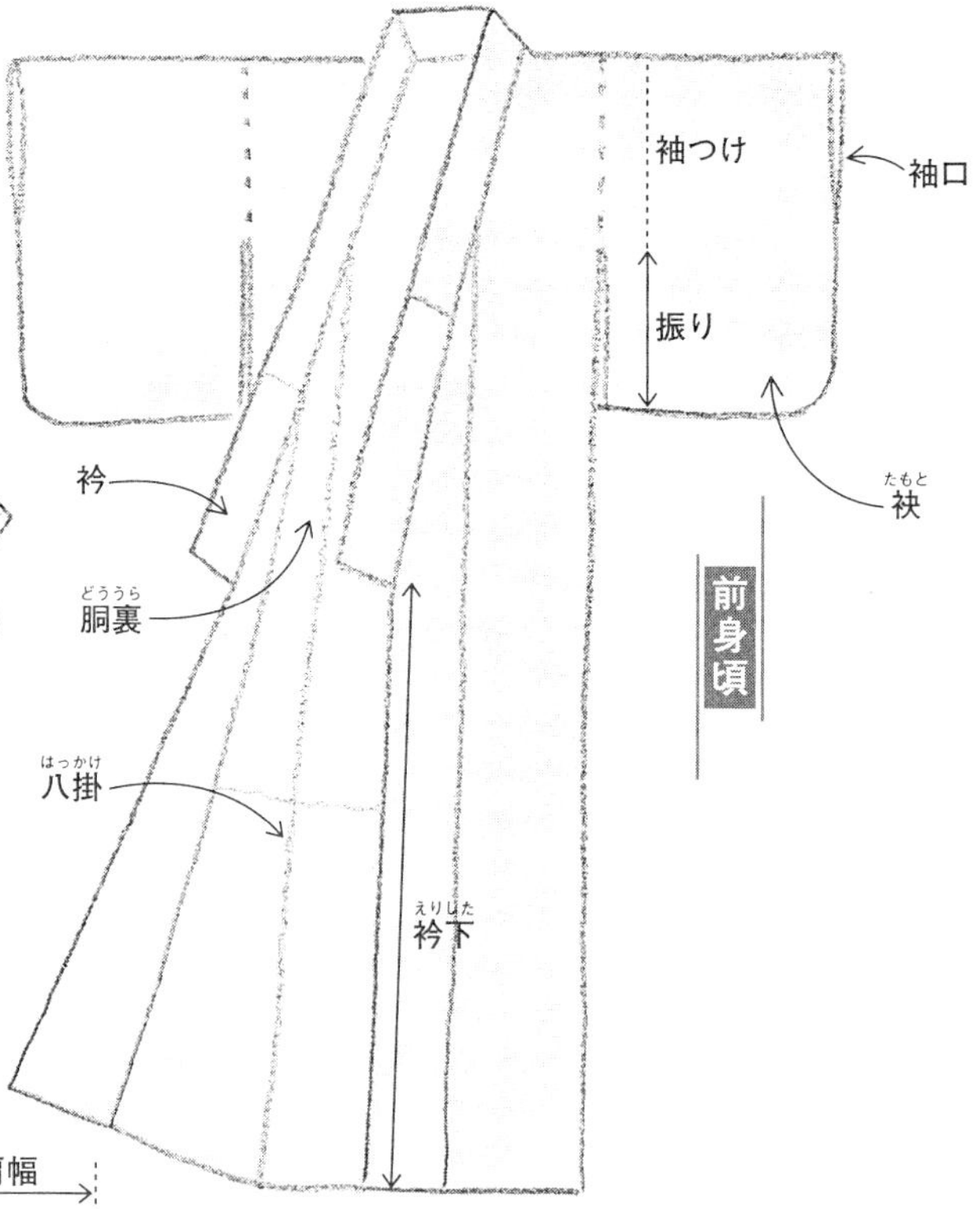
袖つけ
袖口
振り
衿
胴裏《どううら》
八掛《はっかけ》
袂《たもと》
衿下《えりした》
前身頃

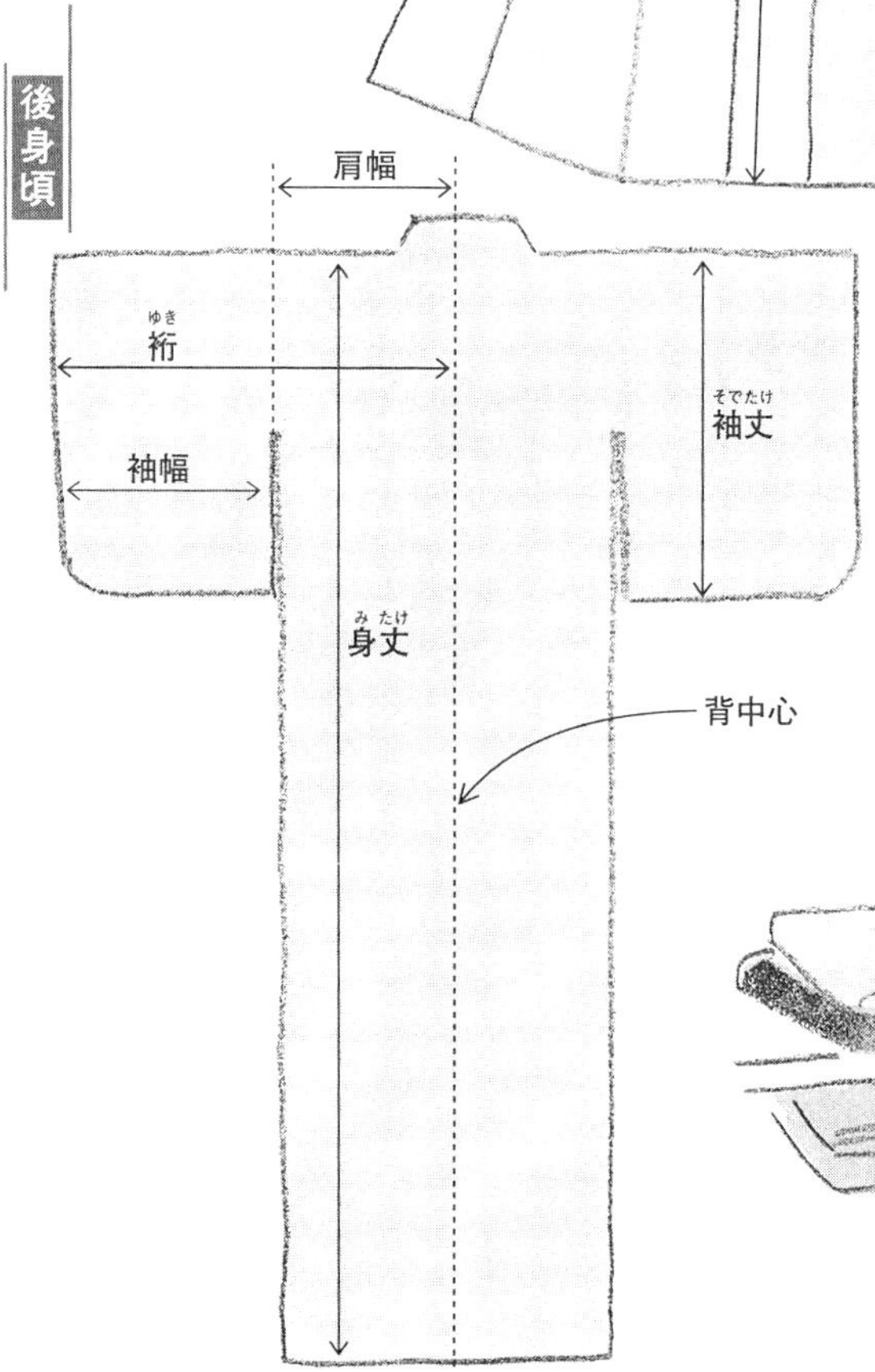
後身頃
肩幅
裄《ゆき》
袖丈《そでたけ》
袖幅
身丈《みたけ》
背中心

私のサイズは
○○だから
ちょっと短い
かしら……

インターネットのオークションで買う

インターネットのオークションでは、全国からアンティーク着物の出品が集まっていて、探してみると掘り出し物や安い着物が見つかります。家にいながら数多くの商品を見ることができますし、上手に利用すると便利です。

その一方で、さまざまなトラブルも発生しているようです。届いた商品の色が写真と違っていたり、質感などイメージと違っていたり、見落としがあったり……。代金を振り込んだのに商品が届かないなどというひどいケースもあるとか。

着物や帯は出品者が撮影していることがほとんどなので、写真の撮影のしかたで印象が変わります。

代金の支払い方法や、品物の受け取り方など、きちんと確認しましょう。顔の見えない相手とのやりとりです。想像力を働かせて慎重に、楽しいお買い物をしたいものです。

しかし…いろいろ失敗も。
全然写真とイメージがちがう…
手ざわりも伝えにくいものねェ
ざらざら
ガーン
競り合いで落札したものの……高かったなあ
あれェ？絹100％とネットに書いてあったのに！
ポリエステル100％
そのほか、振り込んだのに商品がなかなか届かないとか、いろいろトラブルもあるようです。ネットオークションは便利ですが、慎重に！

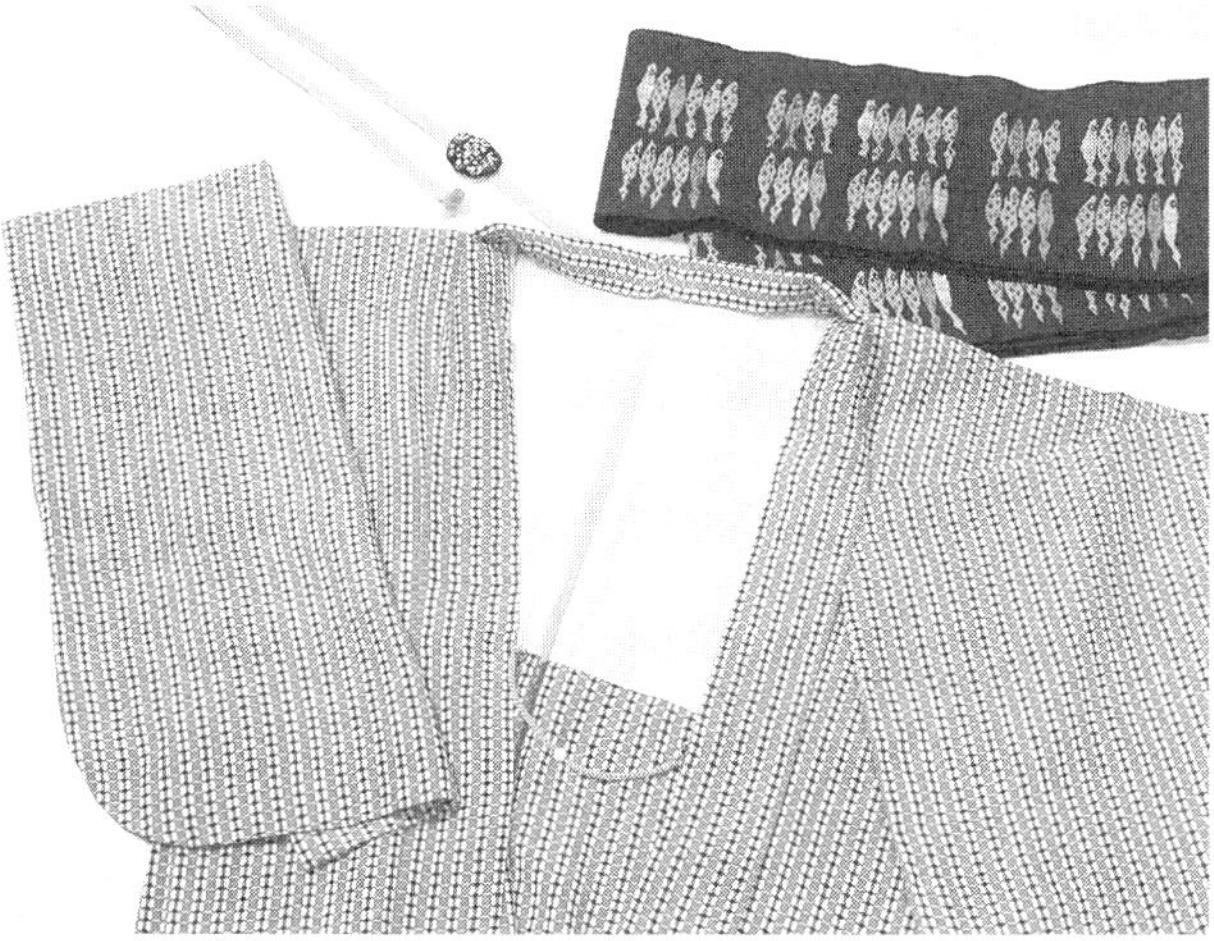

インターネットで買ったもの

赤い羽織は思ったよりも色が鮮やか。２種類の帯締めと帯留めはときどき使っているもの。緑色の半幅帯は魚の模様で、気に入った１品。

初めての「お仕立て」。注意したいこと

初めての
お仕立てあがり…
さて、どこに行きましょう？

呉服屋さんやデパートに行くと、着物売り場に、つい立ち寄ってしまいます。古い着物もいいけれど、やっぱり一枚は自分の着物を作りたいですね。初めての着物を選ぶときのポイントは、どこに着て行くための着物を作るか？　ということです。それによって見立てが変わってきます。

たいていお店の人は、応用範囲が広くて長く着られる一枚をすすめます。それは色《いろ》無地《むじ》（37ページ参照）や小紋《こもん》（38ページ参照）の着物です。色無地なら、若い人にはピンクやオレンジ色、ある程度の年齢になると紫色やブルーかな。無難《ぶなん》で出番は多い一枚ですね。

普段着の着物が欲しいときは、自分の好みをもっと出してもいいと思います。紬《つむぎ》や絣《かすり》など、自分らしくて、そのうえ長く着られる一枚を見つけたいですね。

さてあなたは、どんなシーンで着る着物を作りますか？

どんな着物を作る？

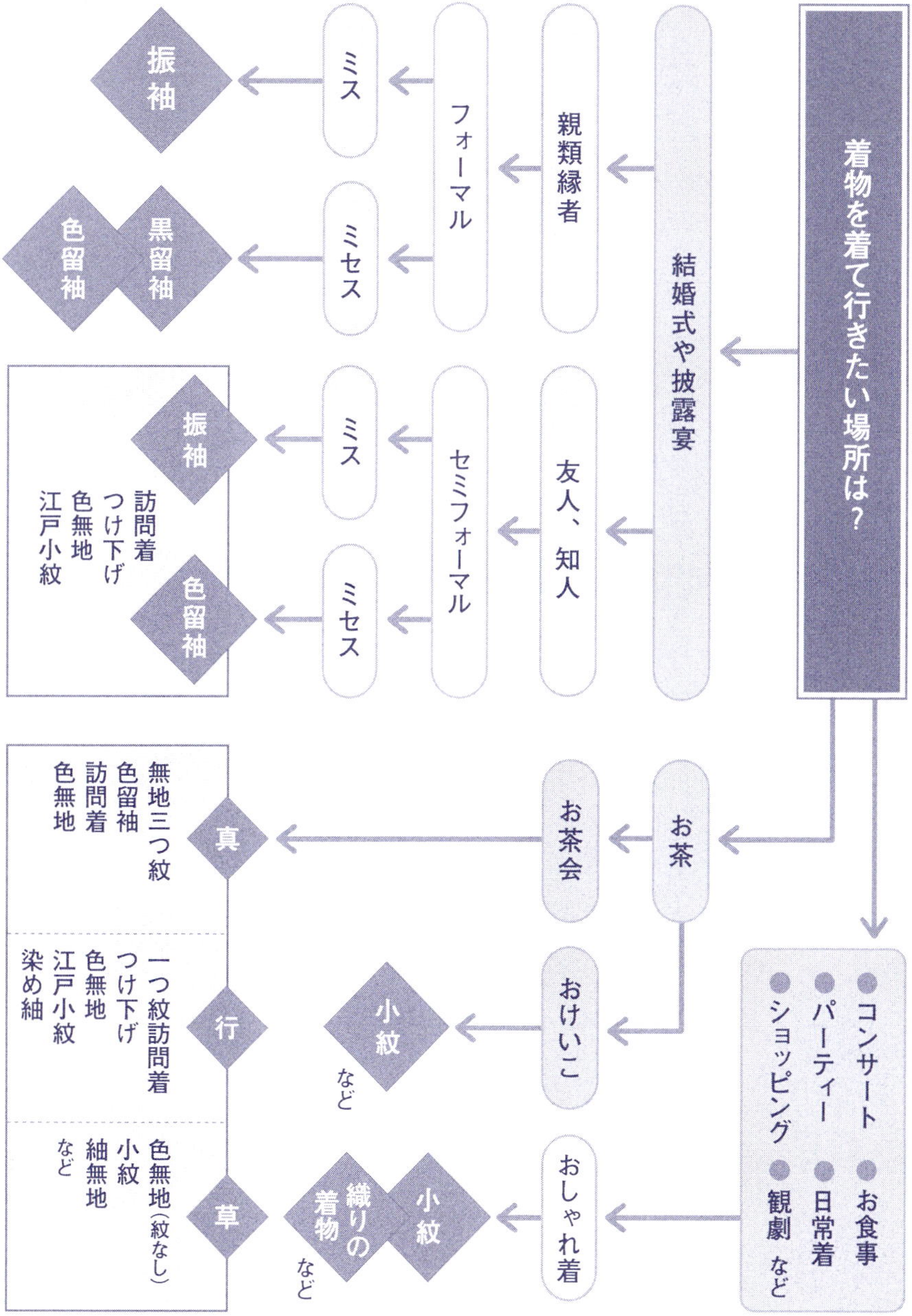
着物を着て行きたい場所は？
結婚式や披露宴
親類縁者
フォーマル
ミス
振袖
ミセス
黒留袖
色留袖
友人、知人
セミフォーマル
ミス
振袖
ミセス
色留袖
訪問着
つけ下げ
色無地
江戸小紋
お茶
お茶会
真
無地三つ紋
色留袖
訪問着
色無地
おけいこ
小紋
など
行
一つ紋訪問着
つけ下げ
色無地
江戸小紋
染め紬
●コンサート ●お食事
●パーティー ●日常着
●ショッピング ●観劇 など
おしゃれ着
小紋
織りの着物
など
草
色無地（紋なし）
小紋
紬無地
など

着物には時と場所に合わせたルールがあります。34ページも参照してください。

自分でリメイク、裄《ゆき》を出す

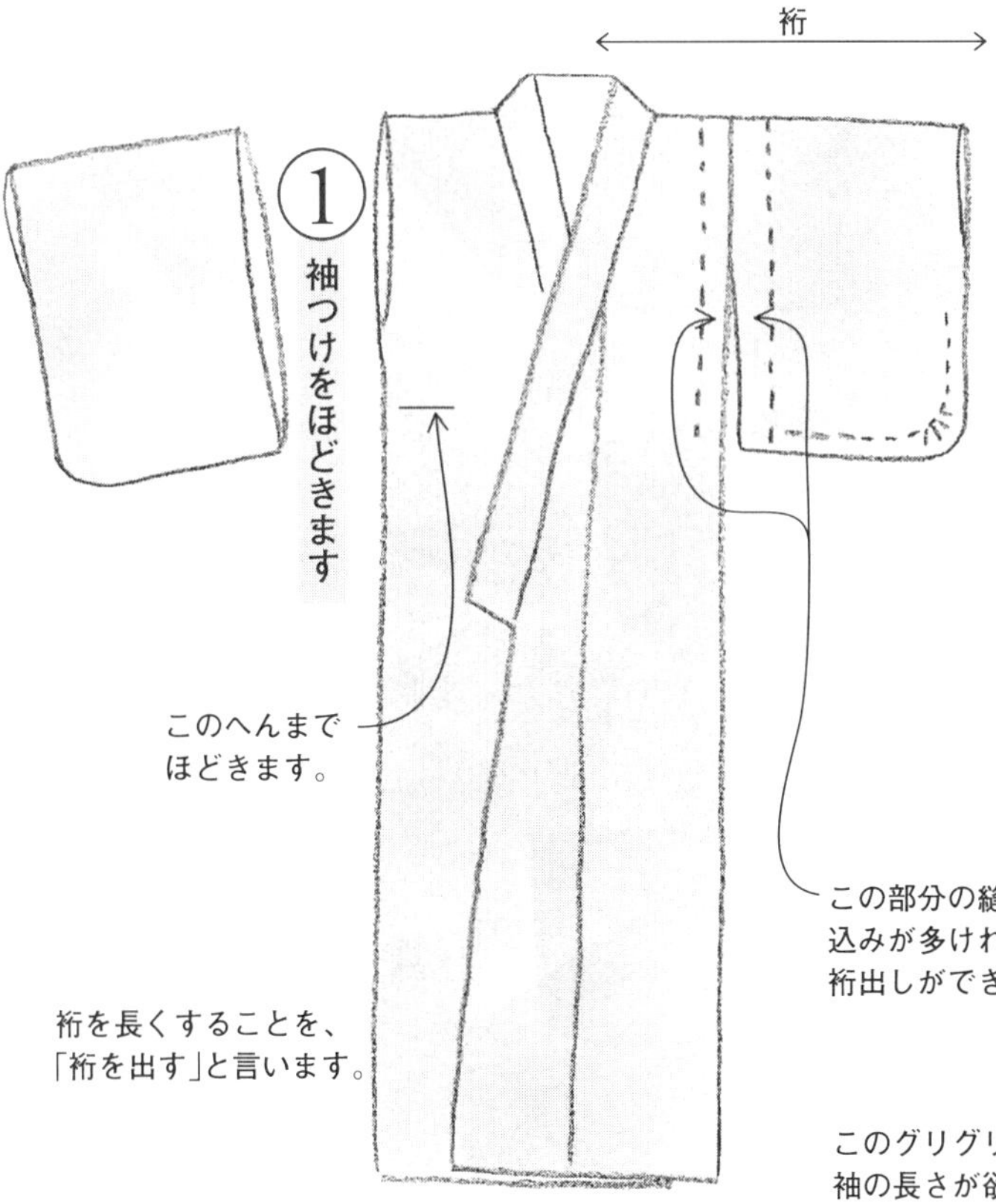
裄
①
袖つけをほどきます
このへんまで
ほどきます。
この部分の縫い
込みが多ければ、
裄出しができます。
裄を長くすることを、
「裄を出す」と言います。

ツンツル
テーン
このグリグリまで、
袖の長さが欲しいところ。

アンティーク着物は好き。昔の着物は織りがしっかりしているし、染料も今とは違う物を使っていて、色の具合が落ち着いてきているので、新しい着物にはない雰囲気があります。

気に入って試着しようとしますが、悲しいかなたいてい小さなサイズ。昔の人はやはり小柄だったのでしょうか。身丈もそうですが、とくに裄が短いものが多いです。短いのを承知で買っても、何回か着ているうちに、裄の短さがやはり気になります。

裄を直す方法があります。わりと簡単なので、縫い込みがある着物なら、図のようにすれば自分でできるかもしれません。

残念ながら、縫い込みがあっても直せない着物もあります。生地《きじ》が弱くなっていて縫い合わせ部分が擦《こす》れて薄くなっているものや、縫い目部分に焼けによる退色があって、裄を出したら、焼けが目立ってしまうものなどです。

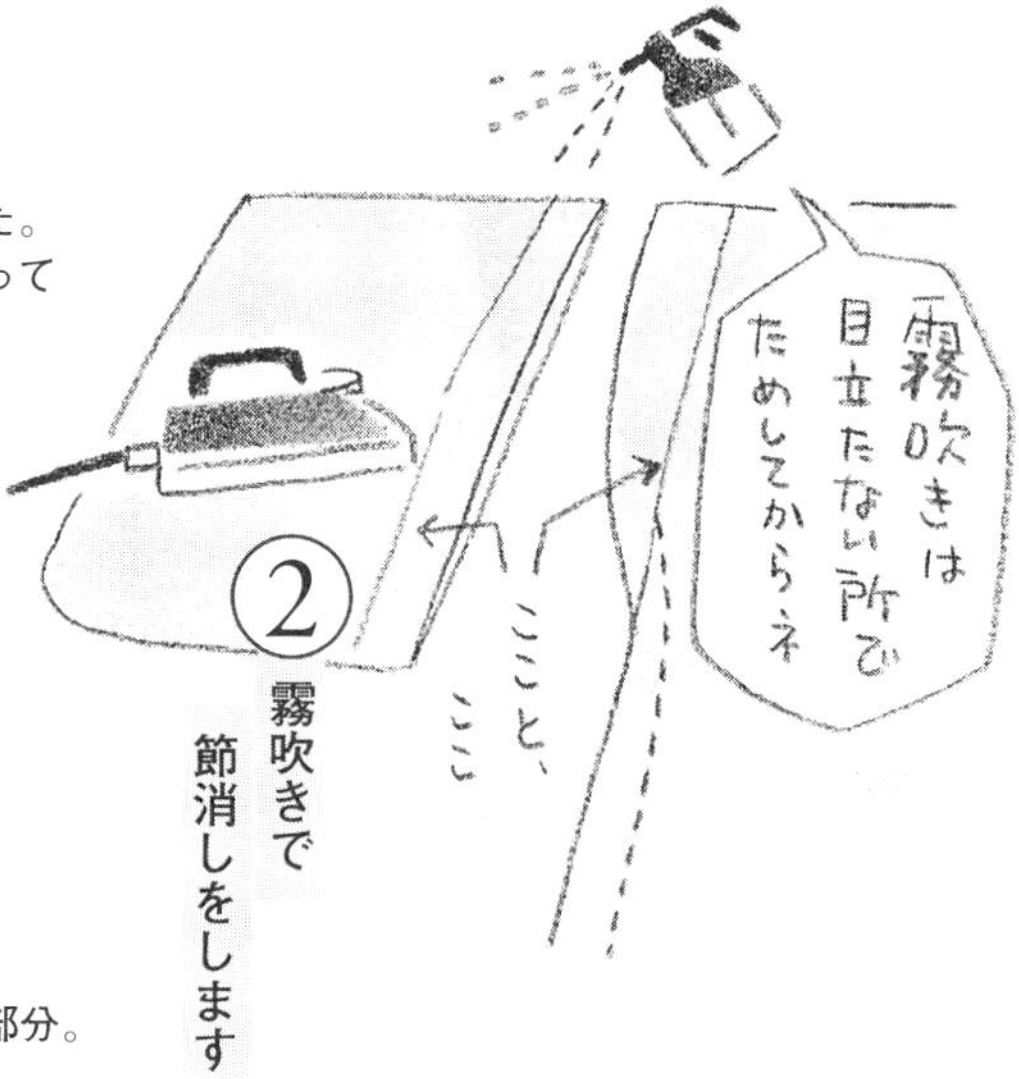
霧吹きは目立たない所でためしてからネ
ここと、
ここ
2
霧吹きで節消しをします

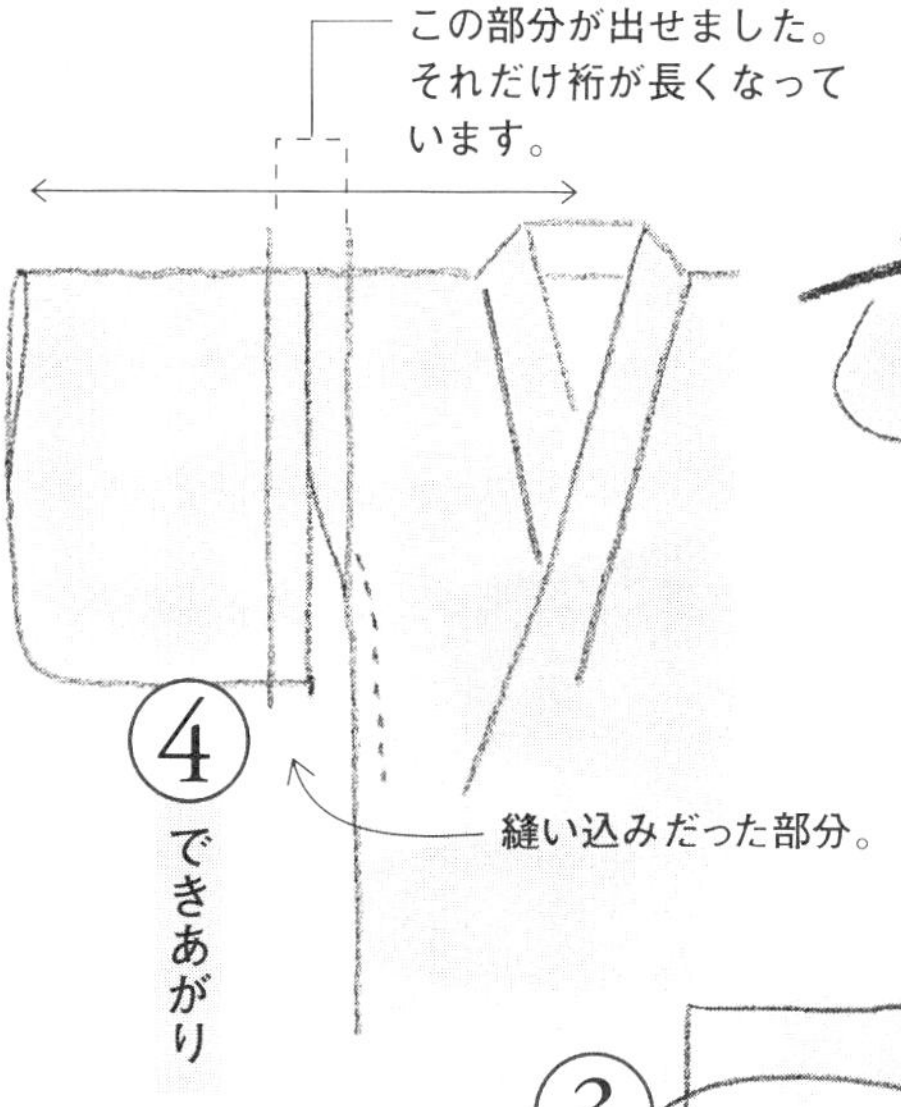
この部分が出せました。それだけ裄が長くなっています。
4
できあがり
縫い込みだった部分。

もう一度アイロンをかけます。

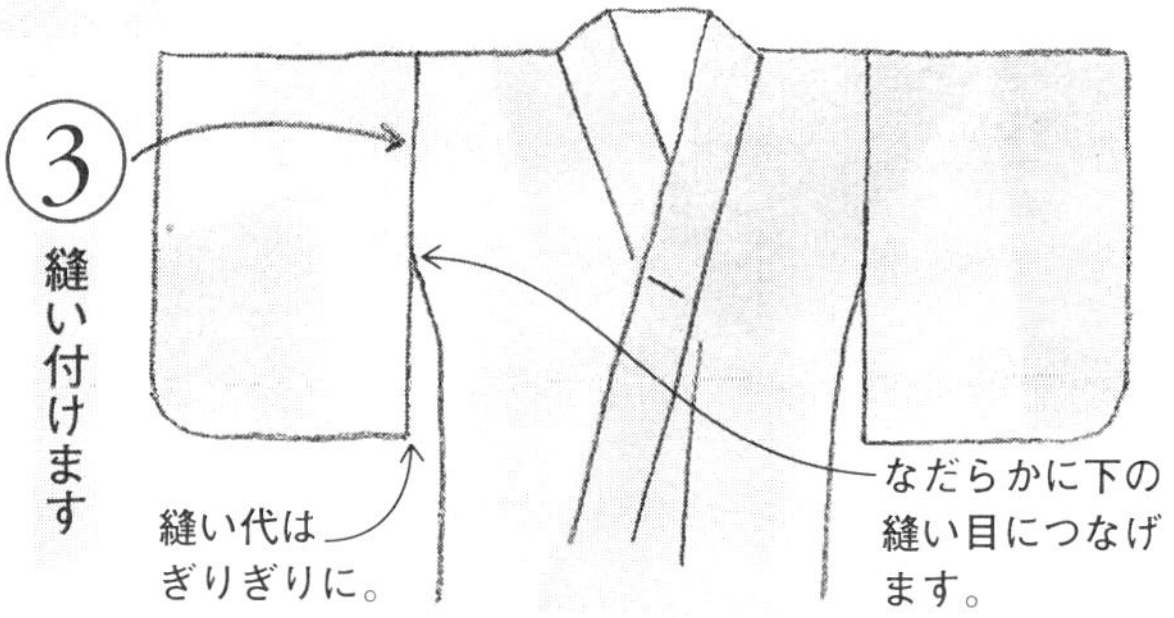
3
縫い付けます
縫い代はぎりぎりに。
なだらかに下の縫い目につなげます。

着物を購入するときに縫い込みがあるか、出せそうか、お店の人に相談してみましょう。

役立情報

くじら尺とは

昔は、寸法をセンチメートルで表わしていませんでした。すべて、尺、寸を使う「くじら尺」です。くじら尺は日本古来の単位で、和服の仕立てには、現在でも使います。アンティークショップなどで販売されている和服は、センチメートルで書かれていることもありますが、和服の世界では、まだまだ使っている単位なので、知っておくと便利です。

一丈《じょう》
＝約3m80cm

一寸《すん》
＝約3.8cm

一反《たん》
＝約11m40cm

一尺《しゃく》
＝約38cm

オーダーで本格的着物リメイク

解《と》くと反物《たんもの》の状態に戻る着物は、最初から作り直すことまで考えられているんですね。

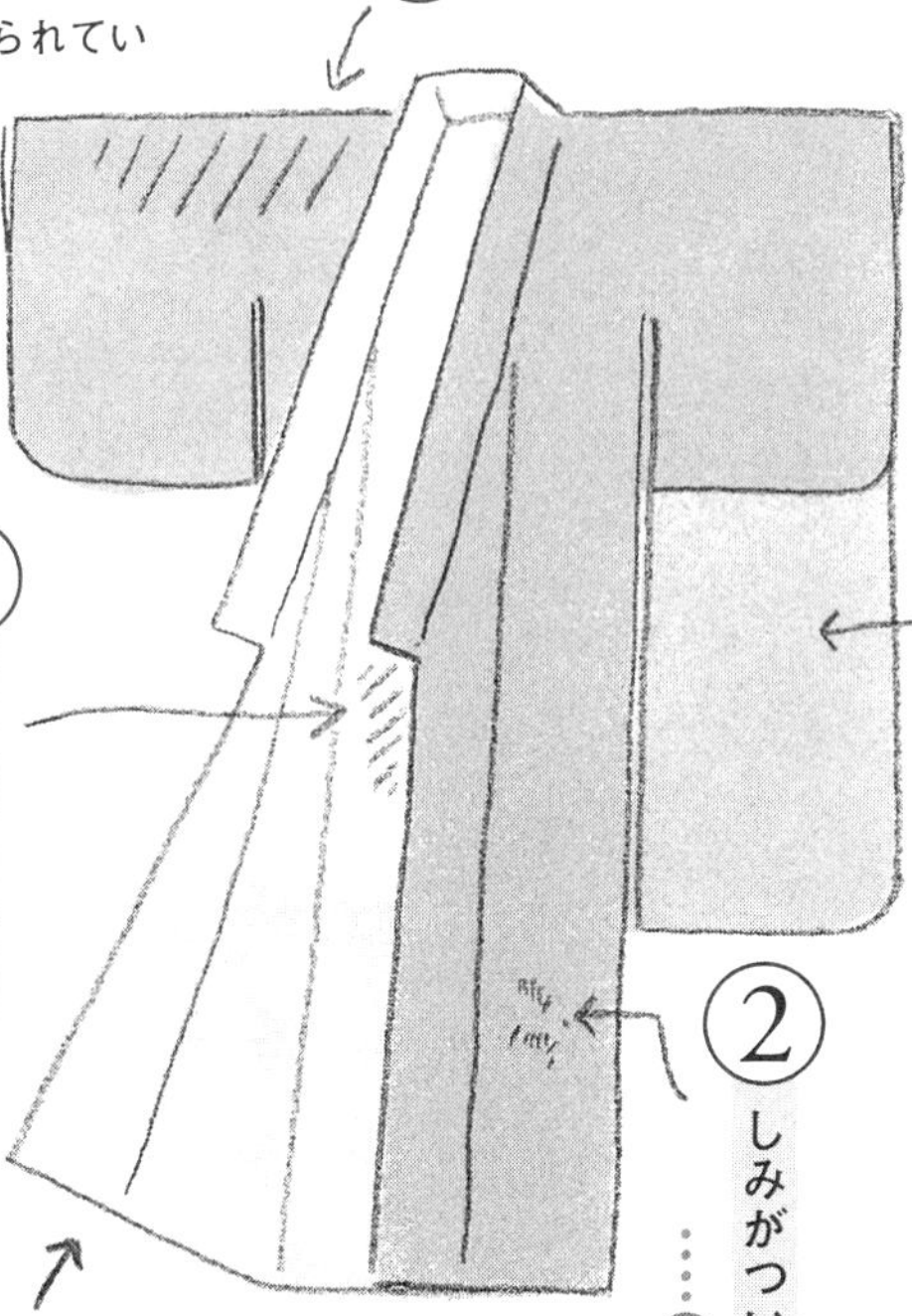

① 振袖の長い袖を切って普通の着物にしたい ……本文へ
② しみがついた ……2へ
③ 全体に色あせしてしまった ……3へ
④ おしりの部分が薄くなった ……4へ
⑤ 八掛がすりきれてきた ……5へ

愛着のある着物、でも着るにはちょっと難あり、という着物は誰しも一枚は持っているのではないかしら？　たとえば成人式に着た振袖、祖母や母からもらったサイズの合わない着物など。

直線断ちの着物は、いろいろな方法でよみがえります。

振袖は柄にもよりますが、袖を切ることができます。切り取った布で、お揃いのバッグを作ってもらったという人もいて、よい方法だと思いました。

作り直すときには、まず「洗い張り」をします。古い着物の縫い目をほどいて、すべてを四角い布に戻します。その状態で洗って、四角く形を整えながら乾かします。洗い張りをすると、汚れが落ちてピンッとなり、まるで新品。さらに、元の色より濃く染め直すこともできます。

洗い張りは、専門の業者に頼むのが普通ですが、昔は自宅でしたものでした。

こんな相談を

2 しみ

3 色あせ

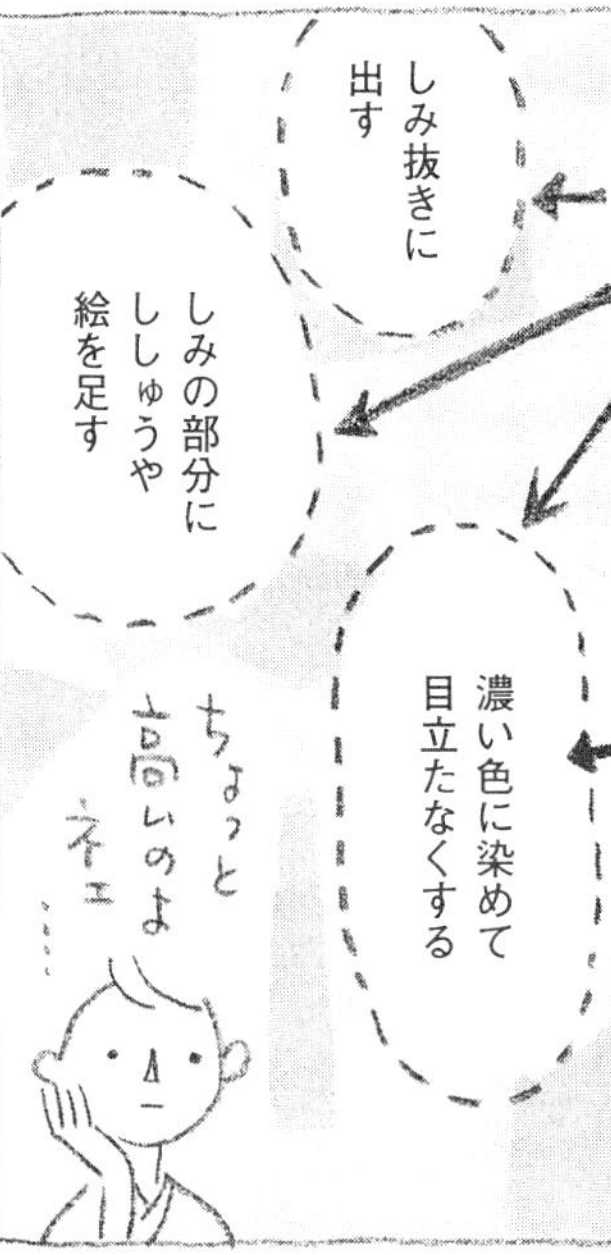

しみ抜きに出す
しみの部分にししゅうや絵を足す
濃い色に染めて目立たなくする
ちょっと高いのよネェ……

4 布が薄くなった

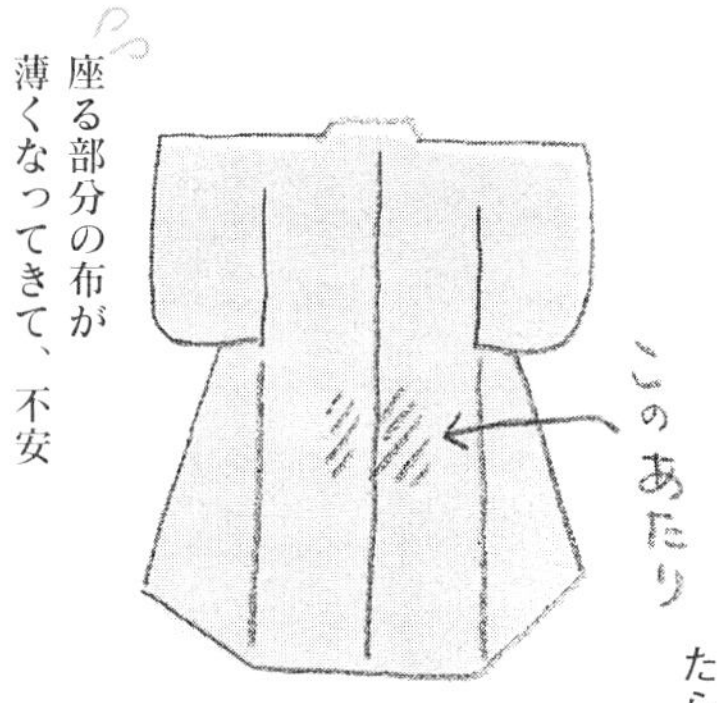

座る部分の布が薄くなってきて、不安
このあたり

表側の布が薄くなってきたら、破れてしまう前にお手当を。

洗い張りをしてから、下のような方法で直します。

表の布だけでなく八掛も薄くなっているでしょうから、新しいものに取り替えたほうがいいかもしれません。

その1 前身頃と後身頃を入れ替えて縫う

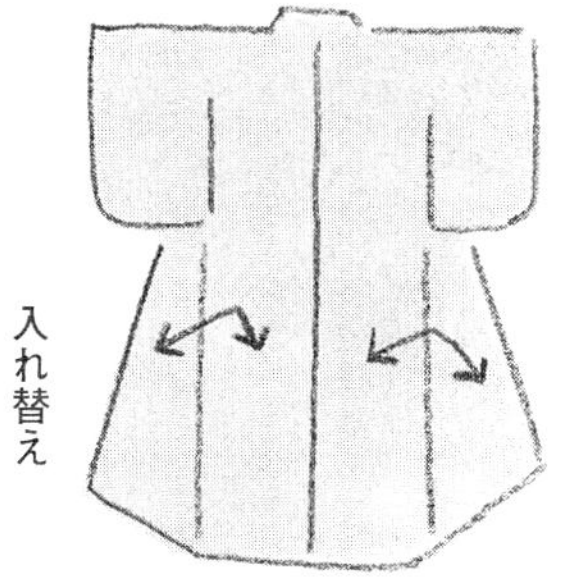

入れ替え

その2 新しい布を足して別の着物に作り変える

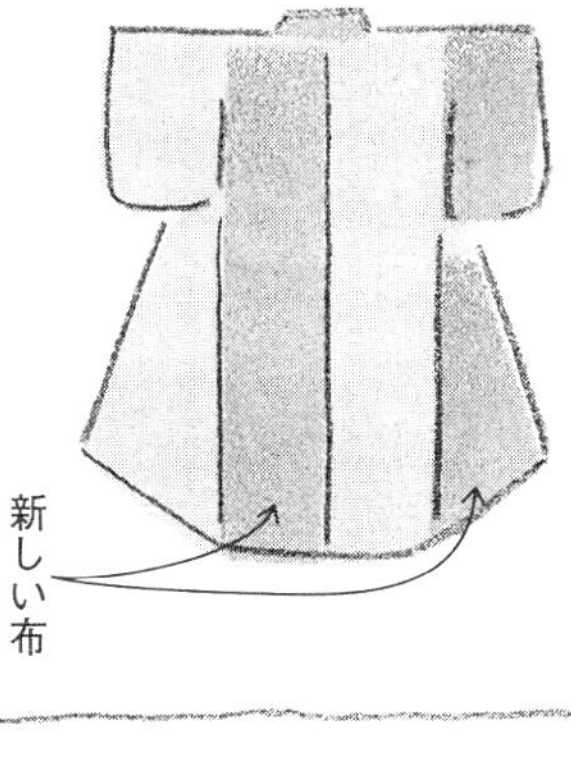

新しい布

5 上下逆に縫い直す

袷《あわせ》の着物は、裏に二種類の布がついています。上部分を胴裏、下の部分を八掛《はっかけ》といいます。八掛の上部は胴裏に重なっているわけですが、ここにいせこみの余裕があれば、八掛を上下逆にして使えます。

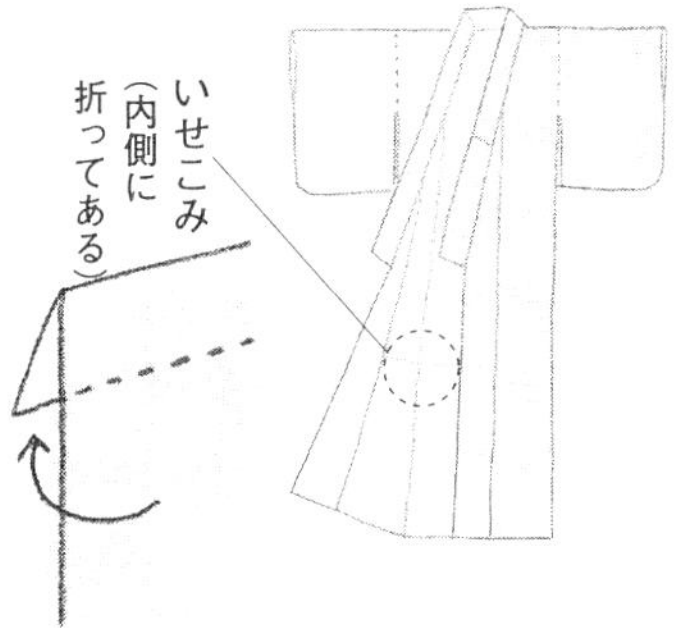

いせこみ（内側に折ってある）

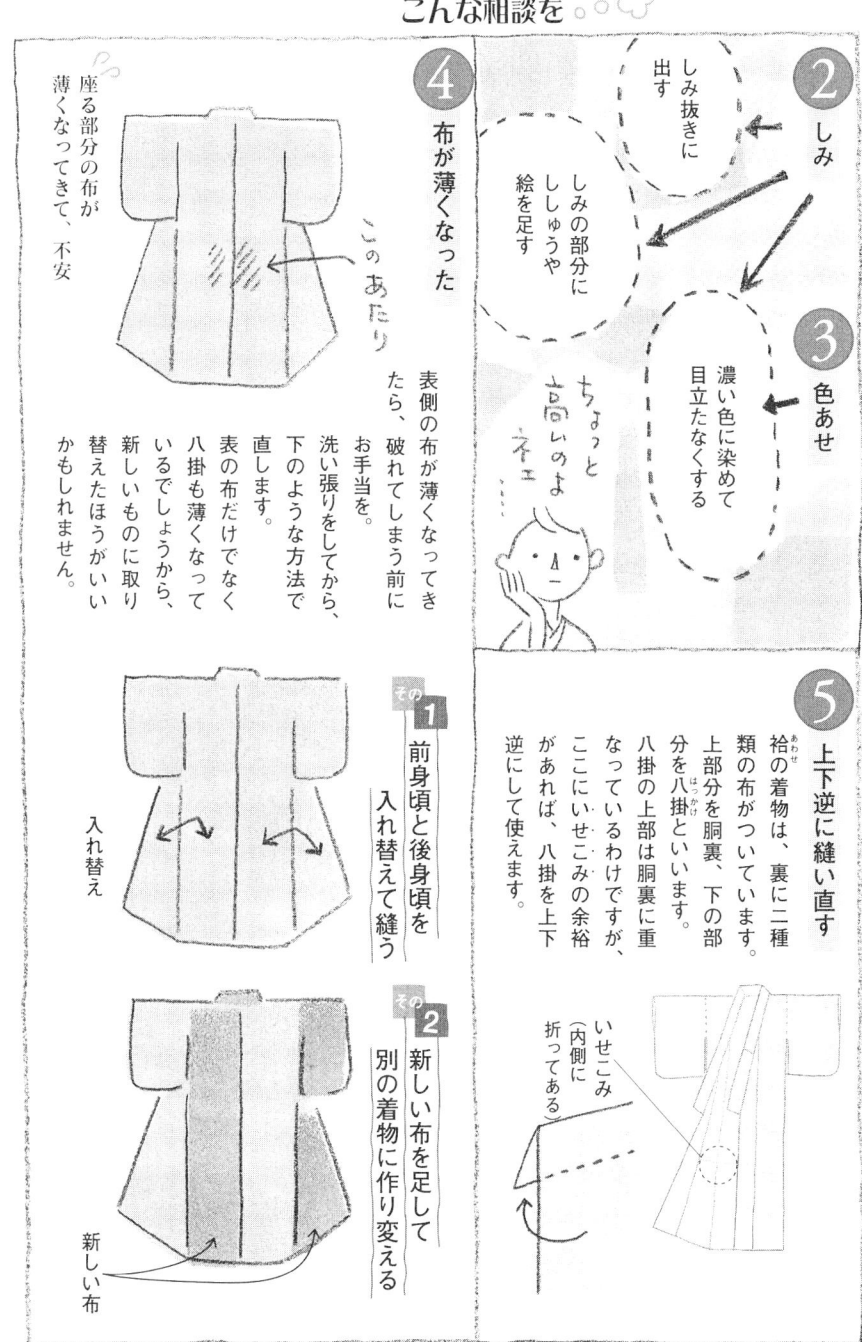

アンティーク着物を買うときに

私はアンティークショップを覗《のぞ》くのが好き。そこには、今までどこかで眠っていた着物たちが、新しい出会いを待っています。新品を購入するよりも安く、すぐに着用できる状態のいいものもたくさんあります。

お店の人も着物好きが多いので、着物の知識も豊富。着た感じを見たり、アドバイスだってもらえます。

都内にはアンティークショップがあちこちにありますが、品揃えに店ごとの好みが反映されているような気がします。大正ロマンが好きな店、江戸好みのさっぱりした店、とにかく安い着物をどーんとたくさん並べている店、美術館に入るような豪華な着物を陳列している店など。

手持ちの着物を持って行き、合いそうな帯を相談するのも楽しいですね。着物には微妙な色が多いので、記憶に頼ったり写真を持って行くよりも、実物を持って行ったほうがぴったり合うものが見つかります。

第2章
「習うより慣れ」が着るコツ

長じゅばんを着る

①長じゅばんを肩にかけます

下に引き、後ろの衿を抜きます。

背縫いをつまみ、背中心を背中の真ん中に合わせます。

②下前を合わせます

下前の衿先が脇にくるように。

長じゅばんは持っているのですが、ほとんど着ません。着物を毎日着ているとひんぱんに洗うので、大きな長じゅばんは、洗うのも干すのもちょっと面倒なんです。

　長じゅばんの柄はとてもかわいらしいものが多いですね。こけし、桜、手まりなど、持っているだけでロマンチックな気分になります。お気に入りの長じゅばんを着るときは特別な日。誰に見せるというものではありませんが、「秘密」を着ているようで、ちょっとウキウキします。

　毎日愛用しているのは「うそつき」です。上下に分かれていて、ネットに入れて洗濯できるのでとても楽です。

　気に入った生地があったら、手軽にうそつきの袖を取り替えます。身八つ口からちらっと見える色は挿《さ》し色のようで後ろ姿のアクセント。渋い着物に鮮やかな赤をのぞかせたり、同系色の濃淡で落ち着いた感じにしたり。着物ならではの楽しみ方です。

③ 上前を合わせます

衿の合わせは、若い人は狭く。のどのくぼみが隠れるくらいに。

身八つ口から手を入れて、下前を引きます。

④ ひもを当てます

衿を押さえながらひもを持ち、バストより少し下に当てます。

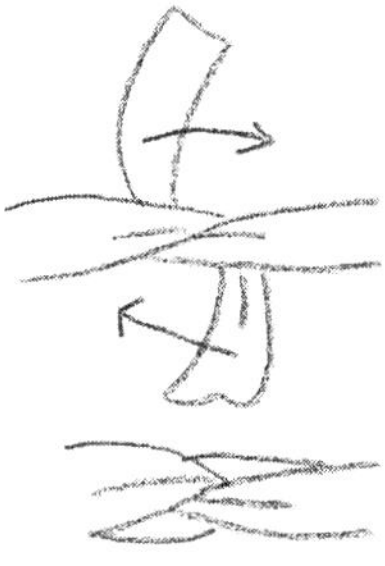

⑤ ひもを交差させます

衿を崩さないように押さえながら、ひもを持った手を後ろにまわし、ひもを交差させます。

ひもを前にもってきて、前でからめて左右に振り分け、始末します。

⑥ できあがり

この上から伊達締めをしめる人もいますが、私はこれで終わり

着物を着る

① 着物をはおります

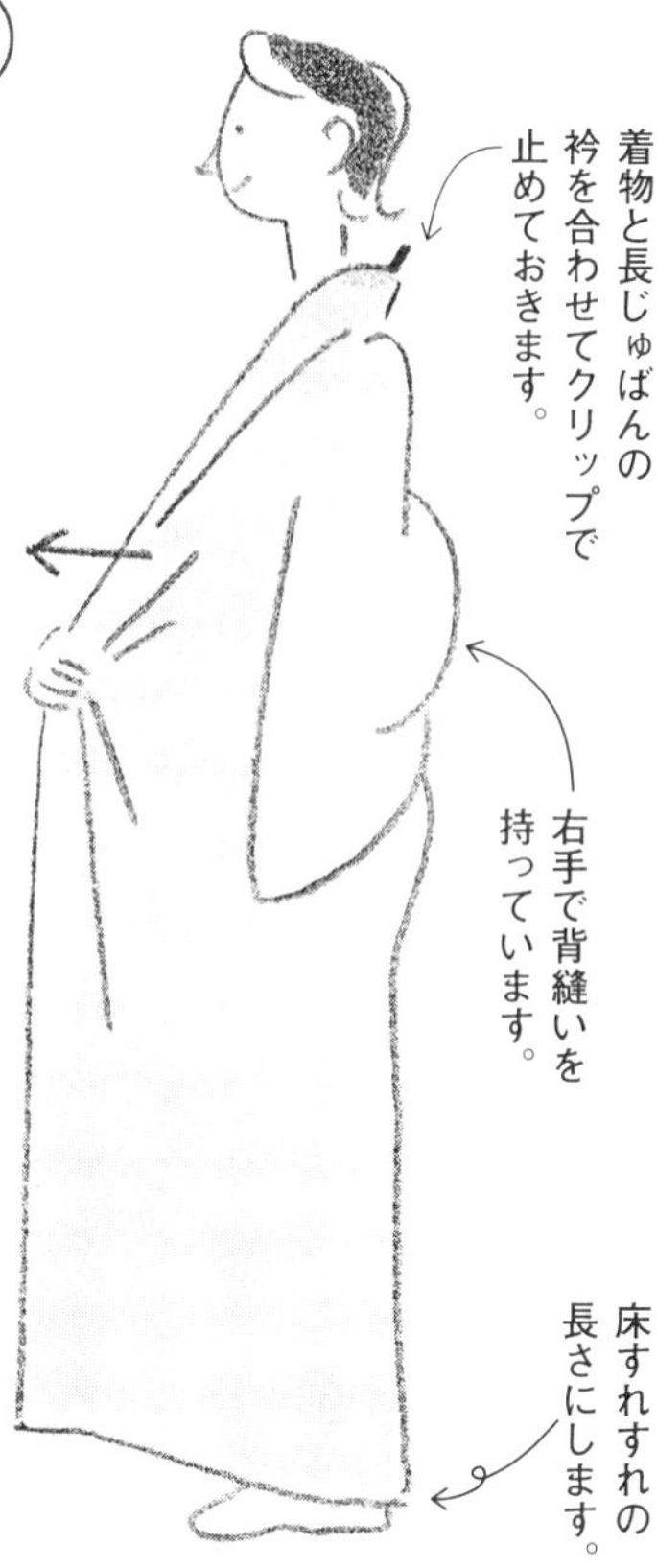
着物と長じゅばんの
衿を合わせてクリップで
止めておきます。
右手で背縫いを
持っています。
床すれすれの
長さにします。

② 上前を決めます

上前
右脇に合う
くらいに。

着物を着るときは、必要なものを全部手に届くところに置いて始めます。足りないものがあって途中で取りに行くのは×。時間もかかるし、焦《あせ》るし、汗かくし、着終わってもなんとなくぴしっと決まりません。

着るときは最初に足袋《たび》を履《は》き、姿見を見ながら順番に着付けていきます。それぞれ身につけた段階でチェックのポイントがあるので、手と、鏡で確認します。

着付けるときに気をつけるのは腰ひもの位置です。腰ひもはへその上、骨盤のちょっと上くらい。これは自分の楽な場所を着るたびに探して、最終的に落ち着いた場所です。ここで締めれば呼吸も苦しくないし、たくさん食べてもへっちゃらです。

ひもが肋骨《ろっこつ》の上にかかると、呼吸をするときに肋骨が広がるのをひもがさえぎってしまいます。あばら骨など、胸部にひもがかからないように注意しましょう。着ているうちに苦しくなります。

③ 下前を決めます

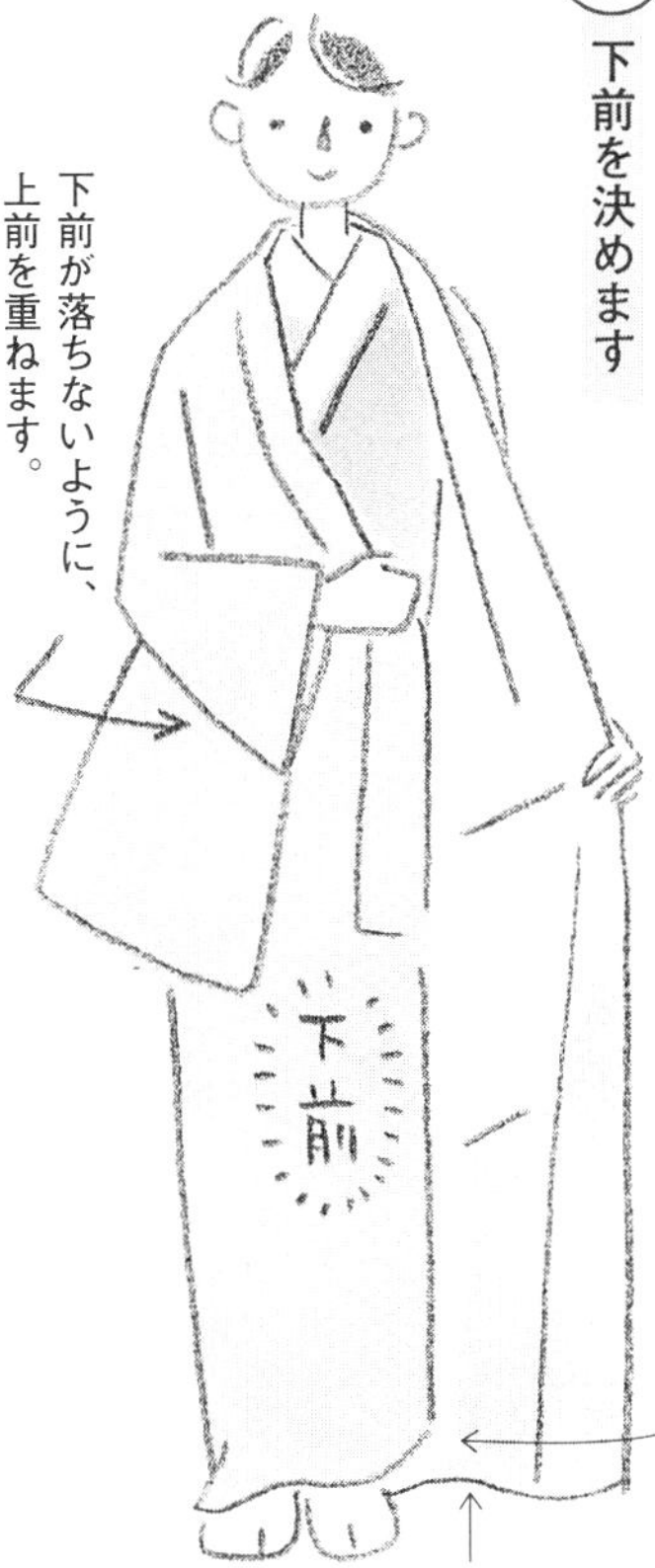

下前

下前が落ちないように、上前を重ねます。

裾をちょっと上げます。

④ 腰ひもを締めます

腰骨より2～3cm上で

裾が落ちないようにしながら、ひもを当てます。

後ろにまわして、ギューッと締めます。

⑤ 締めました

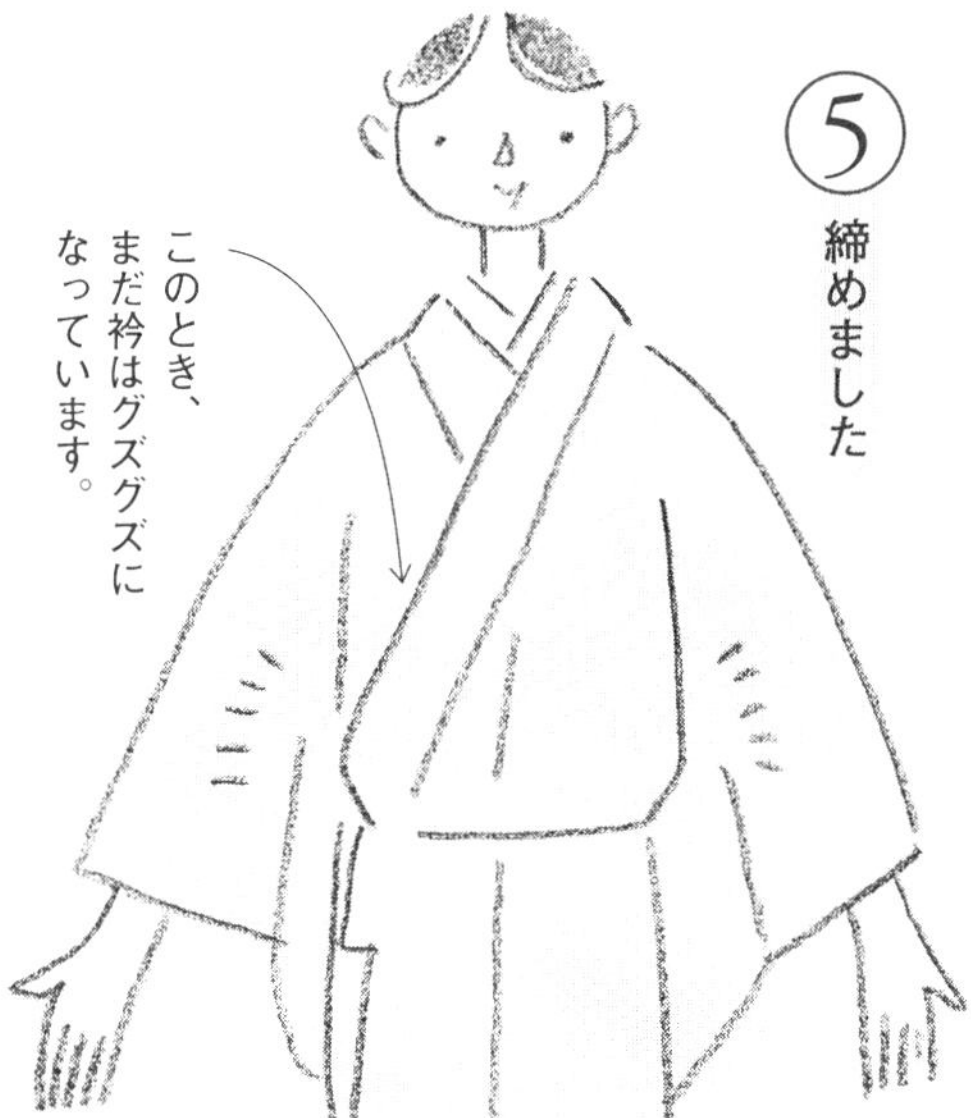

このとき、まだ衿はグズグズになっています。

ちらちら鏡を見ながらチェックします

⑥おはしょりを整えます

身八つ口から後ろに手を入れます。

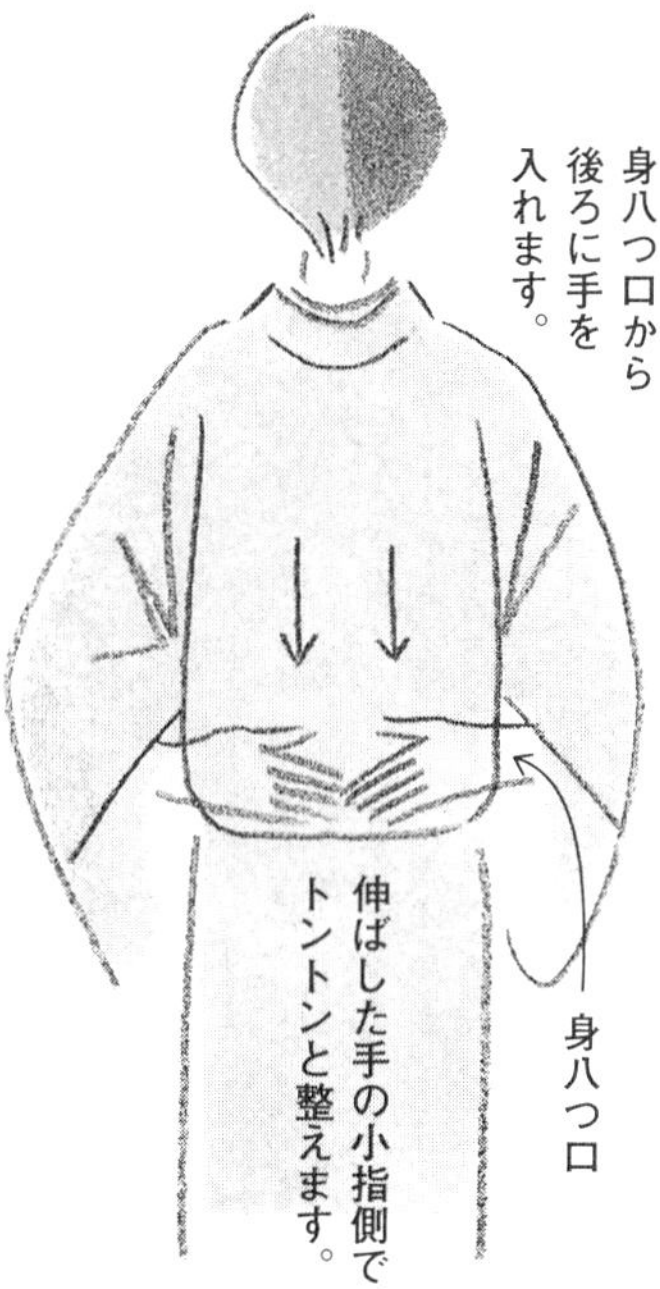

伸ばした手の小指側で、トントンと整えます。

⑦衿を整えます

上前も整えて半衿を出します。

半衿が少し見えるように、下前を整えます。

前のおはしょりがグジャグジャにならないように。

左右の衿幅は同じぐらい。

⑧衿を止めます

クリップのついたゴムベルトで、衿を止めます。

ひもは後ろにまわっています。

⑨ 下前を整えます

下前が余るので、折りながら上前に入れます。

⑩ 伊達締めを締めます

衿を崩さないように押さえながら。

⑪ できあがり

伊達締めをすると、後ろにしわができます。両脇に寄せて、背中のしわを取ります。

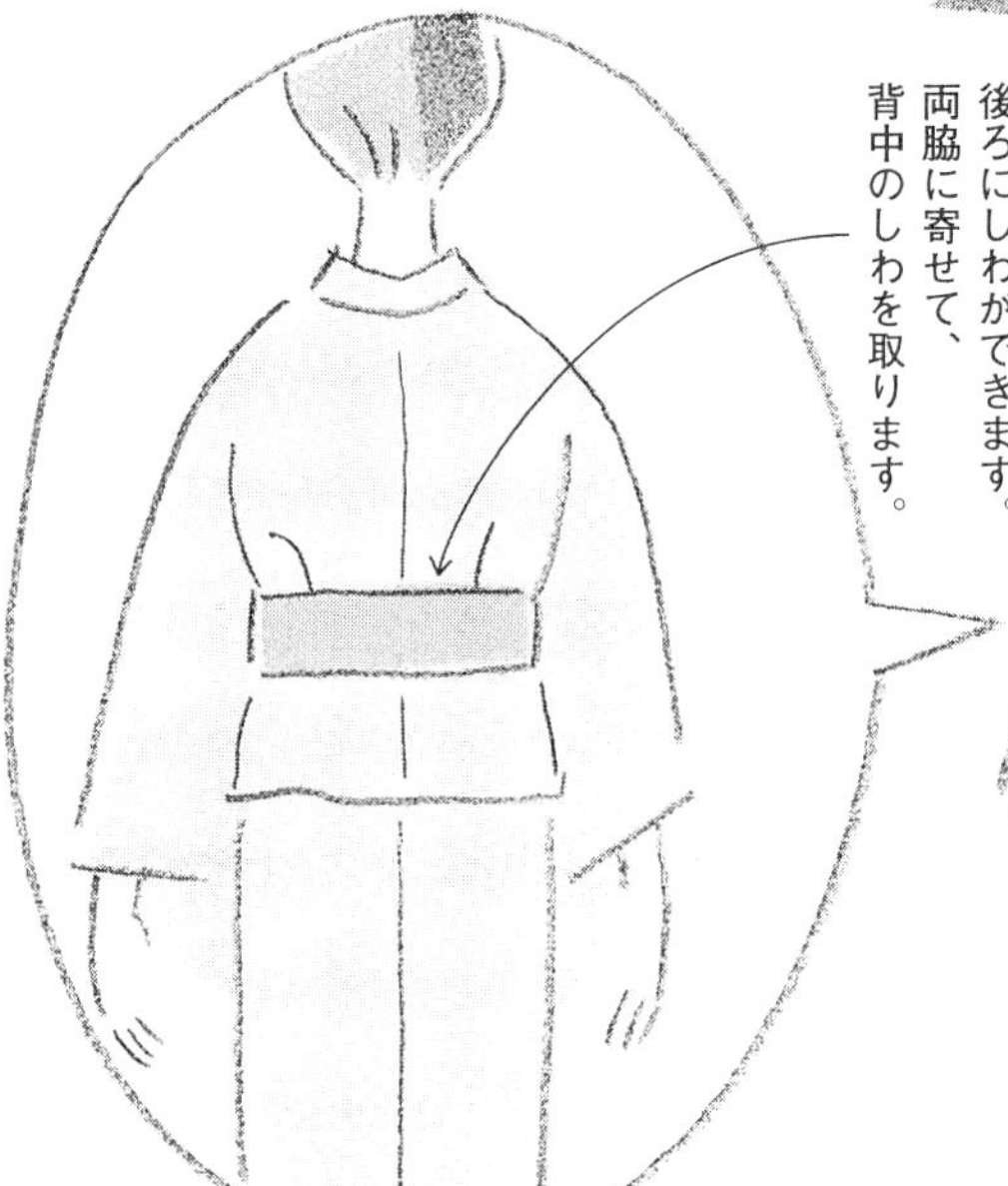

名古屋帯を結ぶ

① 後ろから巻き始めます

てを二つに折り、て先は腰のあたりまでもってきます。
折った側（折り山）が下になります。
たれ
後ろでは、てを折り上げています。
折る
帯には「て」と「たれ」があります。

私の持っている無地や縞《しま》などの帯は、季節感が強すぎないので出番が多く、重宝しています。素材はさまざま。薄手で柔らかなものや、分厚くてごわっとしているもの、ざっくりしているもの、ニットのように収縮性のあるものなどです。

とくに結びやすいのは、ニットのように少し収縮性のある半幅帯で義母からの頂き物。締めやすいからか義母も気に入っていてだいぶ締めたらしいのですが、まだまだ丈夫。手作りの、ごわっとした麻布の半幅帯も結びやすく、夏場に重宝しています。

半幅帯は生地に張りがあったほうが結びやすいですね。帯締めをしないときもあるので、柔らかいと結び目がゆるんできてしまいます。張りを保つために、帯を洗ったら必ず強めにのり付けしています。

帯をしまう際にはお太鼓部分に折れじわができないように注意しましょう。このしわ、ついたらなかなか取れません。

② 胴に二巻きします

帯を動かすのではなく、自分の体を回転させます。

二巻きする途中で、帯板を入れます。

③ たれを引きます

てを下ろします。

④ て先を前帯にはさみます

て先を前にもってきて、帯にはさんでおきます。

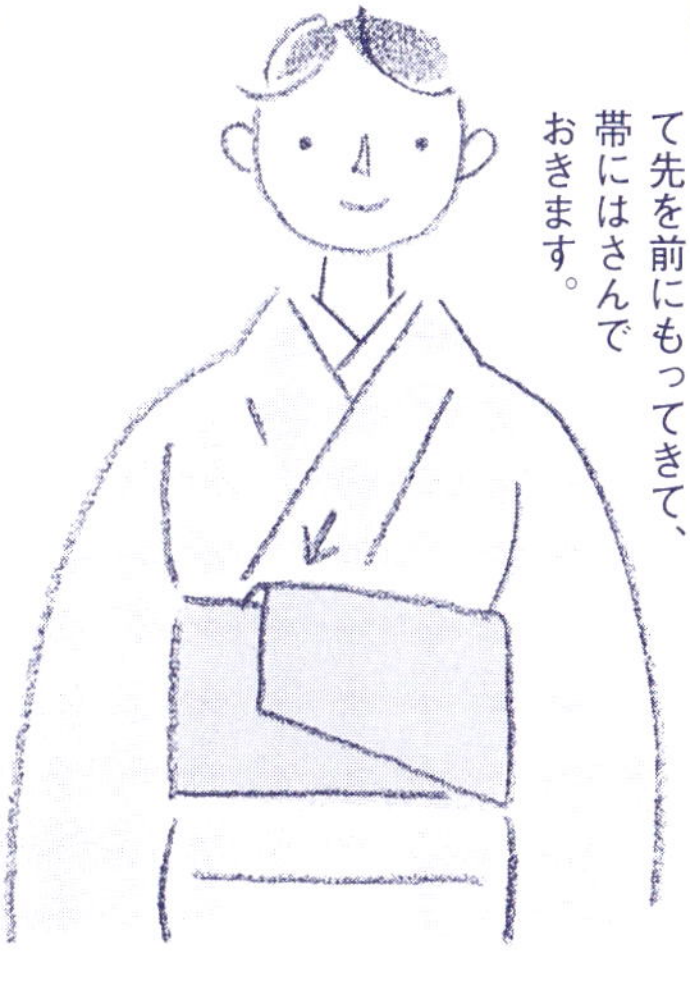

⑤ 仮ひもで押さえます

仮ひも（仮に帯締めの役割をするひも）を、たれの下に通して押さえ、前で結びます。

⑥ 帯枕を入れます

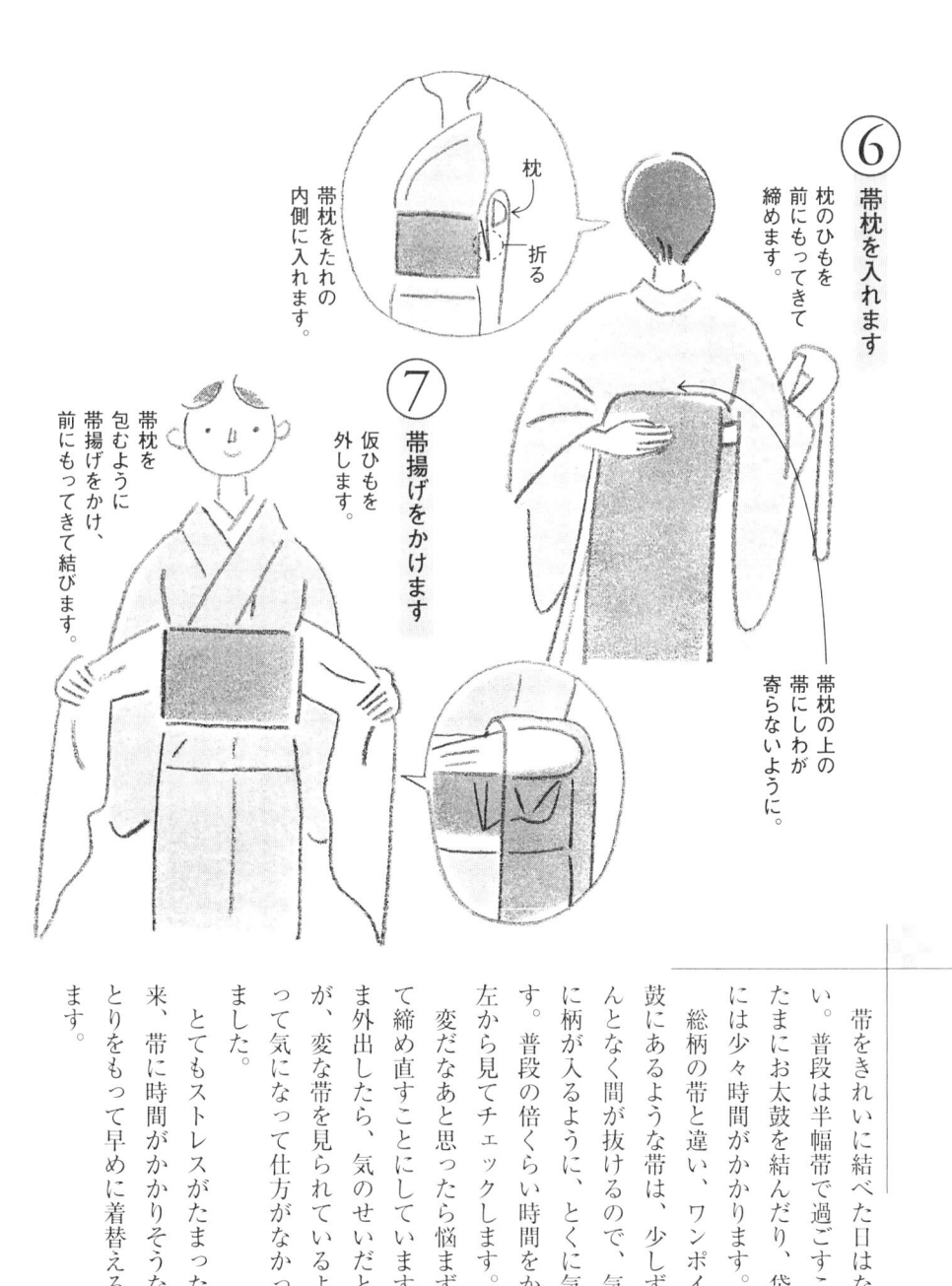

枕のひもを前にもってきて締めます。

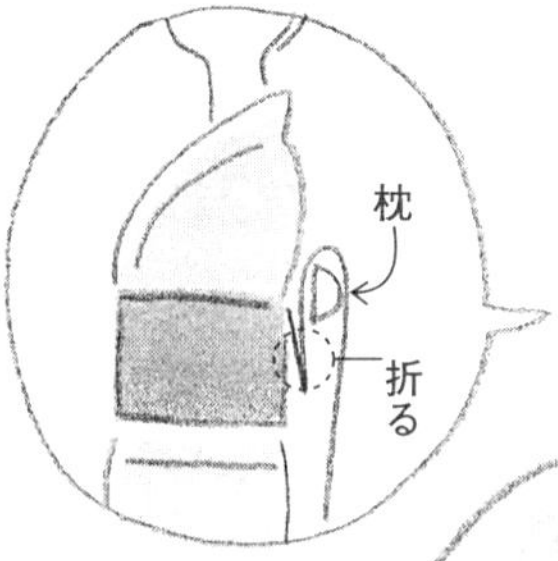

帯枕をたれの内側に入れます。

帯枕の上の帯にしわが寄らないように。

⑦ 帯揚げをかけます

仮ひもを外します。

帯枕を包むように帯揚げをかけ、前にもってきて結びます。

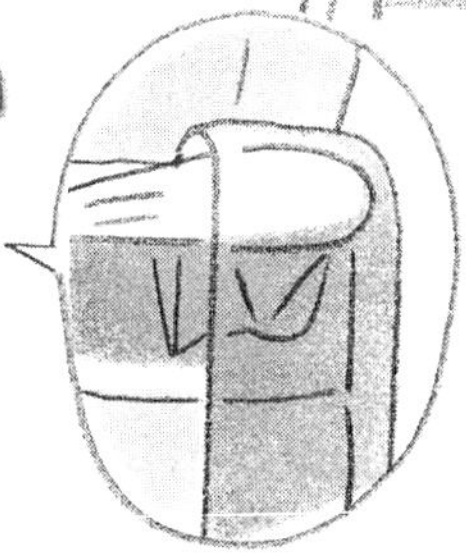

帯をきれいに結べた日はなんだかうれしい。普段は半幅帯で過ごすことが多いので、たまにお太鼓を結んだり、袋帯を結ぶときには少々時間がかかります。

総柄の帯と違い、ワンポイント柄がお太鼓にあるような帯は、少しずれただけでなんとなく間が抜けるので、気に入った位置に柄が入るように、とくに気合いを入れます。普段の倍くらい時間をかけて、鏡を右左から見てチェックします。

変だなあと思ったら悩まずに、帯を解《と》いて締め直すことにしています。以前そのまま外出したら、気のせいだとは思うのですが、変な帯を見られているようで、気になって気になって仕方がなかったことがありました。

とてもストレスがたまったので、それ以来、帯に時間がかかりそうなときには、ゆとりをもって早めに着替えるようにしています。

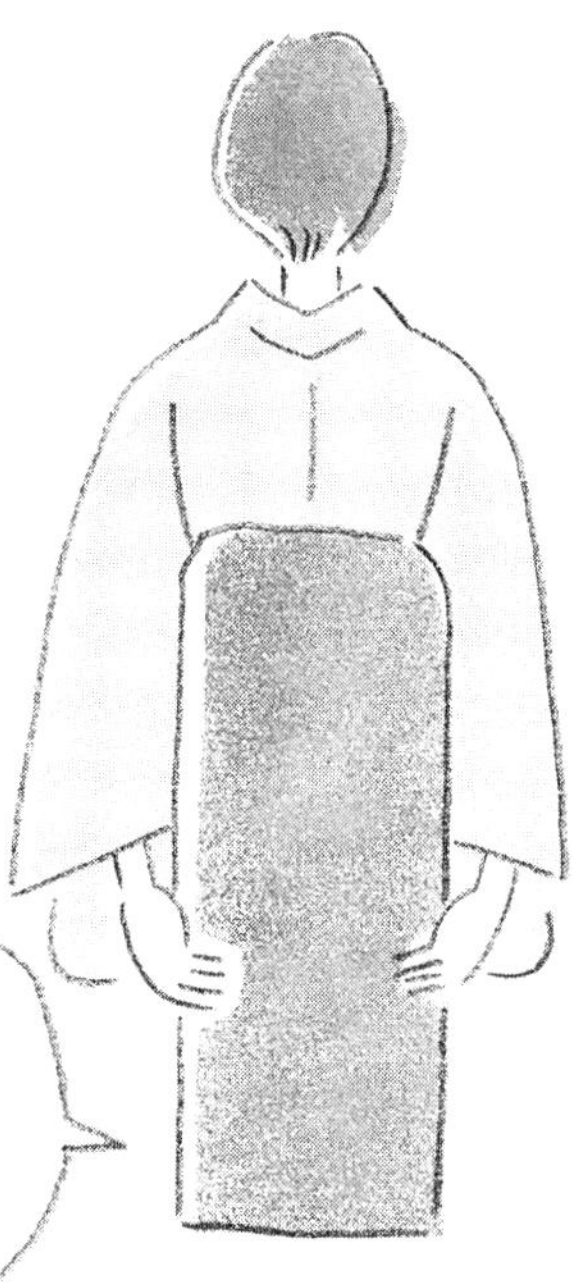

⑧ たれの下のほうを持ちます

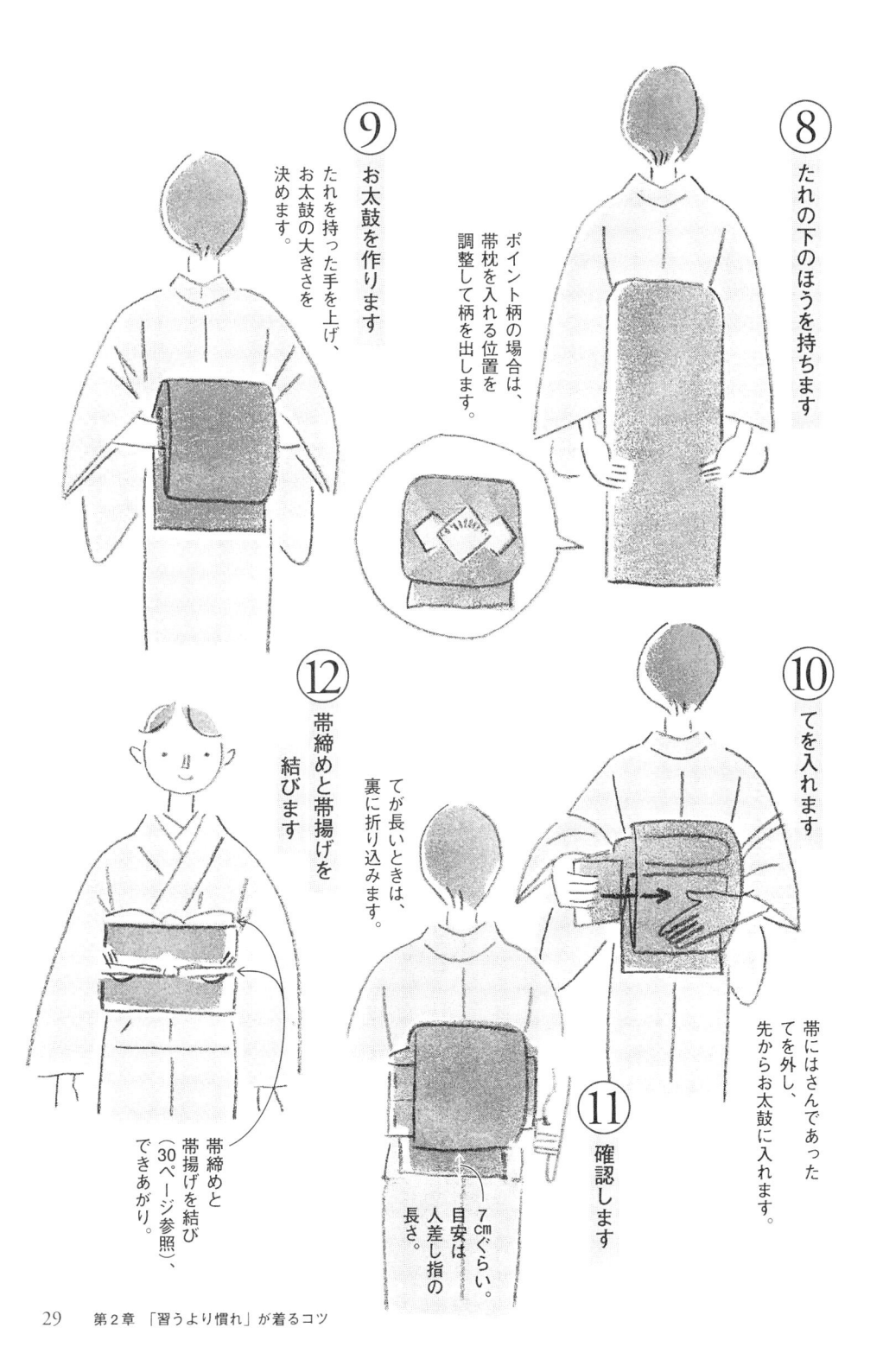

ポイント柄の場合は、帯枕を入れる位置を調整して柄を出します。

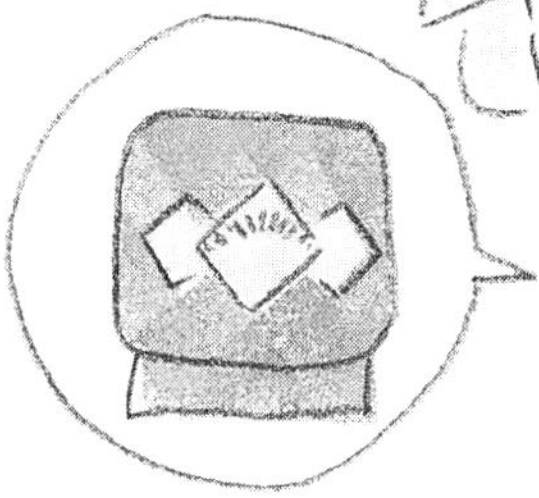

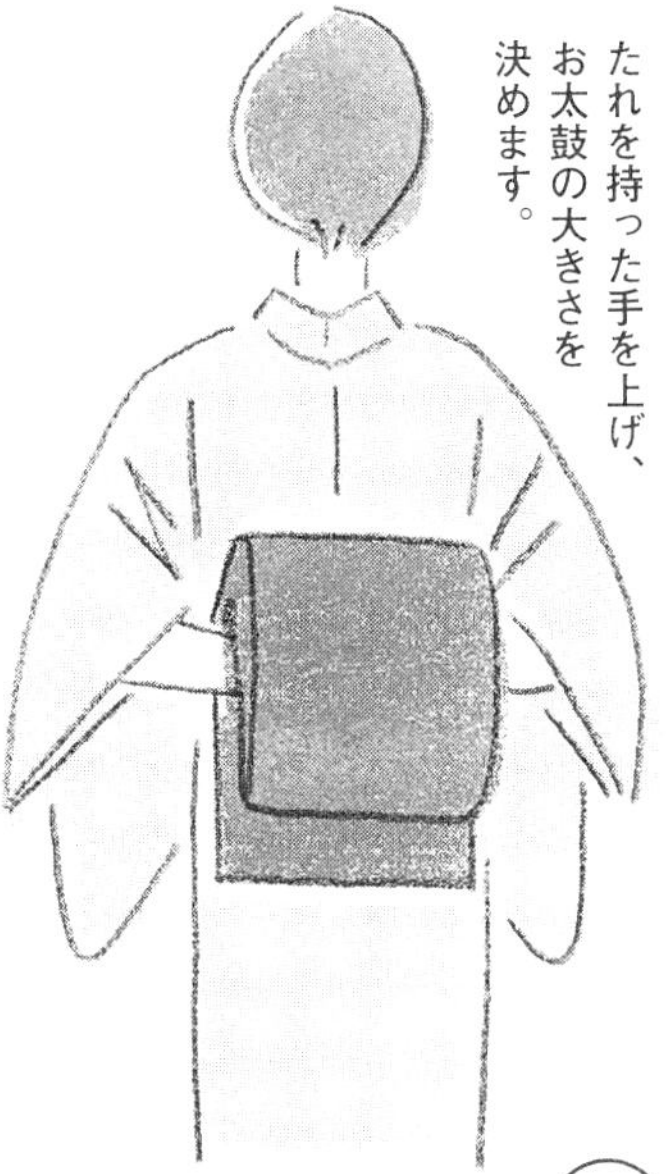

⑨ お太鼓を作ります

たれを持った手を上げ、お太鼓の大きさを決めます。

⑩ てを入れます

帯にはさんであったてを外し、先からお太鼓に入れます。

⑪ 確認します

てが長いときは、裏に折り込みます。

7㎝ぐらい。目安は人差し指の長さ。

⑫ 帯締めと帯揚げを結びます

帯締めと帯揚げを結び（30ページ参照）、できあがり。

帯揚げと帯締めを結ぶ

帯揚げ

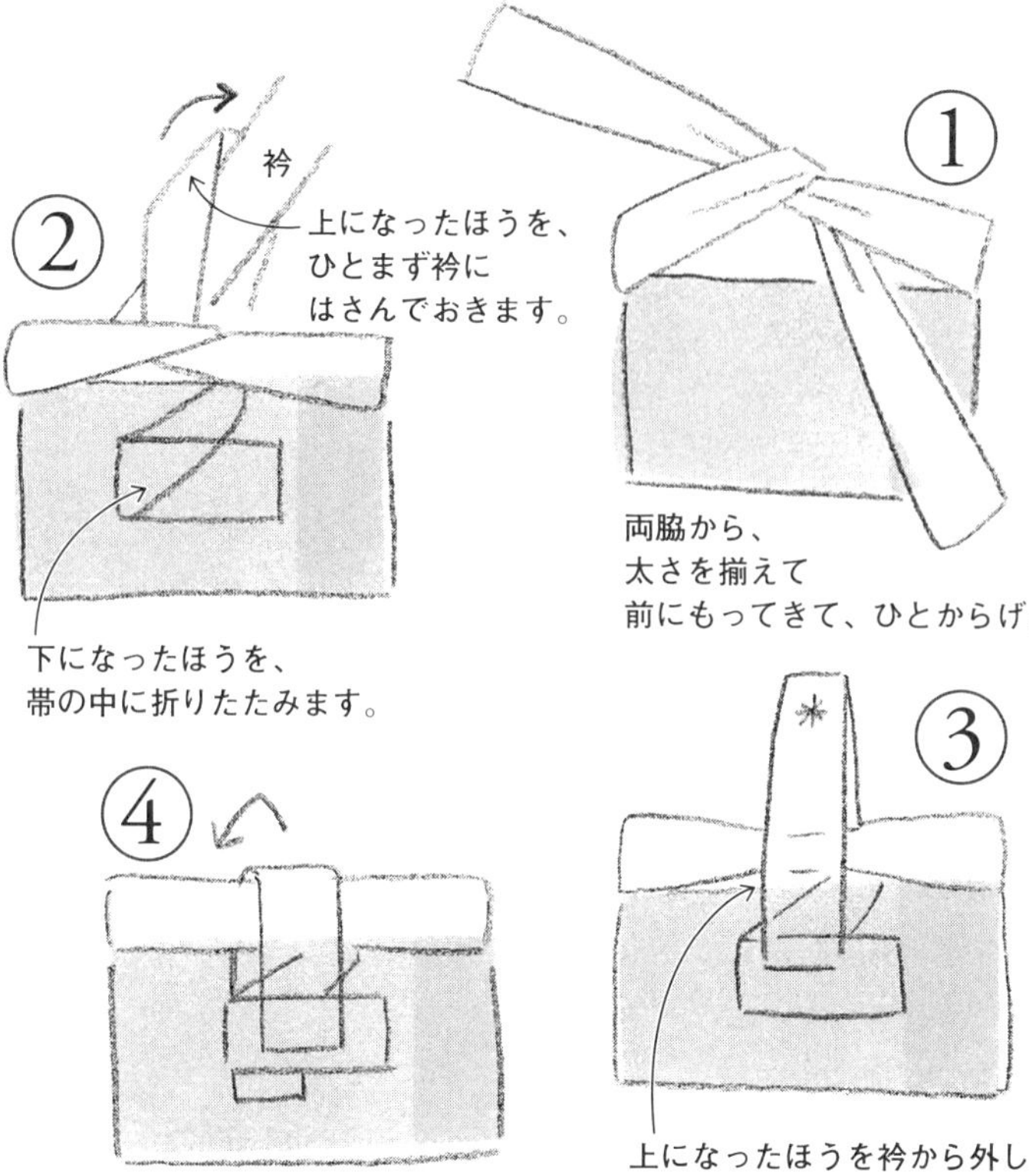

① 両脇から、太さを揃えて前にもってきて、ひとからげ。

② 上になったほうを、ひとまず衿にはさんでおきます。

下になったほうを、帯の中に折りたたみます。

③ 上になったほうを衿から外し、帯の中に、先を入れます。

④ ③の＊を反対側に折って帯と着物の間に入れ、前を整えます。

帯揚げをかっこよく結ぶのは、けっこう難しいなあと思います。変なしわが寄ったり結び目がとがったり、いつの間にか帯の奥深くもぐってしまったり。結んだ後でも、いつもこまめに締め直しています。

着物雑誌の撮影は、帯揚げをふっくらとさせるため、帯揚げの前に出る部分に綿などの詰め物をしているとか。身近に着物で暮らしている人が少ない今、着物雑誌をお手本にするしかないけれど、同じようにきちんと着るのは至難の業《わざ》ですね。

帯揚げによっては締めやすいものもありますが、しわが寄った帯揚げは一度洗いましょう。アイロンをかけると生地がフワッとなるので、またきれいに結べるようになります。

聞いた話では、帯揚げを帯からどのくらい見せるかというのは関東と関西で違うとか。また年齢や職業による着こなしの変化もあるようです。

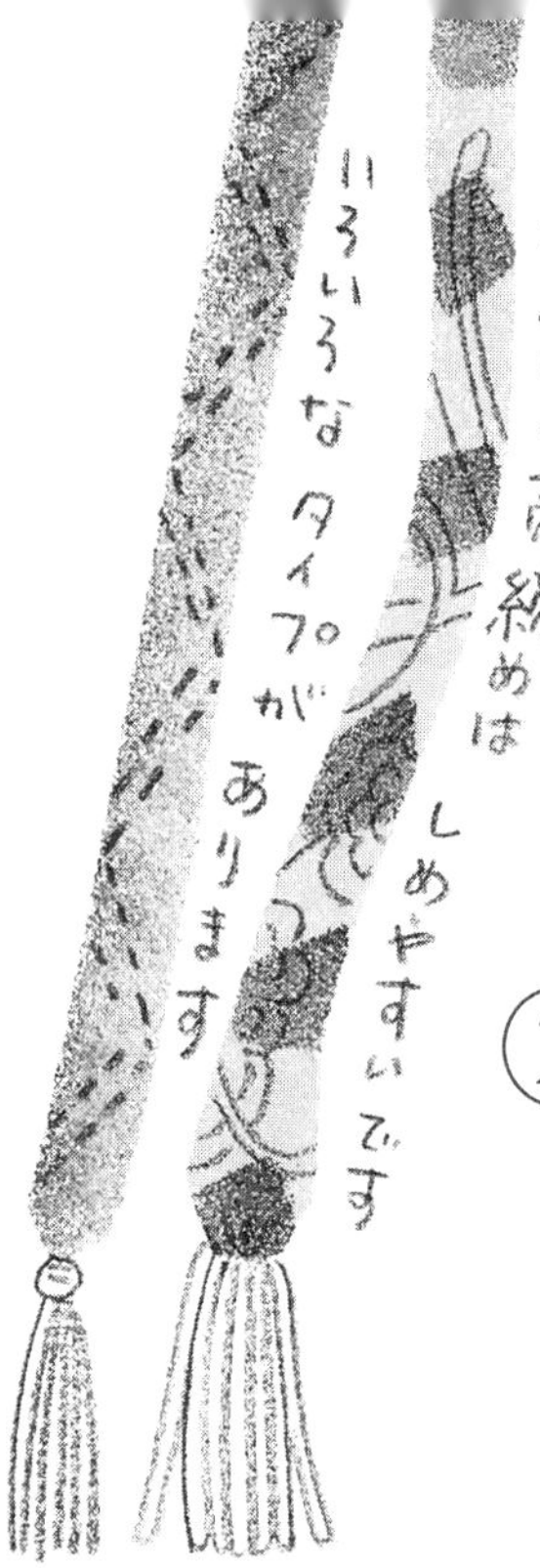
丸ぐけの帯締めは
しめやすいです
いろいろなタイプがあります

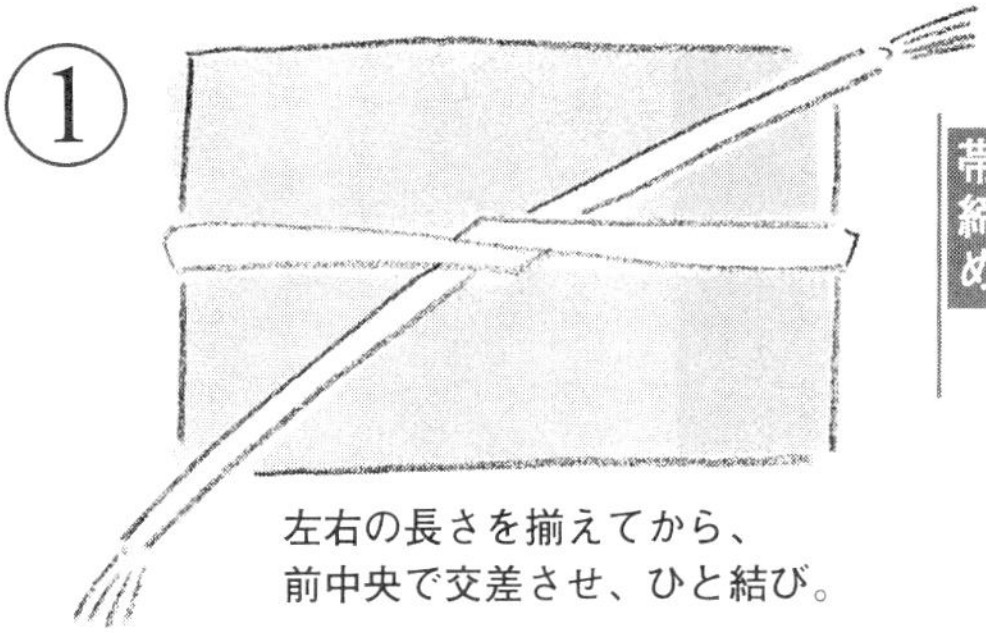

左右の長さを揃えてから、
前中央で交差させ、ひと結び。

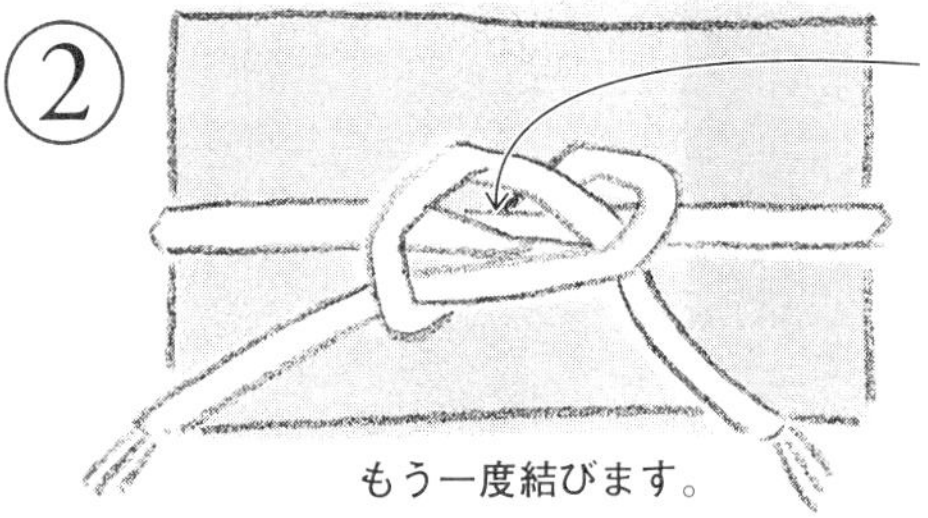
ゆるまないように、
この部分を
押さえながら
結びます。

もう一度結びます。

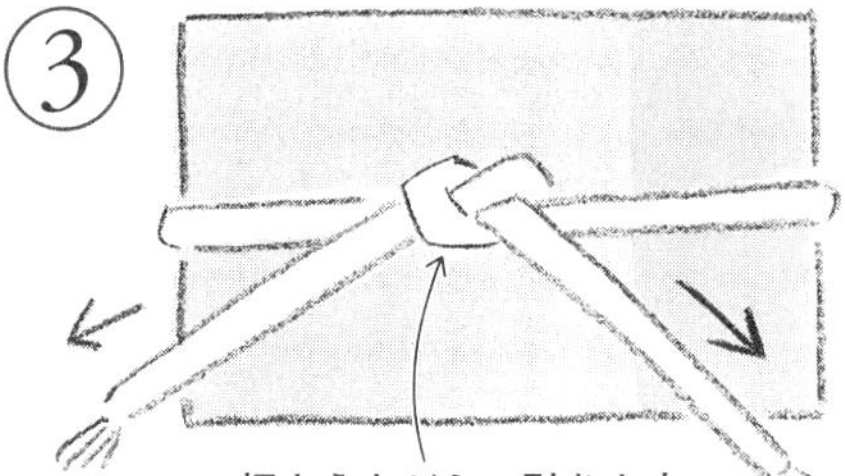

押さえながら、引きます。
②で押さえている部分はそのまま。

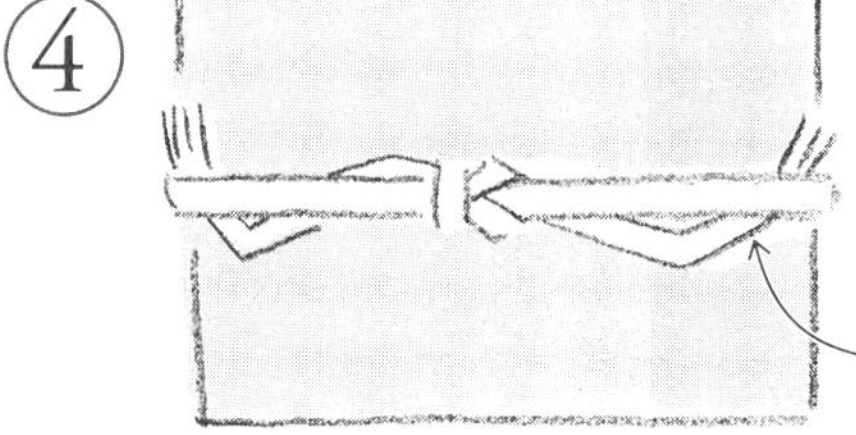
房が出るように、
上からはさみます。

できあがり。

お太鼓を壁で押さえると楽です。

半幅帯を結ぶ

①
てを肩にかけて、
後ろから
巻いていきます。

②

2巻きしたら、たれの余分を
内側に折り込み、たれを上に重ねます。

③
たれが上方向に、
てを下方向に
ギュッと結びます。

④
たれを下ろし、
上に折り返し
ます。

⑤
てをくぐらせて
締めます。
前で形を整えます。

⑥
着物の合わせに
添ってグルッとまわし、
「貝の口」のできあがり。

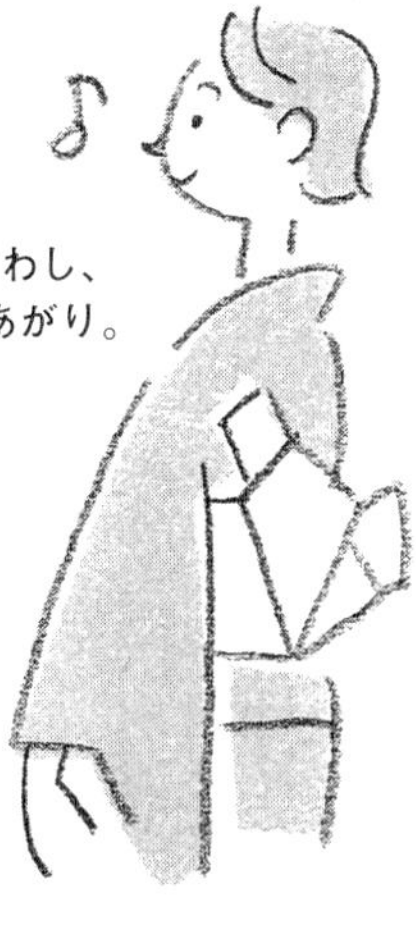

第3章

四季それぞれに着物を楽しむ

TPOに合ったものを着る

結婚式へ出席します
友人の披露宴へ

着ていく場所によってTPOがあります。

つけ下げや訪問着。パーティー向き。

親族の結婚式に。ミセスが着ます。

普段の生活で着物を楽しむときには、ルールはほとんどありません。楽しく、快適に、見る人をぎょっとさせないということだけ気づかって。できればみんなの目を楽しませることができたらうれしいな。

でも冠婚葬祭とお茶会は別。この二つはしきたりの場所。それを重んじることを味わい楽しむ場所なんです。しきたりは場所や流儀によって少しずつ違います。お茶を習っていたときは、季節ごとのお茶会のたびに、何を着るかわからずに迷いました。

冠婚葬祭では、着るもののことを調べたり聞いたりしますが、ケースバイケースのことも多く、最終的な判断はあいまいだったりします。でも、喪服を結婚式に着たり、晴れ着でお葬式に列席する人はいないですよね。他人が不快に思わない、列席した人と同じ気持ちが伝わる、それがおおまかな基準でしょうか。臨機応変に自分らしく、良識的なチョイスを心がけたいですね。

紬は普段着だけれど、趣味の着物としても。

柔らかい生地の小紋は街着。ハレの日に。

役立情報

着物の「格」で考える

着物には「格」という、いわばランクづけがあります。

格の高いものは改まった席に、それほど高くないものは、ショッピングやお食事など外出用です。紬のような織りの着物は本来、普段用です。たとえ値段が高くても、それは格とは関係ありません。

格が高いのは、染めの着物と織りの帯です。36ページ以降を参照してください。

白い生地を織って反物にしてから、模様をつけるのが「染め」。生地の感触がやわやわしています。糸の段階で染色してから織るのが「織り」。かたい感触です。

白生地を仮に仕立てて模様の位置を決め、ほどいて反物にもどしてから模様をつけて仕立てるのが留袖と訪問着。もっとも格が高い着物です。帯は西陣織などの袋帯。金糸銀糸のキラキラした織りで、見た目にも豪華です。

着物と帯の種類いろいろ

留袖

結婚式のような正式な場で家族や親戚のミセスが着ます。金銀の袋帯を合わせます。

訪問着

着物の形に仕立ててから柄をつけてあるので、1枚の絵のような豪華な着物です。

つけ下げ

見た目には訪問着に似ていますが、反物のときに柄をつけた着物です。華やかな席に。

色無地

用途が広い便利な着物です。華やかな席にも、正式な場にも、色が地味なら法事にも。

名古屋帯（織り）

胴に巻く部分が半分に仕立てられています。街着に。金銀が入ると格が高くなります。

袋帯

胴に巻く部分を２つに折って結びます。金銀なら正式な場、華やかな場などに。

江戸小紋

地味な着物だと思いきや用途が広く、色無地と同じ場にも、街着にも着られます。

小紋

全体に同じ柄が続いている着物。正式な場には向きませんが、よそ行きになります。

袋名古屋帯（八寸名古屋帯ともいう）

芯《しん》が入っていない、普段用の気軽な帯。巻くときはてを2つに折ります。写真は裏と表の布がまったく違う「昼夜帯《ちゅうやおび》」ともいいます。

名古屋帯（染め）

胴に巻く部分が半分に仕立てられ、柄が描いてある帯。小紋などの着物に向きます。

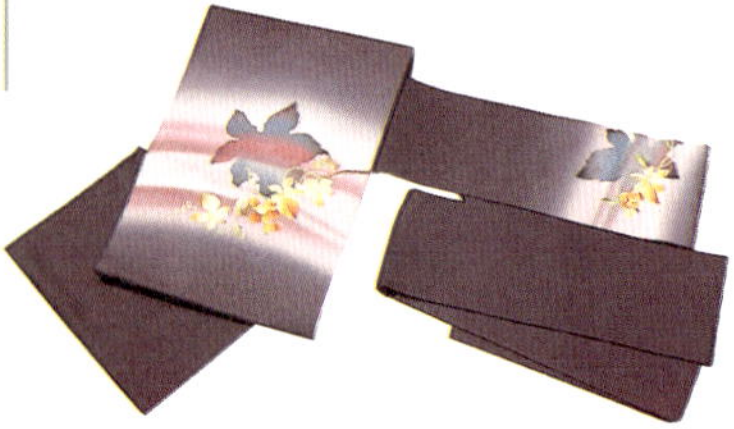

紬

かたい手触りの普段用の着物です。観劇やお食事など街着にしてもかまいません。

普段用ですから、いちばん自分なりのおしゃれが楽しめる着物だともいえます。

半幅帯（細帯）

胴に巻く幅で全体が仕立てられている、普段用の帯。裏がない薄いものは浴衣に。

喪の帯

黒くて、地紋が入っています。お葬式や法事のような場にだけ着用します。

どの着物にどの帯を合わせるかは、おおまかなルールがあります。82ページを参照してください。

季節を表わす柄、モチーフ集

春
梅見
節分
元旦
七草
汐干狩り
桜
ひなまつり
梅
柳
雨
つばめ
あさがお
ほおずき
七夕
金魚売り
夏
花火
海
ほたる
盆踊り
虫売り

春夏秋冬をもつ日本にはその季節ごとの風物や、歳時記などがあります。季節ごとに咲き始める花々や虫たち。この国の人たちはそんな移ろいゆく季節を愛し、次の季節を先取りして着物や帯の柄に取り入れ楽しんでいたのですね。

江戸時代、着物は大半がオートクチュールのようなもので、染め色や絵柄を細かく注文して作らせていたようです。その当時、話題の事柄や流行をいち早く柄に取り入れて着たり、揃いの着物を作って仲間同士で桜見物や歌舞伎の総見をしていたとか。

誰もが自分の紋を持っているのもおもしろいですね。家紋や屋号の商標は、今見てもデザイン的に優れていると思います。

この文化は貴族階級ではなく庶民の造ったもの。江戸時代の庶民の美意識の高さに感動してしまいます。ここまで繊細な国は、ほんとうに世界中探しても、日本のほかに見たことがありません。

春

季節限定柄　その1

描き方で季節を問わない柄になる

OK
こんなにはっきりした梅の花では、早春だけしか着られない。
パターンや抽象柄なら大丈夫。

最初に買った着物は黒の縮緬《ちりめん》に八重桜の模様でした。絵柄が好きで気に入っていますが、春先にしか着られない着物だと、後に知りました。

せめて隅に小さくてもいいから紅葉《もみじ》や桔《き》梗《きょう》、菖蒲《しょうぶ》などが入っていたら、もっと出番があるのに！　着物を数枚しか持っていない頃だったので、きびしい一枚となりました。

あれから二五年たち、桜の季節の少し前になると数回、この着物に袖を通します。着物の枚数も増えた今では、その季節だけの着物に袖を通すのが楽しみになり、こういう出番の少ない着物もいいなと思えるようになりました。

期間限定柄は七草、節分、ひな祭り、端《たん》午《ご》、花火、お月見、熊手、桜、たんぽぽ、撫子《なでしこ》　紫陽花《あじさい》、朝顔、紅葉……。着られる時期がほんの一時だから、なおさら魅力的なんですね。

季節限定柄 その2

萩の花の柄は、
初秋にしか
着られないけれど。

さくら草のような、
ほかの季節に咲く花も
描かれていたら大丈夫。

でも ほんとうは
ほんの短い季節だけを楽しむ
贅沢な着物遊びも
してみたいものです

季節の柄は先取りをして遊ぶ

咲き始めたら
まだ花芽が固い頃

満開のしだれ桜。
桜模様
半えりや小物にちらっと見せたり

たとえばこんな遊びはどう？

着物の柄は季節とコラボレーションをする楽しみがあります。実際の季節よりもほんの少し先取りして着るのが粋《いき》。春の梅の季節には梅を、桜の季節には桜、というように合わせます。

江戸時代、桜の季節が近づくと、町を歩く女性の着物に桜の絵柄や色が多くなり、町中に春の季節感が漂っていたのかしら。想像すると、それは美しい眺めだったでしょうね。

桜の花の描き方、種類もさまざま。ピンクの濃い八重桜の好きな人、白いソメイヨシノが好きな人もいます。桜の柄を着物に入れるか帯にするか、小物にあしらうか、色だけで花を表現するかは腕の見せ所。黒い振袖の下に満開の桜の長じゅばんという演出や、半衿にたっぷり桜のししゅうをするのも華やかですてきです。

着物仲間がいたら、毎回テーマを決めて集まれば、楽しさ倍増ですね。

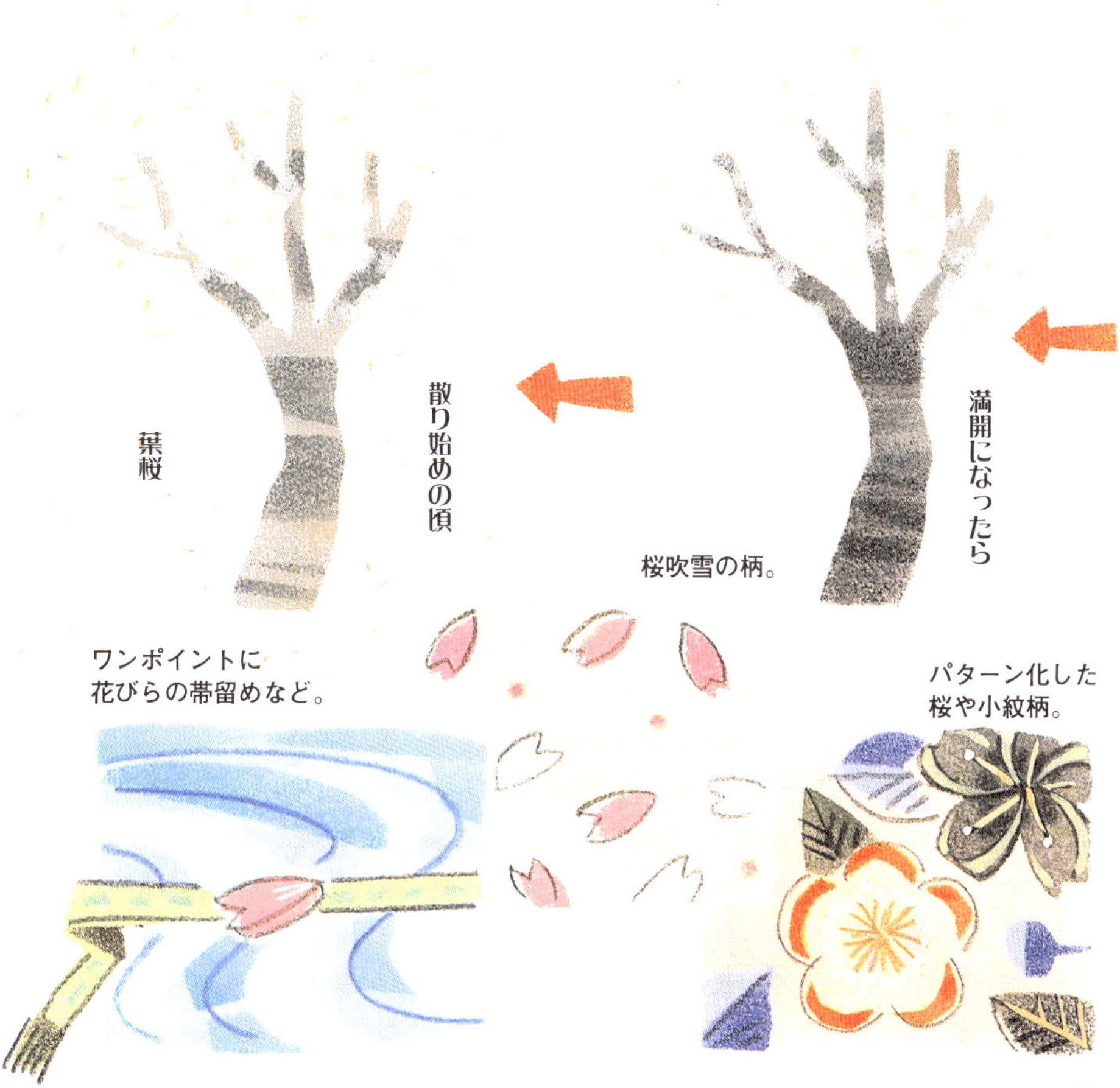
満開になったら
散り始めの頃
葉桜
桜吹雪の柄。
ワンポイントに
花びらの帯留めなど。
パターン化した
桜や小紋柄。

役立情報

知っていますか、花の四季

着物によく描かれる花の咲く季節は、いったいいつなのか、わかりますか。この花が満開のときには、着るのを避けます。花の柄は、本物の花が咲いているときには、花に譲るというわけです。

藤…四月末～五月初め
ばら…五～六月、九～一〇月
撫子…四～六月
すずらん…五～六月
椿…一〇～四月

あなたの着物は
何の花の柄？

春

週に一度、三枚の半衿をつける

とっかえひっかえ一週間着たら、半衿を外して洗います。
半衿は手洗いします。
糸はいろいろ試した結果、しつけ糸を使うようになりました。しつけ糸でつけると、外すときにプチッと切れて具合がいいです。

着物を着ていて一番汚れるのは衿です。半衿はおしゃれなだけではなく、着物とじゅばんを汚さないためのカバーの役目をしてくれます。

毎日着物を着ていても、週三枚のじゅばんがあれば間に合います（うそつきじゅばんを二〜三日着たら新しいものに取り替える計算です）。

半衿は、着物から少し見えるだけですが顔に近い場所。相手の目に入りやすく話題になることもしばしば。

半衿二枚は、ししゅうや遊び心のある柄で、季節を感じさせるものを選びます。もう一枚は白無地を。急な用事があるときに白無地は便利です。

三枚の半衿つけを週に一度まとめてしてしまうと時間の節約になるし、面倒な感じも薄まります。外側を先に縫い、内側を少し詰めぎみに縫いつけると、着たときに衿のしわが少なくなります。

ポイント柄の半衿によくある失敗！

全体柄の半衿
ポイント柄の半衿

半えりをつける時気をつけて
ありゃー柄がかくれてる
ひゃー

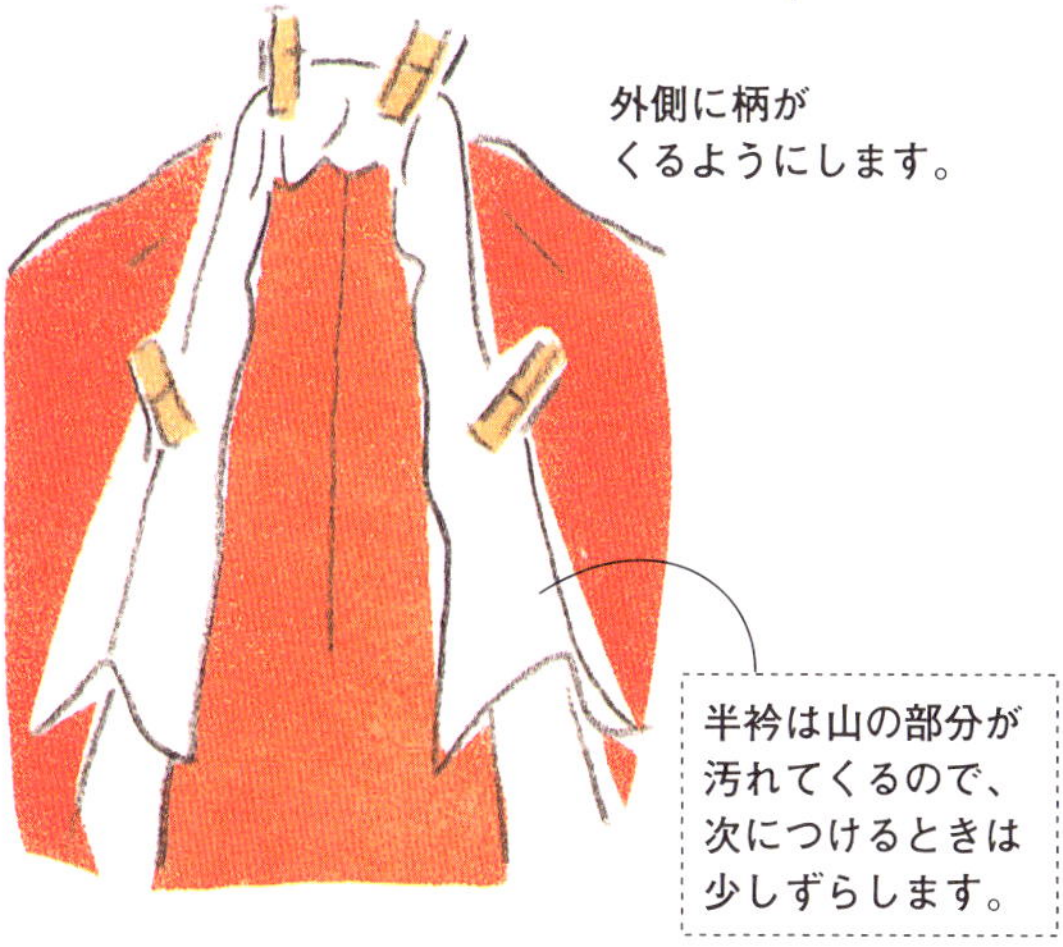
外側に柄がくるようにします。
半衿は山の部分が汚れてくるので、次につけるときは少しずらします。

役立情報

半衿のつけ方

じゅばんの衿の表側（外側）、背中心の位置に、半衿の中央を当てます。じゅばんの衿の縁に合わせて、半衿の縁を折りながら、まちばりで止めます。中心から衿先へとまちばりを打っていくのがコツ。

外側を縫ったら、じゅばんの衿をくるむように半衿を内側へ折り、まちばりを打ってから、縫います。

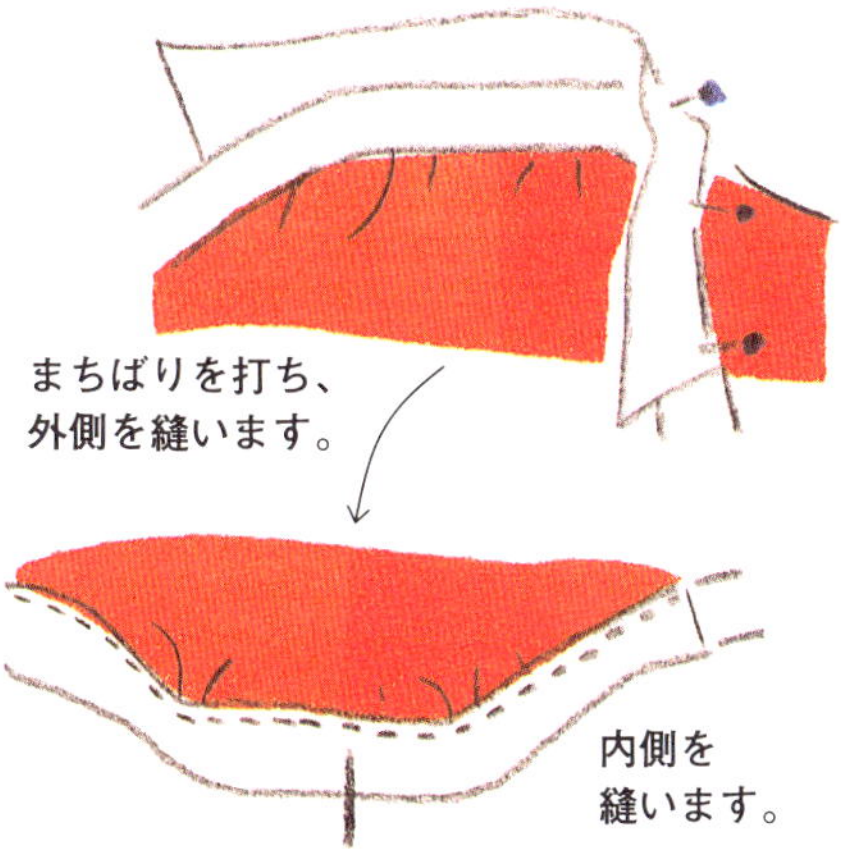
まちばりを打ち、外側を縫います。
内側を縫います。

雨の日の着物対策は万全に

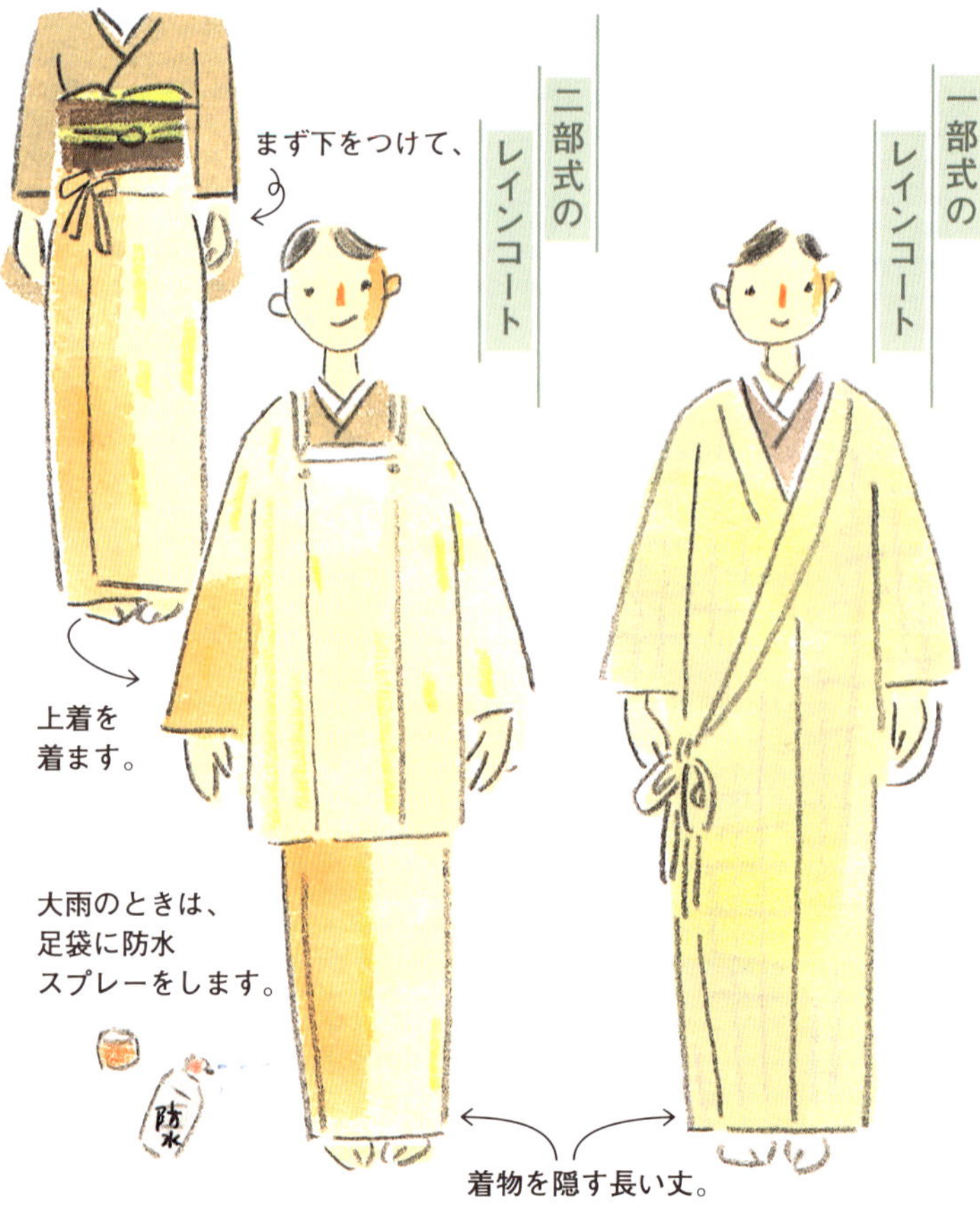
一部式のレインコート
二部式のレインコート
まず下をつけて、
上着を着ます。
大雨のときは、足袋に防水スプレーをします。
防水
着物を隠す長い丈。

朝からずっと雨が降っている日の外出に欠かせないのは雨ゴート。裾部分がはねなどで一番汚れやすいので、外出する前にコートから着物の裾が出ていないか鏡で確認します。雨が激しいときには着物の裾を折り上げて、ひもで腰の付近に止めます。

二部式は、雨がやんだら下の腰巻き部分を外すと道行《みちゆき》のようになるので便利です。

私は「爪《つま》がけ」が好きでいくつか持っています。気分や、雨ゴートの色に合わせます。最近では着物を着る若い人が増えたので、爪がけも水玉や縞など、かわいらしい物を売っているのでうれしいですね。

爪がけは構造が簡単なので、ビニールコーティングの布を買ってきて手作りもします。少しの布で作れるので、残った布で雨の日バッグもお揃いで作れます。

お気に入りの小物たちが、気の重くなりがちな雨の日の外出を、ほんの少し軽いものにしてくれます。

傘も骨の数が多い
和風傘がいいですね
本格的なものは
とても高いけど、
簡単な作りのものを
ヤフーオークションで
見つけました。
¥1200でした。
透明カバーの
ついた雨ぞうり
替え足袋は絶対
必要！
ビニールレザーで
作ったかばん
雨の日は出番が
多くなります。
雨がかかっても
さっとふけます
タオル
ハンカチも
持参
爪がけも
かわいい柄があります。

かわいい柄の爪がけ

爪がけは、途中で雨がやんだら外せるので便利。左上は麻の葉、左下は水玉、右が市松《いちまつ》。和の柄は名前もすてき。

（写真協力／えり新）

天気が悪くても着物で外出

強風の日に着物で外出ってたいへん！
キャーッ
ハード整髪剤でまとめる
ビシッ
静電気防止スプレーをしておく
荷物は片手で持ち
右手は常にすそを持てる
ようにする.

雨の日も困るけれど、
風の強い日に
着物で出かけなくては
ならないとしたら　。。。

数年前の成人式は大雪！
テレビのニュースを見ていたら、
タクシーから降りた
とある女性は
当時流行してた
厚底靴で
さっそうと登場。
実際にあった話
風の強い日は
袴もアリ？
初出社の
女性は
ビニール袋で
対応
ぬかるみも
へっちゃらだ
↑でも、すべりやすそう

今日は雨、でも着物で外出しなくちゃいけないときってありますよね。着物に雨は大敵ですが、それ以上にやっかいなのは強風だと思います。裾がはだけるのを押さえつつ歩くのはたいへんですし、風にもてあそばれて髪が乱れるのもやっかいです。

こんな日は準備万端整えて外出します。持ち物を最小限にまとめて左手に持ち、右手は、はためく裾のためにあけておきます。髪はハードな整髪剤で固めて乱れないようにします。

以前台風が接近している強風の日に外出したときは「大風の日の着物はどんな感じだろう？」の実験感覚でしたが、予想以上にたいへんで、すぐに後悔したのを覚えています。できればこんな日は家にいたいというのが本音です。

お式などホテルなどで着替えることができるようでしたら、カバンに一式詰めて出かけることをおすすめします。

汗をかく季節を着物で過ごす

麻
綿カーテン
綿や麻の布やレースのカーテンも使えそう
うそつきのじゅばんの袖や裾よけを作ります。

「夏の着物は涼しげに見えてけっこう暑い」……そう思われますか。

たしかに暑いです。でも、夏だけの楽しみ「夏着物」を着たい気持ちが上回って、なんとか涼しく着る工夫に明け暮れます。

それにはまず素材選び。おすすめはなんといっても麻です。麻は綿の三倍汗を吸い、吸収した水分をすぐに蒸発させます。そのときに気《き》化《か》熱《ねつ》として体の熱も奪います。肌触りもさわやかです。麻の着物と夏肌着を一枚持っていると重宝です。

薄くてしぼのあるしじら織りは四国の織物。わりと暑い日が多い土地で愛される布地は、夏を過ごすのに合っているのかもしれませんね。家にいて仕事をしているときには浴衣《ゆかた》が多いです。毎朝、昨晩洗っておいた新しい浴衣に着替えます。

浴衣を涼しく着たいなら糊をつけないで。ぱりっと糊のきいた浴衣は見た目涼しげですが、風を通さないので案外暑いのです。

夏ならではの着物たち　はやく夏にならないかな

保多織《ほたおり》、綿絽《めんろ》、麻
しじら織り、海渡綿《かいとめん》などなど…

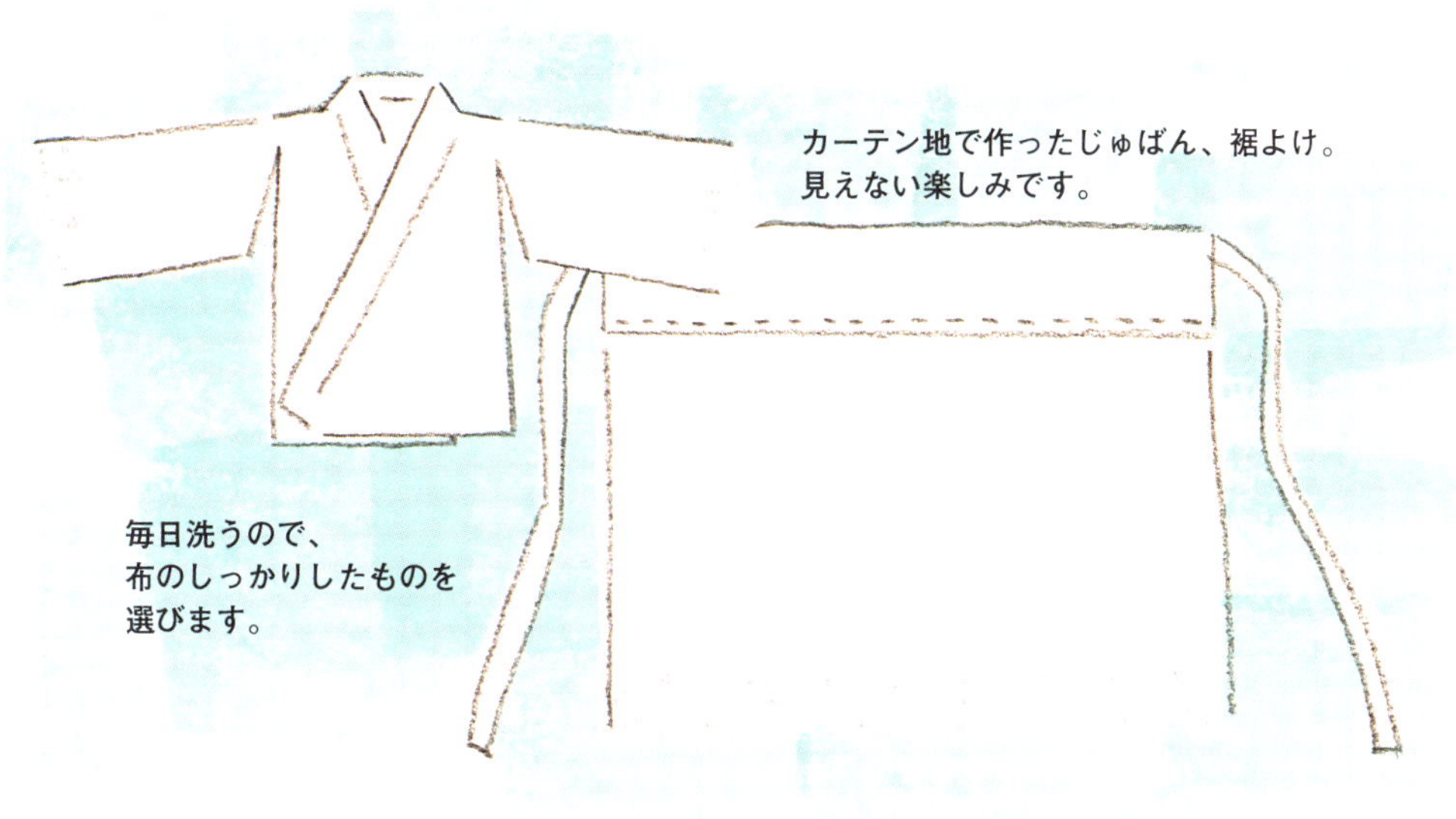

カーテン地で作ったじゅばん、裾よけ。
見えない楽しみです。

毎日洗うので、
布のしっかりしたものを
選びます。

夏

ガーゼで使い捨ての半衿作り

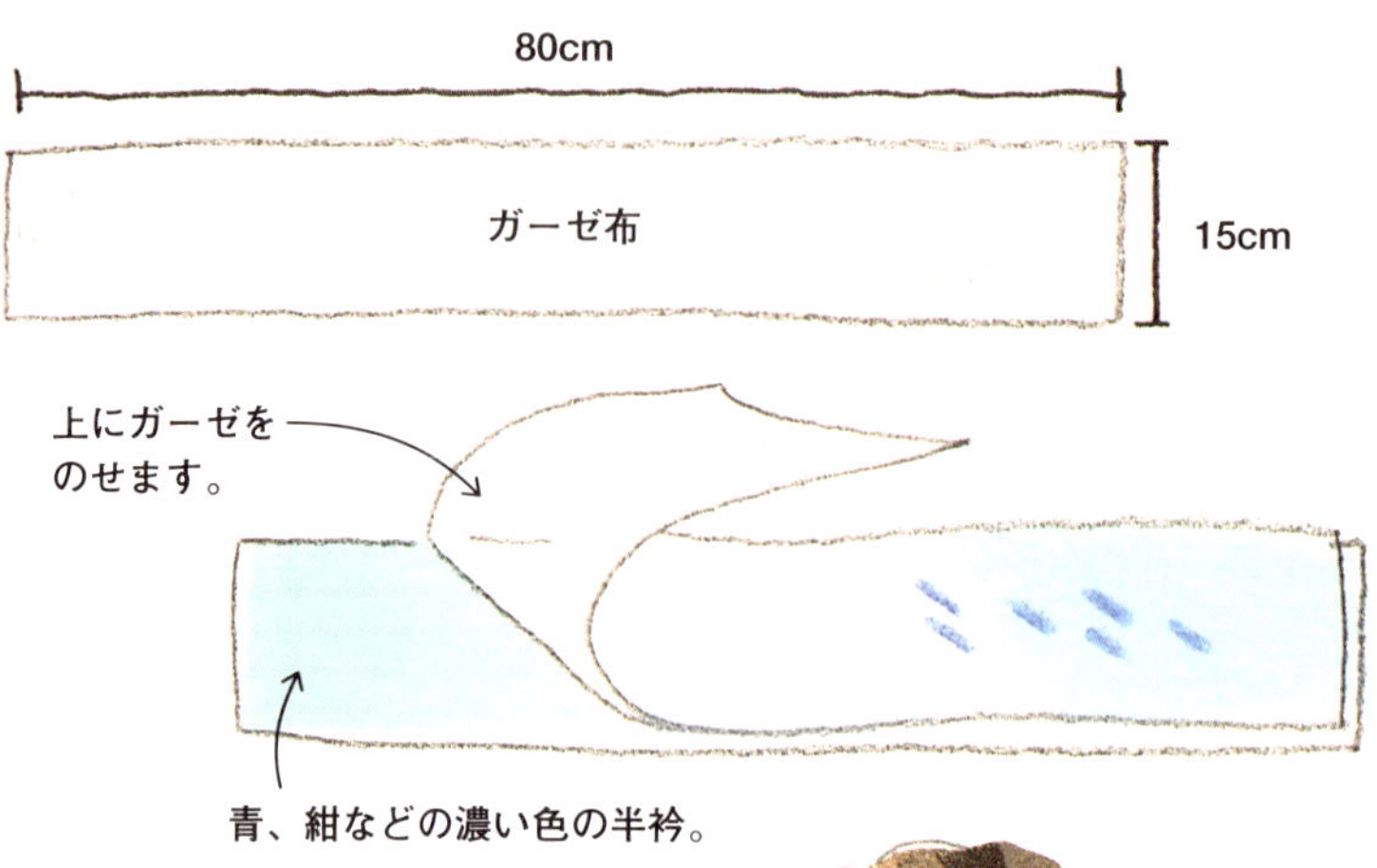
80cm
ガーゼ布
15cm
上にガーゼをのせます。
青、紺などの濃い色の半衿。

清潔で
ちょっとなつかしい
ガーゼ半えりは
夏のふだん着に
ぴったり。

着物のときは半衿をつけないと、着物の衿が汚れます。汗をかく夏はとくに汚れます。毎日半衿を洗うのもたいへんだし、いつの間にか折り山が黄ばんでしまいます。汗をかく夏だけでも、使い捨ての半衿はどうかなと考えてみました。

選んだのはガーゼ。それを濃い色の半衿に重ねると透けた感じがとても涼しげです。濃い色の半衿はうそつきじゅばんについた状態で、外さずにそのまま洗濯します。

ガーゼは薬局で売っている医療用を使います。ガーゼの目の粗《あら》さは細かいものから粗いものまであるのですが、医療用の目の粗さが好き。

適当な幅にカットしたままでもいいし、簡単な模様をつけてもすてきです。水玉や金魚、スイカ、アイスキャンデーなどは、ステンシルで簡単に描ける夏柄です。帯揚げも一緒に作り、夏限定バージョンを楽しむのもいいですね。

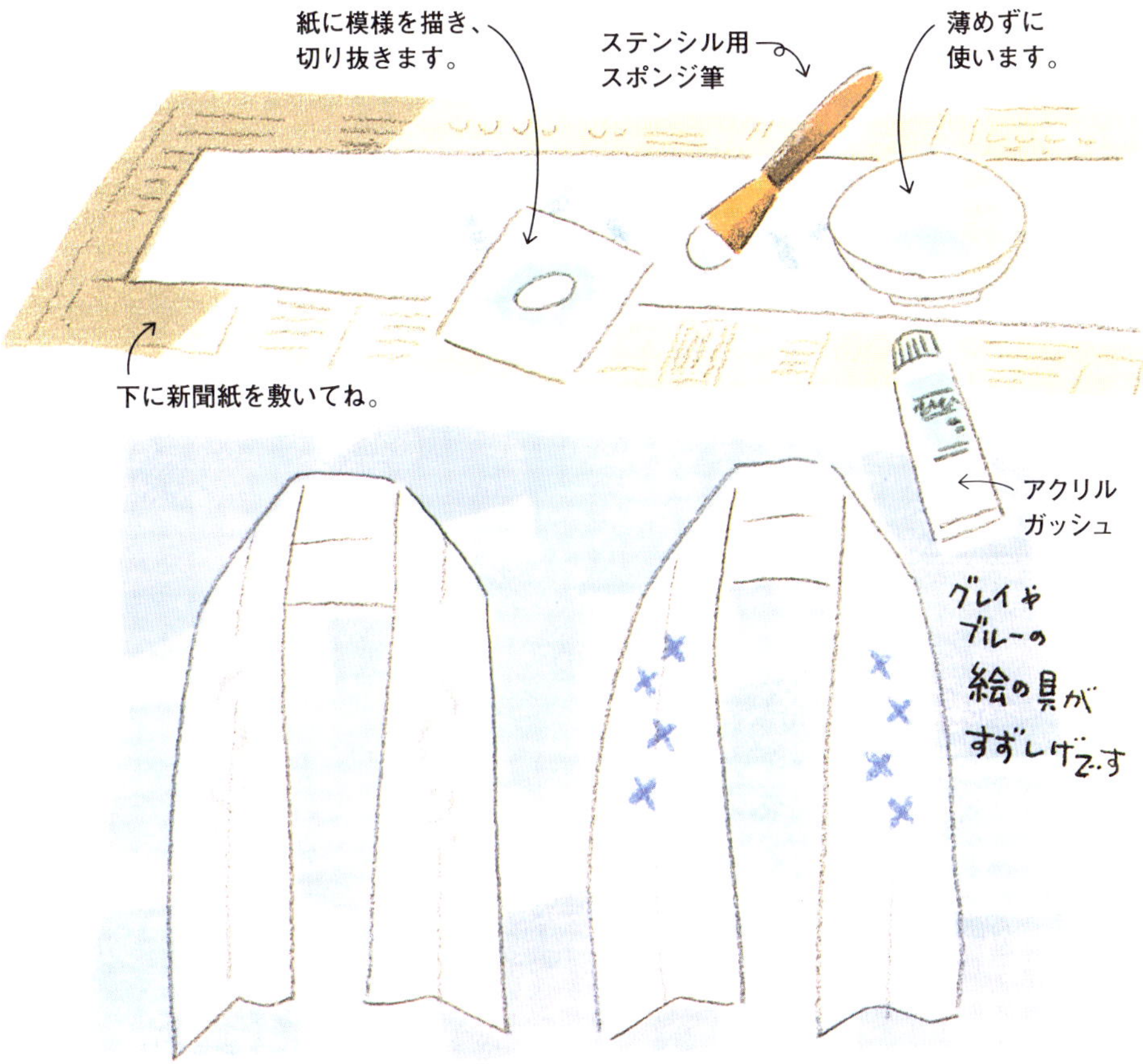
紙に模様を描き、
切り抜きます。
ステンシル用
スポンジ筆
薄めずに
使います。
下に新聞紙を敷いてね。
アクリル
ガッシュ
グレイや
ブルーの
絵の具が
すずしげです

⑤
④
③
②
①

季節の半衿

暑い時期には絽①②のように、半衿も薄物になる。①は麻の絽。左の3枚は夏以外の半衿。白の羽二重③が一般的。気分を変えて色の縮緬④。最近では、柄のある縮緬⑤も人気がある。

（①② 金谷株式会社）

夏

印象的な人。白系着物の夏美人

着物を着て行くと
かなり混んだ場所での待ち合わせでも
すぐに見つけて
もらえます。

今は洋服の人が多いので、着物姿は一年中どこにいても目立ちます。梅雨から一〇月までは、暑いし汗をかくので着物は着ないと決めている人も多く、夏場に着物姿で出かけると、ひときわ注目を集めることになります。

夏に着物を着るのは暑さとの戦いで、たしかにたいへんです。

でも、いいこともたくさんあります。

大勢人のいる場所で待ち合わせても、すぐに見つけてもらえます。初対面の人との待ち合わせにも困らないし、パーティーなどでもすぐに名前を覚えてもらえるメリットがあります。お店によっては浴衣割引やワンドリンクサービスなどがあって、ちょっとうれしかったり……。

なにより着物を着ていることで、となりにいる友達や、お店の人も含む周辺が、なんとなくうれしそうなんですよね。気のせいかしら？

肌の露出度が多いかな？
小物が多いから多色使いになりがち？
背中など汗じみが見えやすいかな？
「涼しげですねーっ」って、よく言われます
肌の露出度が少ないから？
着物は縦の線を強調するから？
シンプルな色使いのせいだから？

おすすめの夏の着物

透ける布や、ざっくりと織った薄手の布で仕立ててある。風通しがよく、汗を吸収しやすく、目にも涼しげ。

左から、保多織、麻、芭蕉布《ばしょうふ》、海渡綿、紅梅《こうばい》織《おり》。

茶色の芭蕉布は、沖縄返還前の着物で、私の大切な着物の１枚。

夏

暑い夏こそ冷房の寒さ対策を

夏でもけっこう冷えますよね
映画館やコンサート会場
コンサート

夏は暑さ対策と同時に、温度差にも要注意。クールビズもどこへやら。冷房のきつい所は相変わらずです。

デパート、電車や各会場、映画館などは冷房が効いています。とくに麻の着物のとき、室外で汗をかき、冷房の効いた建物に入ってしばらくすると、鳥肌が立つほど寒く感じることがあります。

コンサートや観劇など冷房の効いた所に長時間座っていても、じわじわと体が冷えてきます。着物は腰やおなかを冷えから守ってくれるのですが、寒さは衿口、袖口から入り、すうすうしてきます。首の後部に長時間冷風が当たるので、頭痛や肩こりなども心配です。

羽織るものを一枚持って外出しましょう。おすすめは薄手の大判ストールです。とくにシルクは、たたむと驚くほど小さくなるので携帯に便利。一枚羽織るだけで冷房の風からあなたを守ってくれます。

夏用のレースの羽織もあります。

薄手タイシルクはこんなに大判でも
たたむとこんなにコンパクト!

レース羽織コレクション

右はレースのひっぱり。携行するのに便利。中の黒いレースはちょっとおしゃれな感じ。左の羽織は豪華なレースで街着用にも。

夏

木綿の着物。毎日洗ってさっぱりと

入浴！
おしゃれ着洗いを使っています。
浴衣をたたんでシンクに浸します。

夕方になると一日の汗をたっぷり吸って着物はしっとり。このまま干しておいても次の日には乾いているのですが、見えない汗じみが着物にたまっていくようで気になります。シャワーを浴びてさっぱりしたら、着物も洗ってさっぱりさせましょう。毎朝、洗いたてに袖を通す気持ちよさは、やめられません。

ここで洗う着物は浴衣や麻、綿絽などの気軽に着られる普段着だけです。汗を流すシャワー感覚で洗っています。

シンクに水を張り、おしゃれ着洗い洗剤をやや少なめの量を入れ、たたんだ着物を浸《つ》けます。軽く押し洗いして、水を換えてすすぎます。たたんだまま四〇秒脱水します。あとは着物用ハンガーか竿に吊《つる》して手アイロンをかけます。

翌朝には乾いています。ただし布が重なっているバチ衿部分は要注意。室内干しなどで、生乾きだと雑巾《ぞうきん》臭くなります。

入浴後
軽く押し洗い。
2度すすいで
水気を切り。
軽く脱水。
(40秒くらい)
着物ハンガーに
しわを伸ばし
ながら干します。
夏の晴れた日なら
次の日の朝には
乾いています。

浴衣
コレクション

浴衣といえば、白地に藍《あい》染《ぞ》めが一般的だが、最近はずいぶんカラフルな浴衣も見るようになった。左は40代、中は30代、右は10～20代向き。右の浴衣は紅梅織で、下にじゅばんを着て半衿を見せれば、夏着物としても着られる。

着物を着ていると気持ちがいいわけ

着物には
風の通り道が
たくさん
あります
風がなければ
風を作って送ります

うちわ
せんす

昔の日本家屋は夏涼しく過ごすことを基準にしていると聞いたことがあります。家中、畳やふすまをはじめとして随所に風を通す工夫が隠れています。

夏には、家の中の建具を入れ替え、ふすまや障子《しょうじ》などはスリットの入った風通しのいいものにします。実際に風を通し、見た目も涼やかな演出をしていました。

なんだか着物に似ていませんか？

着物にも衿、袖、身八つ口などスリットがたくさんあり、風の通り道になります。絽《ろ》や紗《しゃ》などの着物は生地がスリット状になっていて、まるですだれやよしずみたい。肌が見えるような見えないような、半透明の涼しさを感じます。

せんすやうちわは携帯用の手動扇風機。どこでも自由に風を作れる優れものです。

優雅な扇《あお》ぎ方は右手で扇を持ち、親指が外側に来るようにしてゆったりと。左の肘《ひじ》を軽く曲げ、袖口と衿に風を送ります。

洋服を着ていたころは暑かったなあ
あのころは気がつかなかったけれど…
ここだけ？
毎日洗って
いつもさっぱり！
腕の汗もすぐに
じゅばんの
袖が吸います。
綿の3倍吸収力！
上半身の汗は
ここで吸収
されます。
麻の
じゅばんは
汗をみるみる
吸収します。

日本の夏の工夫

昔から、日本には暑い夏を涼しく過ごす工夫があった。すだれ、よしずで日射しをさえぎり、風鈴で音からも涼しさを感じた。ガラスの器や竹の小物を使うなど、見た目も大切にした。

季節のはざまに何を着ます？

温暖化でしょうかねェ
暑いなあ
でも気分は
もう秋・

暦と実際の気候のズレは年々増してきています。そろそろ暦の上では夏物は終わり。だけど残暑厳しいなか、袷を着て汗だくになりたくはない……。

着物を着ているときに一番やっかいなのは、季節の変わり目に何を着ていいのか？ですね。

季節のはざまは、着物より帯が一足先に季節を追うのだそうで、単衣《ひとえ》の着物に秋冬の帯で大丈夫です。色や質感で少し季節感を先取りします。

お太鼓に一輪だけ描かれている花の柄など、帯の絵柄による季節感は、かなり目立ちませんか。

たとえば椿や藤の花の帯は、花の時期がはっきりしているので、季節が過ぎた後に締めていると、なんだかとってもずれている感じが目立ちます。

着物よりも帯のほうが、ずれているインパクトが大きいような気がします。

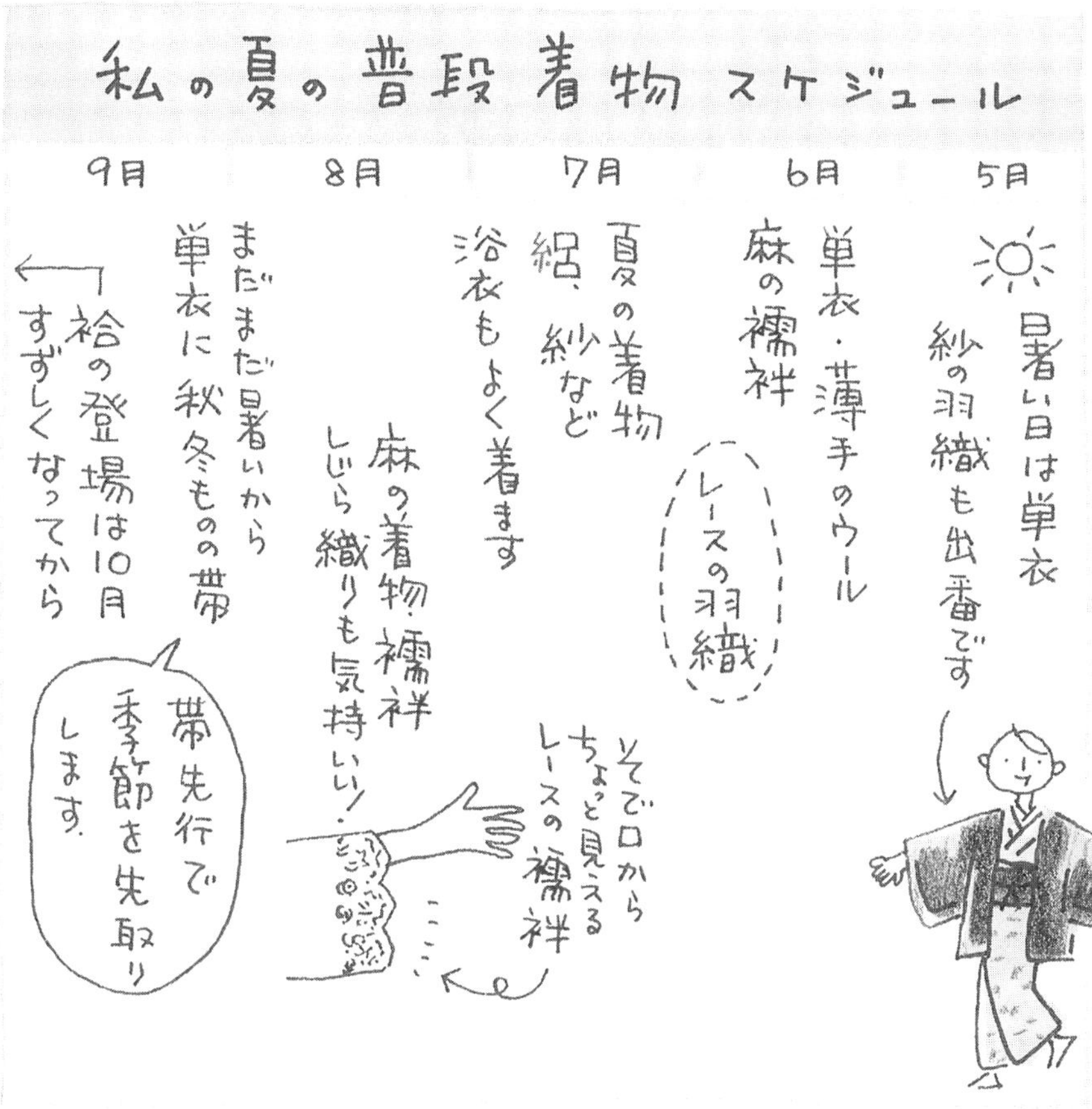
私の夏の普段着物スケジュール
5月
暑い日は単衣
紗の羽織も出番です
6月
単衣・薄手のウール
麻の襦袢
レースの羽織
7月
夏の着物
絽、紗など
浴衣もよく着ます
8月
麻の着物・襦袢
しじら織りも気持いい！
そで口から
ちょっと見える
レースの襦袢
9月
まだまだ暑いから
単衣に秋冬ものの帯
袷の登場は10月
すずしくなってから
帯先行で
季節を先取り
します。

季節の帯揚げ、帯締め

小物も季節を先取りする。右のような絽の帯揚げとレースの帯締めのような夏物は６〜８月。最近は温暖化なので、５月でも夏物でいい。

でも、いくら暑くても９月には夏物はしないのが基本。左のような秋冬物を使う。

秋

おしゃれで便利。羽織の楽しみ

夏にはレースの羽織もいい。
丈の長さはお好みで。大正ロマンは長めです。

羽織が好きです。羽織は洋服でいうジャケットのような感じで、腰まわりが隠れるので落ち着きます。外出するときも羽織があると、お太鼓やおはしょりの崩れも気にしなくていいので気楽です。

私にとっては茶羽織《ちゃばおり》はベスト、ひっぱりはカーディガンの感覚。仕事をしているときは割烹着《かっぽうぎ》を着ていれば、袂《たもと》など着物を汚す心配がないので、いつも何か着物の上に着ています。

お気に入りは紫縮緬の無地で、背中に小さくししゅうの飾り紋を入れた羽織。飾り紋は、家紋よりもおしゃれ着感覚です。正式な所には着て行けませんが、堅苦しくなくて楽しいものです。おしゃれをしたい気分のときに着ています。

ひっぱりは家庭着に最適。綿なら洗濯もできるし、前に打ち合わせがあるので暖かいし、簡単な家事ならそのままできます。「キッチンコート」と呼ぶ人もいます。

家ではもっぱら
“ひっぱり”愛用。
茶羽織も
すてき。
ポケットが
案外便利
袂が
邪魔なときは
割烹着。

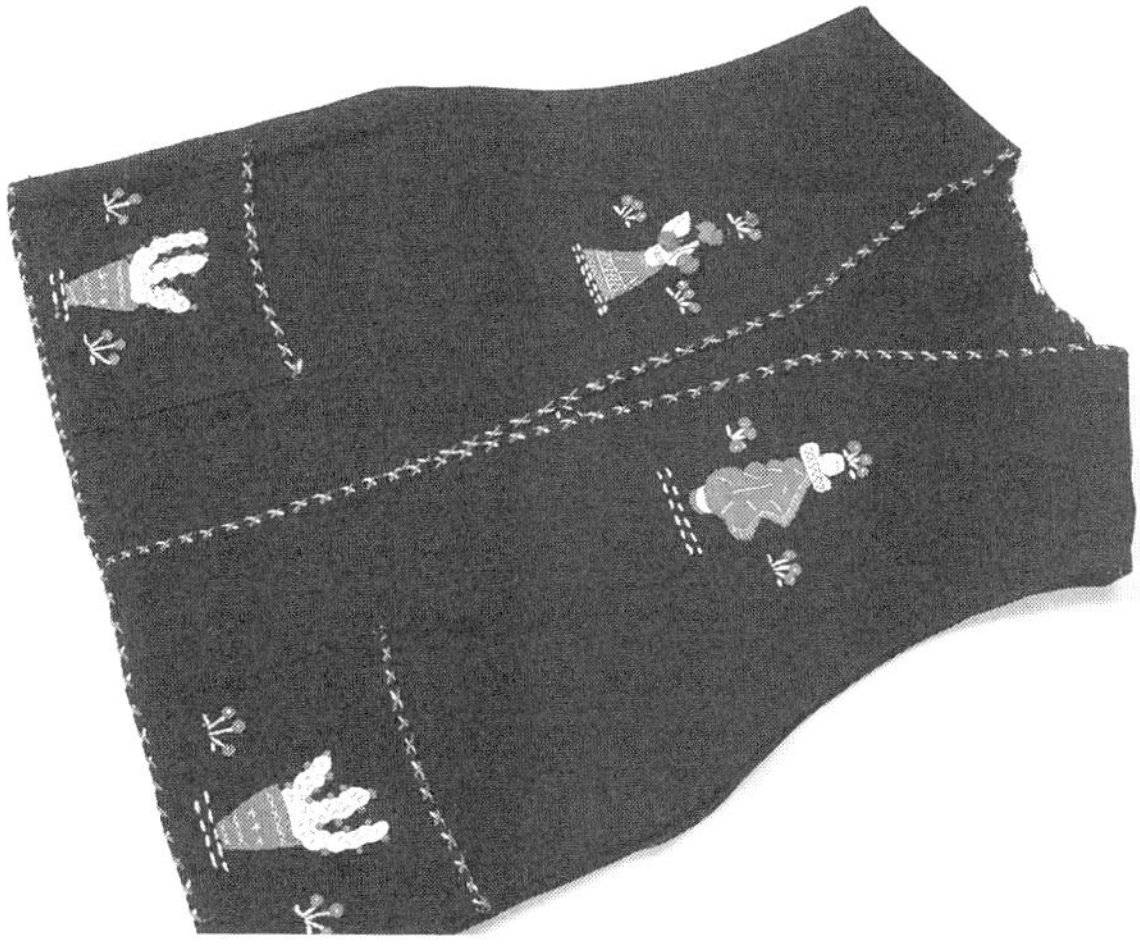

洋服から作った和チョッキ

カーディガンの袖を切ってかがったら、着物に着られるチョッキになった。外国のお土産だったのに、カントリー風の柄が、意外にも民芸調に見えてくるから不思議。

秋

「なんちゃって帯」で楽をする

前だけしかない帯、
名づけて「なんちゃって帯」。

羽織からちらっと
見えるだけなので、
じゃあ前だけでいいかな、と…。

羽織が好きなので、外では滅多に羽織を脱ぎません。だから帯は前面がちょっと見えるだけ。でも、帯を変えると着物の印象が変わります。とはいうものの、帯は安い物ではないから、そんなに買うわけにもいきませんね。

そこで考えたのが「前だけ帯」。まさか前部分しか帯がないとは誰も気づきません。隙間から少し見えるだけですから、羽織を着るときにはこれで充分。布も少ししか使わないので、バティックや端切《はぎ》れなどでいくつも作り、毎日違う帯をして楽しんでいます。厚い接着芯を使えば薄手の布でも作れます（142ページ参照）。

旅行にも持って行きます。荷物を少なくするぶん、もう一枚持って行けば、組み合わせはぐんと増えますね。昼間観光名所を見て、夕方からおいしいものを食べに行くときなど、パッと帯を取り替えて、気分転換しちゃいましょう。

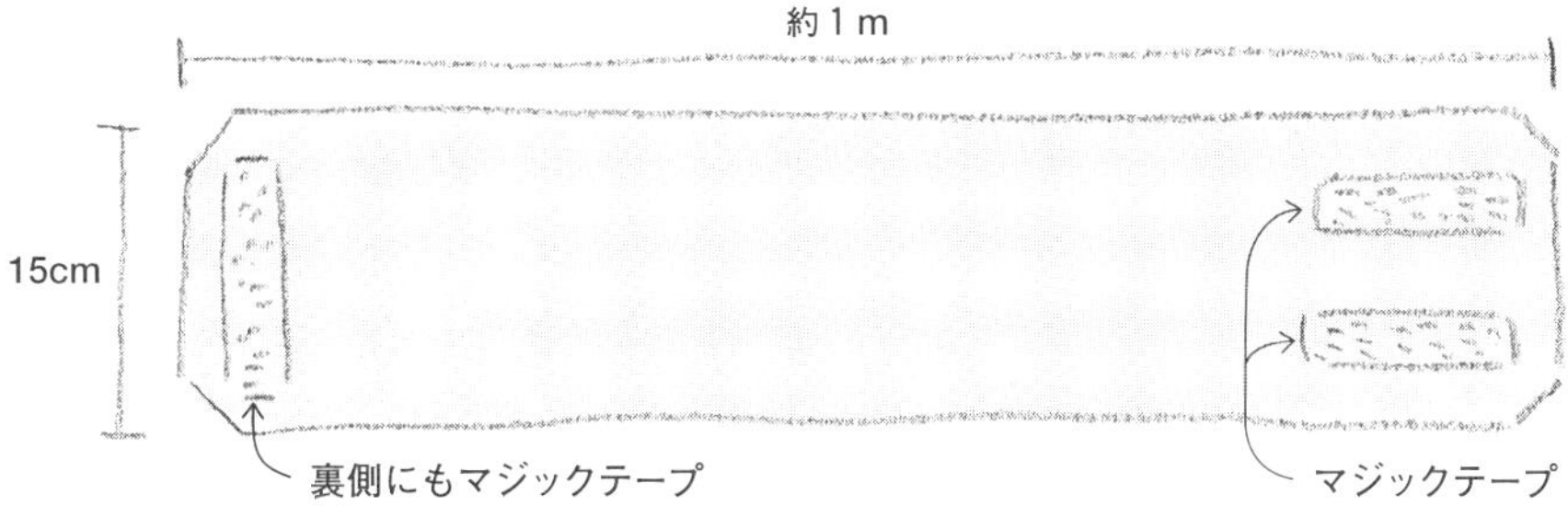
約１ｍ
15cm
裏側にもマジックテープ
マジックテープ

結ばなくていいので、和紙、ビニール、メタル素材など想像がふくらむ。

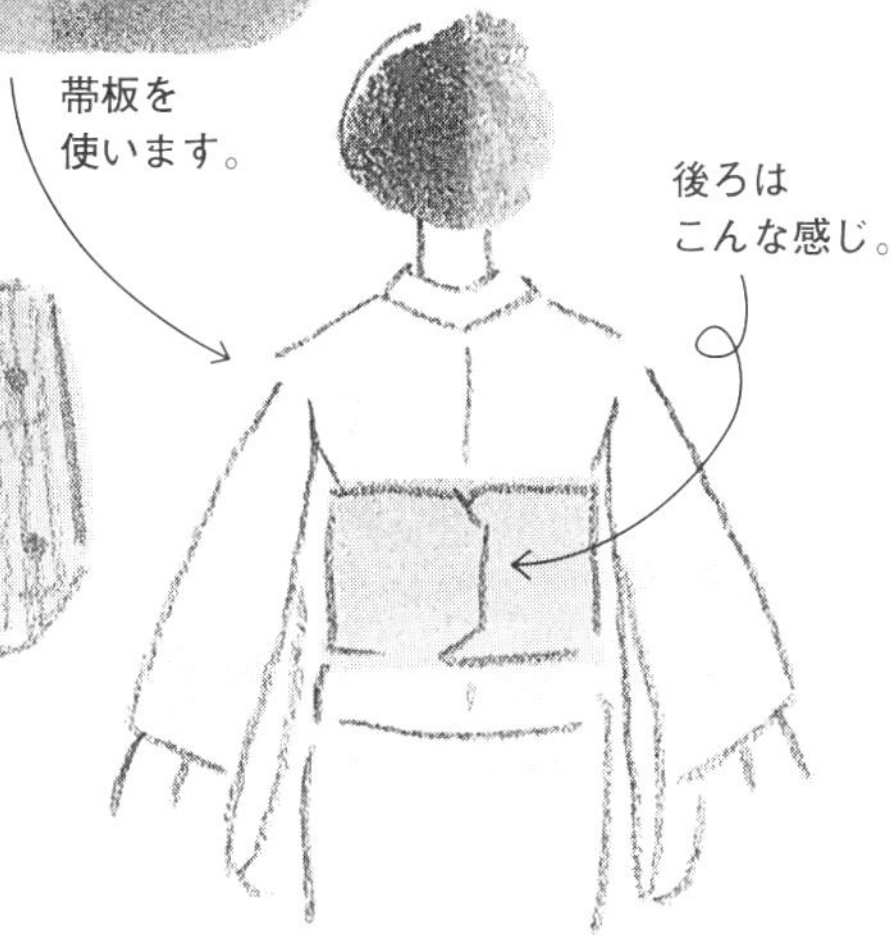
帯板を使います。
後ろはこんな感じ。

羽織を忘れずに！

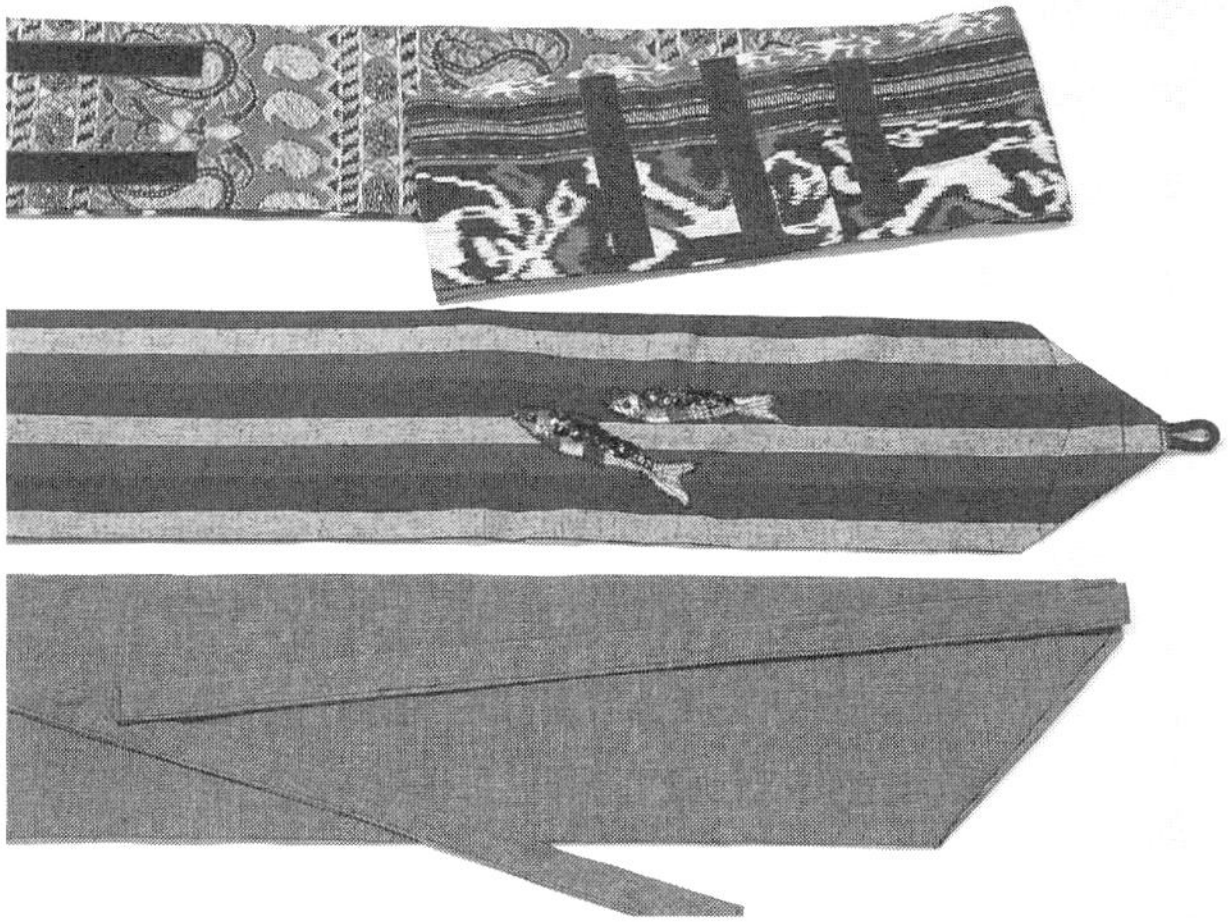

なんちゃって帯３種

町を歩くとすべてのものが素材に見える。ショップではランチョンマットを手に取って、これは帯になるかしらとおなかのあたりに当てて鏡を見ては、店員さんに変な顔をされてしまったり……。

ここで紹介した方法で作った帯は上。下の２つの作り方は84ページ参照。

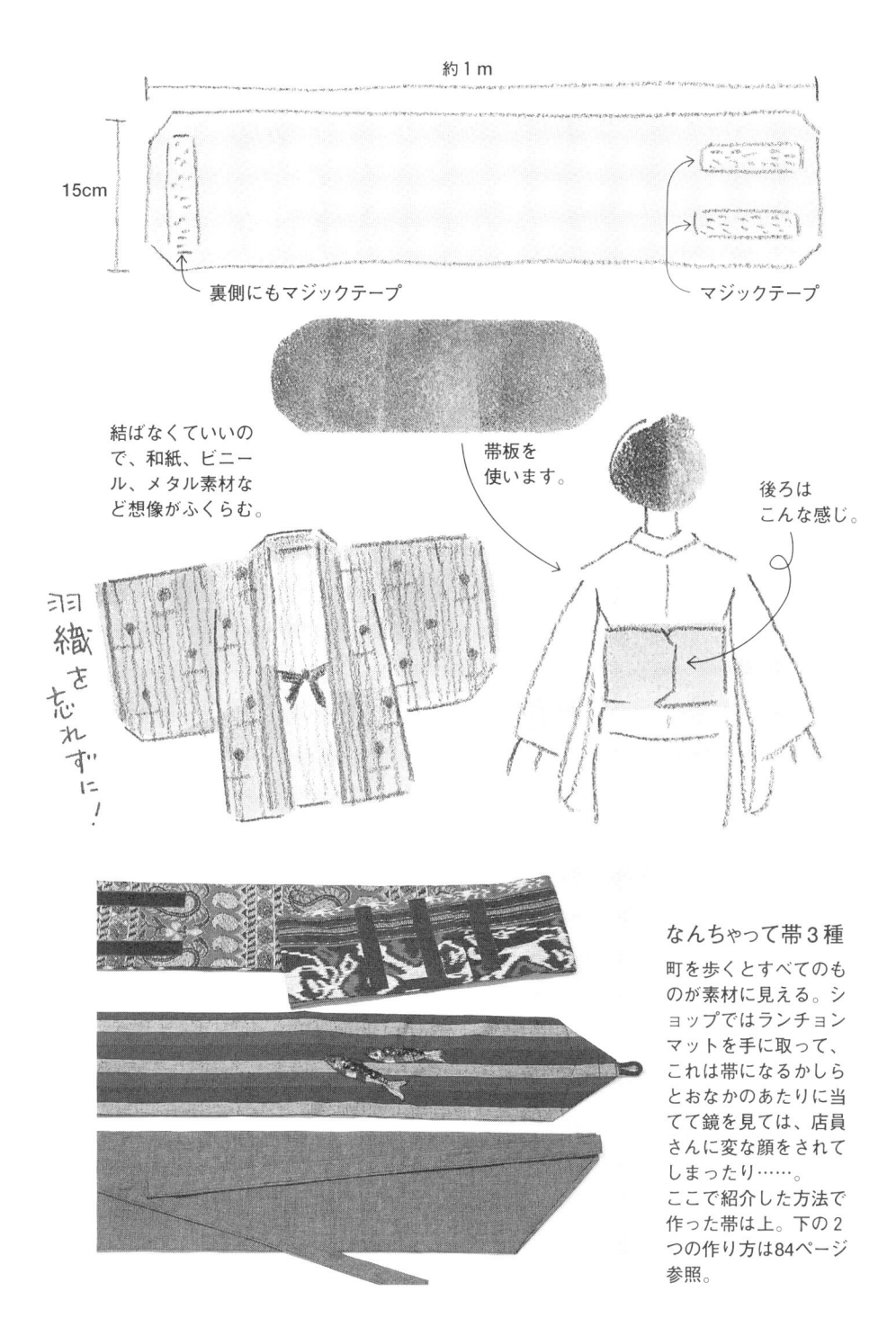

空気の層を作って寒さ対策

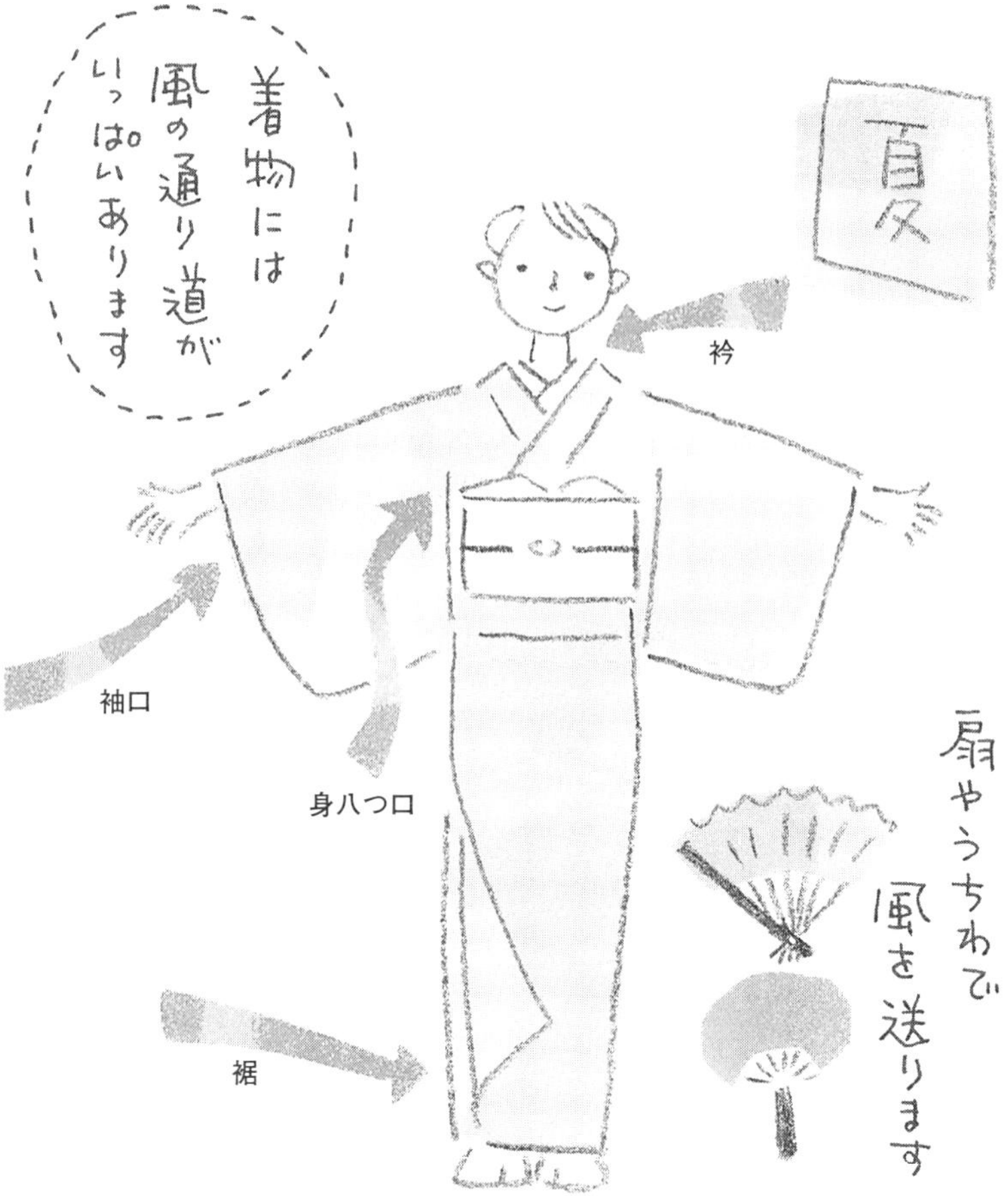
着物には風の通り道がいっぱいあります
夏
衿
袖口
身八つ口
裾
扇やうちわで風を送ります

前項で着物には風の通り道がたくさんあると書きました。冬になると、逆にそこから冷たい風が入ってくることに……。

北風が入る袖口や足元《あしもと》はすうすう寒いんです。冬場の足元の寒さ対策はみなさん苦労しているようですね。

衿、袖、身八つ口、そして足元などのすきまを埋めるための昔からある小物というのは聞いたことがありません。皆どうしていたのでしょう?

私が使っているのは、洋服を着ていたときに使っていたスパッツ、長手袋、マフラーなどです。ババシャツを中に着るのも効果的。薄いのにとても暖かいです。

マフラーと手袋の色を合わせてコーディネートすると、モダンな着こなしを楽しめます。紺や黒、モスグリーン、茶は大人っぽく、ピンクや赤だとかわいらしい感じになります。目の覚めるようなブルーを選ぶとボーイッシュですてきです。

マフラー
冬
脇が開いていない
上っ張りが暖かいですね。
フリースや
ネルの半衿。
(綿を入れる
場合もアリ)
レッグ
ウォーマー
冬には
風の通り道を
ふさぎます
筒状の腰巻きやステテコ。

日本の冬の工夫

小さなひばちは手専用の手あぶり。炭の暖かさは柔らかい、癒し系。おもちを焼きながら手を暖めるのも楽しい。座布団も持ち運べて便利な暖房グッズ。

冬

足元から暖かく。冬のはきもの

冬用のぞうり

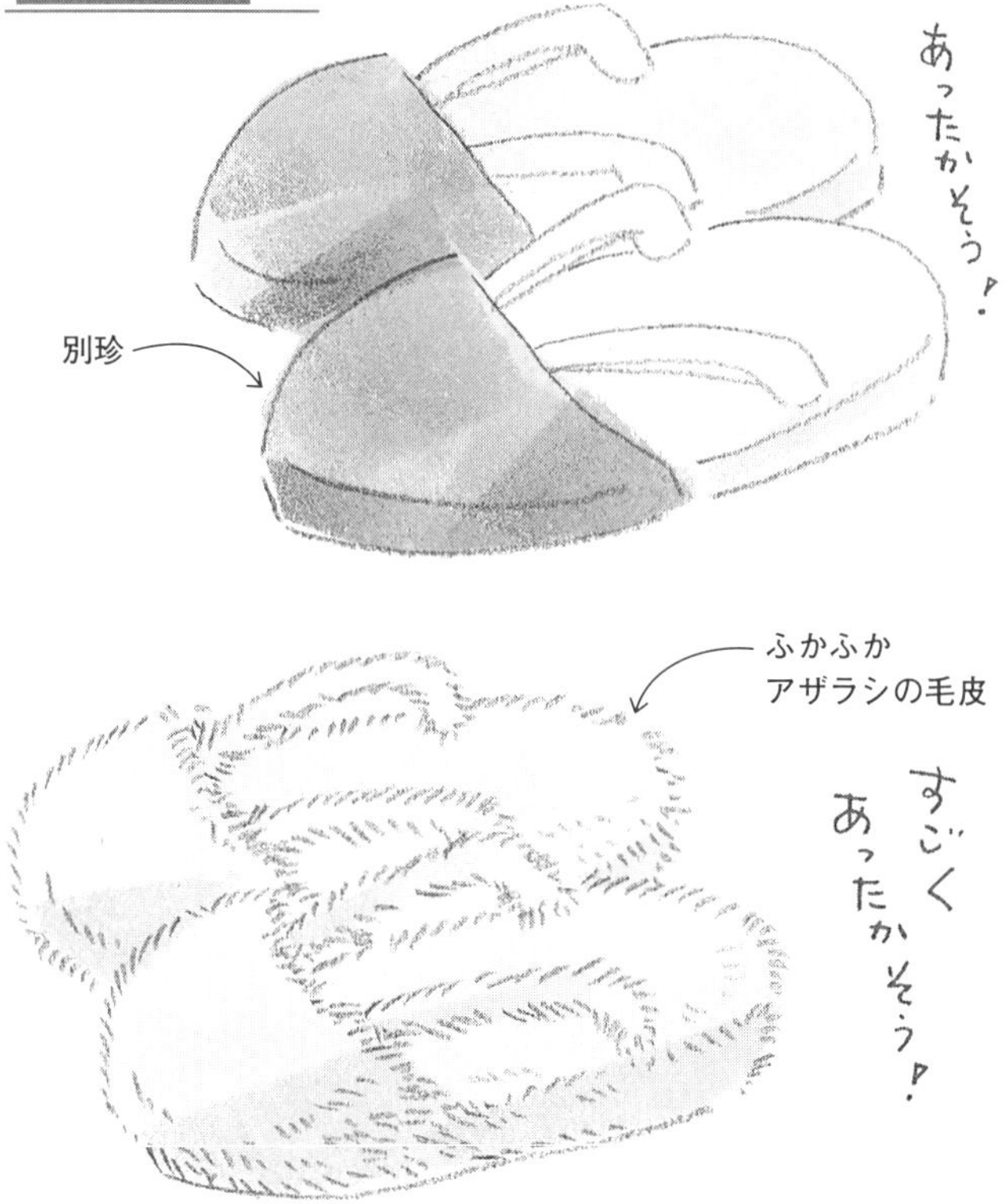

あったかそう！
別珍
ふかふか
アザラシの毛皮
すごく
あったかそう！

冬は、別珍《べっちん》の足袋を愛用しています。普通の足袋よりも厚手なので暖かく、起毛した感触も好きです。

それでも外出すると、はきものから出た足袋先が寒くて霜焼けになります。なんとかならないかしら？　雪深い北国の人たちはどんなはきものを履《は》いていたのかしら？

調べてみると案の定、とても暖かそうなはきものを履いていることがわかりました。アザラシの毛皮で作られた雪ぞうりは、柔らかで暖かそう。どんな履き心地なんでしょう。アザラシの毛は雪や水をはじくので、雪国の冬には重宝しそうですね。同じ形で別珍の赤いぞうりもかわいい！　これも暖かそうです。

素材が違っても形に共通しているのは、ぞうりの前部分にカバーがしてあることです。指に当たる北風が冷たいのだから、透明ビニールの雨ぞうりを冬に履いても、比較的暖かいかもしれません。

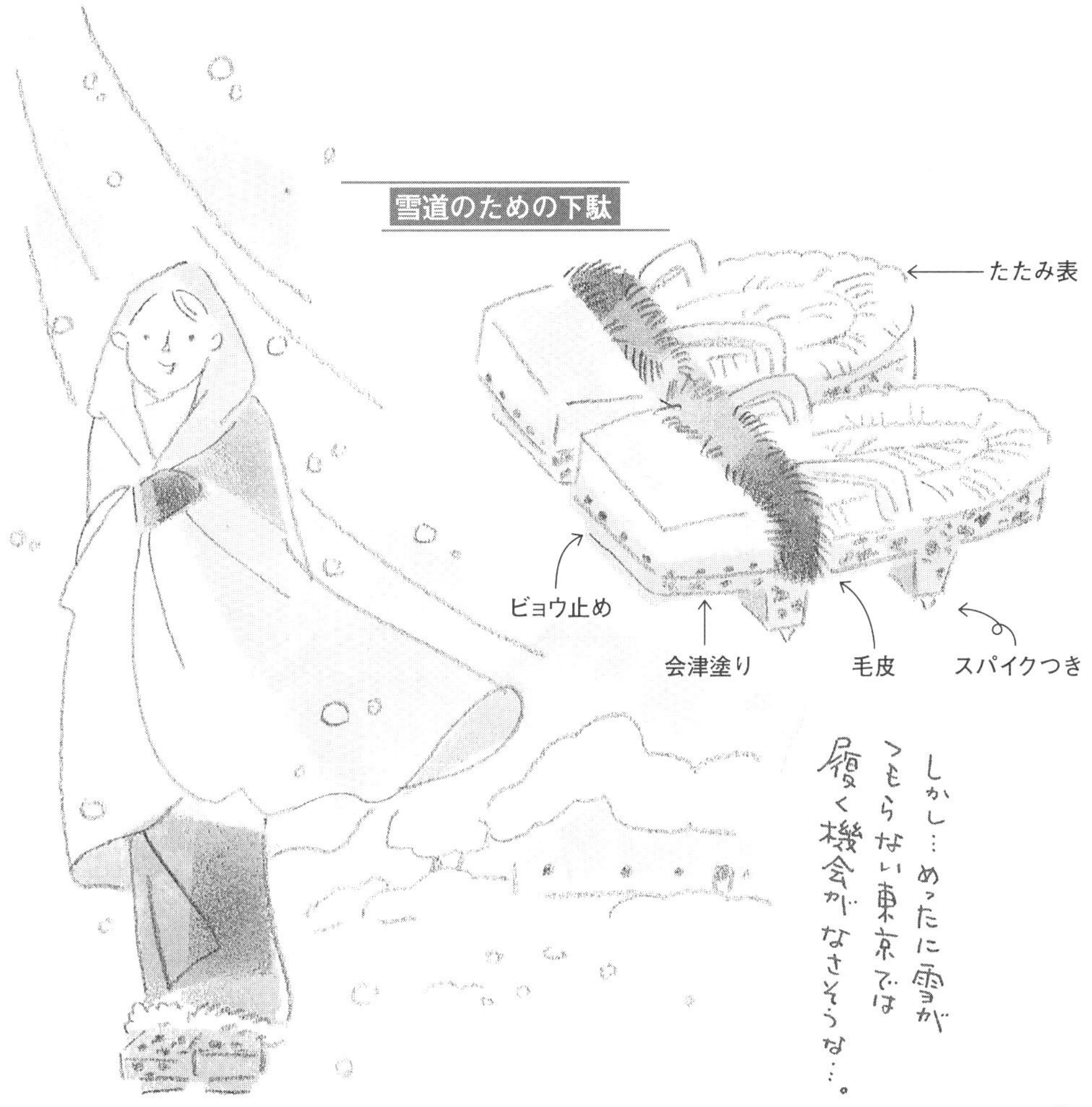
雪道のための下駄
たたみ表
ビョウ止め
会津塗り
毛皮
スパイクつき
しかし…めったに雪がつもらない東京では履く機会がなさそうな…。

こぼれ話

マントの話

寒いときの外套《がいとう》には、何種類かあります。一般的には、道行や羽織。綿、絹、ウールなど、素材によって使い分けます。厚手の裏がついていると、とても暖かいです。もっとも、道行や羽織はおしゃれ用としても活躍します。

ショールやマントは洋服にも使えるので便利です。ショールは大きな四角い布。マントは袖がなく、肩からすっぽりおおうような作りの外套です。女性用として、今も残っています。上図のようにフードがついていると、防寒に最適です。

男性が着たのがインバネス。別名「とんび」といわれる外套で、袖がなく、代わりに長めのケープがついています。袂を通して着ました。もともとは洋服用でしたが、日本では和服用となりました。といっても、今は男性でもインバネスを着ている人はほとんど見なくなりましたが。

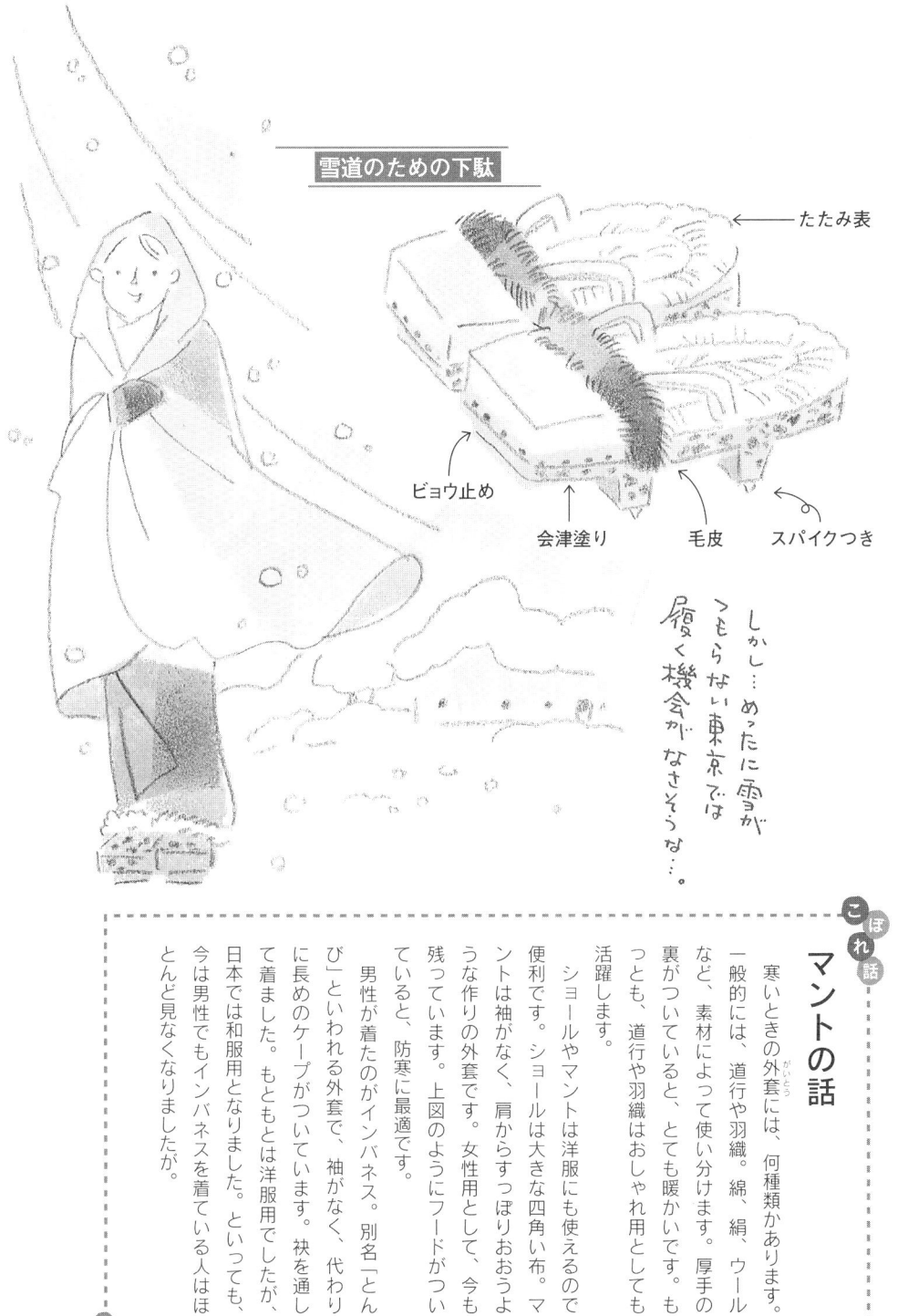

冬

風が入る袖口の寒さは「腕抜き」で

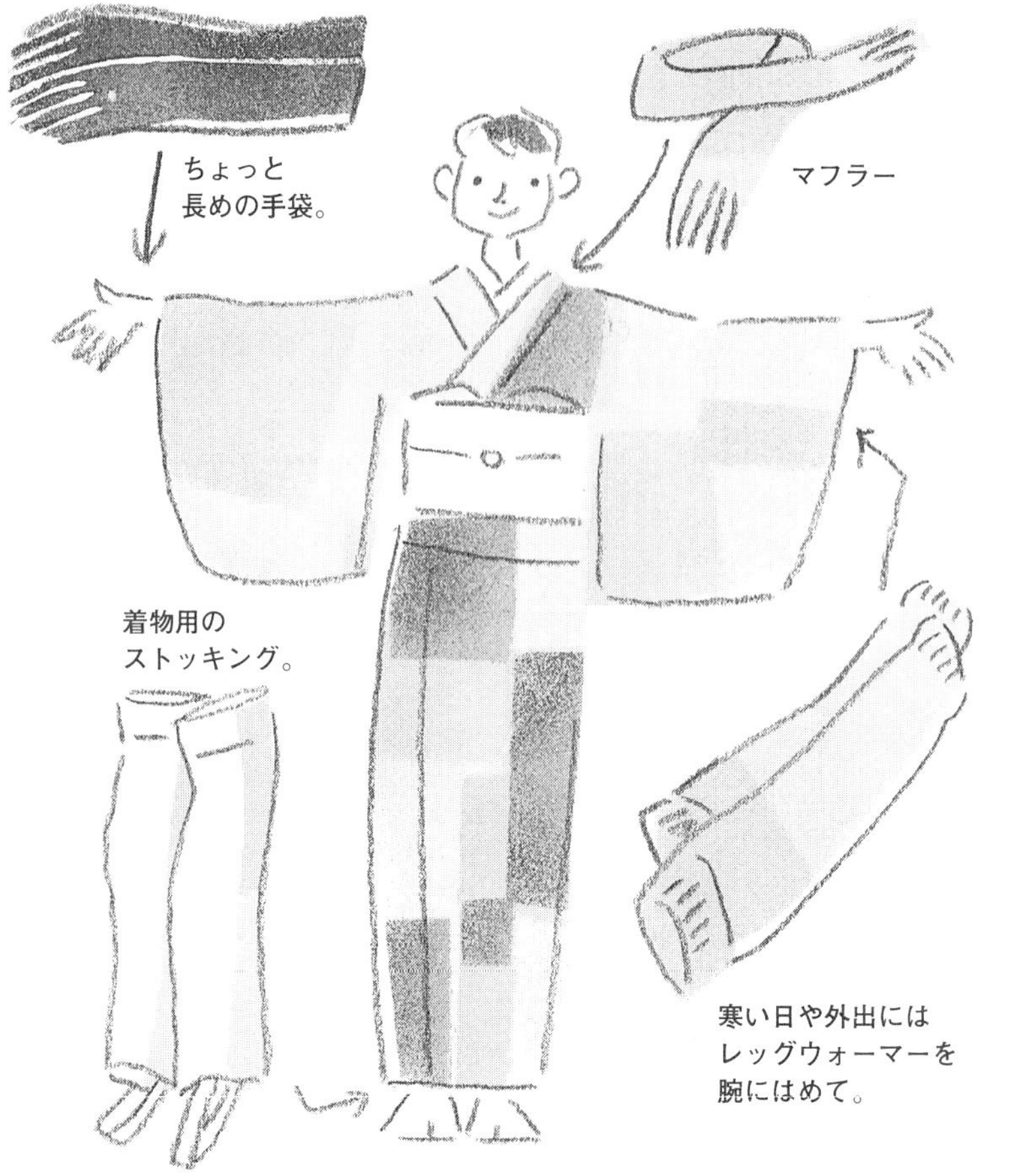
ちょっと
長めの手袋。
マフラー
着物用の
ストッキング。
寒い日や外出には
レッグウォーマーを
腕にはめて。

真冬には、この冬一番の寒い日というのがあります。そんな日にはさらに温かくなる工夫をするのですが、役に立つのがレッグウォーマー。これを足と腕にはめています。袖口のすぼまった割烹着やひっぱりを着て、レッグウォーマーが見えないようにカバーします。

厳冬時には長い手袋、レッグウォーマー、ババシャツの重装備。すきま風が素肌に触れないようにします。

年齢は手に現われます。とくに私の手は手入れもせずに家事、雑用をこなしているので、貫禄《かんろく》のある年季の入った使い込んだ手です。いくら着物でおしゃれしても手が荒れているとほんとにつや消し。手の保護と着物のイメージダウンにならないためにも、外出するときの手袋は欠かせません。

細身の手袋は手が美しく見えるので、冬の外出時には薄手のニットの手袋を愛用しています。

**防寒にも
おしゃれ用としても**

洋服用だけれど着物にも合う。手の甲までおおっていて温かいうえ、細かい作業ができる。指先の出方はお好みしだいで。革製やビーズつきは華やかな印象、パーティーにもgood。

(ミテーヌデザイン／山本裕子)

冬

暖かくてなつかしい、別珍の足袋

別珍足袋のイメージ
内側は白ネル
別珍
同色のコーデュロイ。
こんな感じ
子供の履物って感じだったのかしら。

幼い頃から冬には霜焼けに悩まされているので、冬足袋は暖かい別珍足袋を愛用しています。底が同色のコーデュロイ、裏地が白ネルで作られていて、くしゅっとした形も感触も家着《いえぎ》っぽくて好きです。

別珍足袋は昔から子どもの普段履きだったのか、古い写真に写っている子どもたちは別珍の足袋をよく履いています。この足袋には木綿や絣《かすり》などの普段着が似合うような気がします。

もう一つ、別珍足袋が似合うのはおばあさん。年をとって小さくなった足を包む別珍足袋は、寒さからやさしく守ってくれそうです。足袋の厚みがあるので、よろけて家具などにぶつかったときも、足への衝撃をやわらげてくれるかしら。おばあさんになったら朱色の別珍足袋を履こうかな。

別珍足袋は巣鴨《すがも》の地蔵通《じぞうどお》りや早稲田《わせだ》の穴《あな》八幡《はちまん》の屋台で見かけます。やはり、おばあさんの人気エリアです。

初別珍足袋は
冬至の穴八幡の境内で、
ピンクと深緑のを
買いました。
あったかいよー
タビックスや
ババシャツも
売って
いました。

役立情報

昔、消耗品だった着物

今でこそ着物はおしゃれ用という意識がありますが、昔は、ほんとうにいつも着物で生活していたのです。かけ衿を取り替え、何度も洗い、一枚の着物を大事に、すりきれるまで着ました。その普段用の着物の代表が、木綿の絣。十文字や井の文字など素朴な柄で、なつかしさを覚えます。

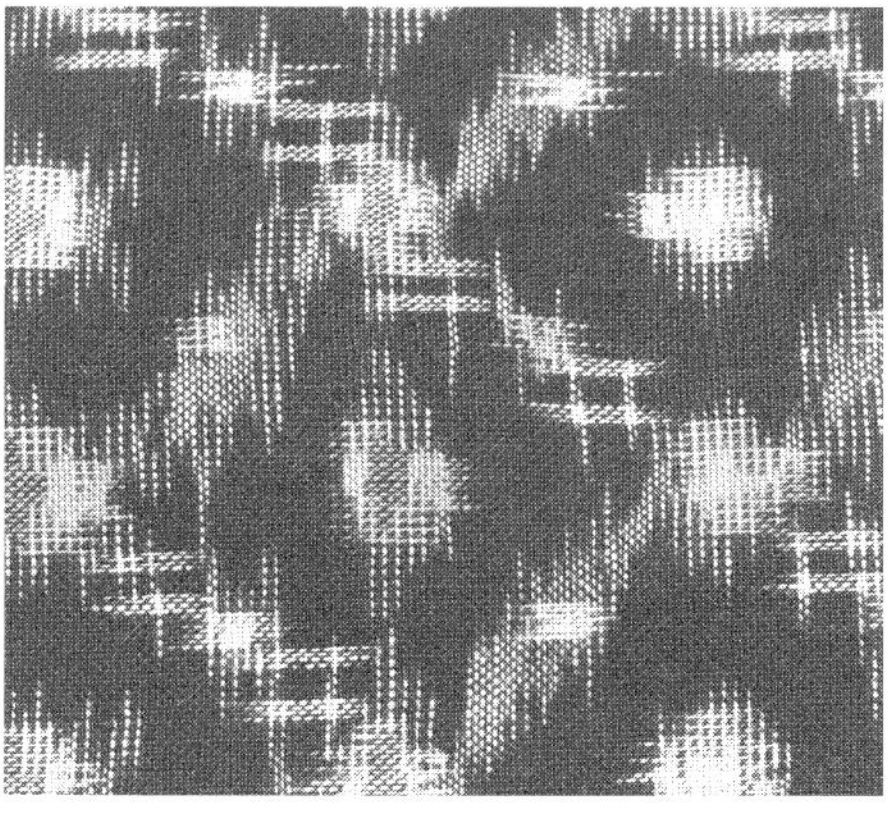

冬

洋服と兼用のコートやマフラー

着物でも着られそうな洋服コートたち

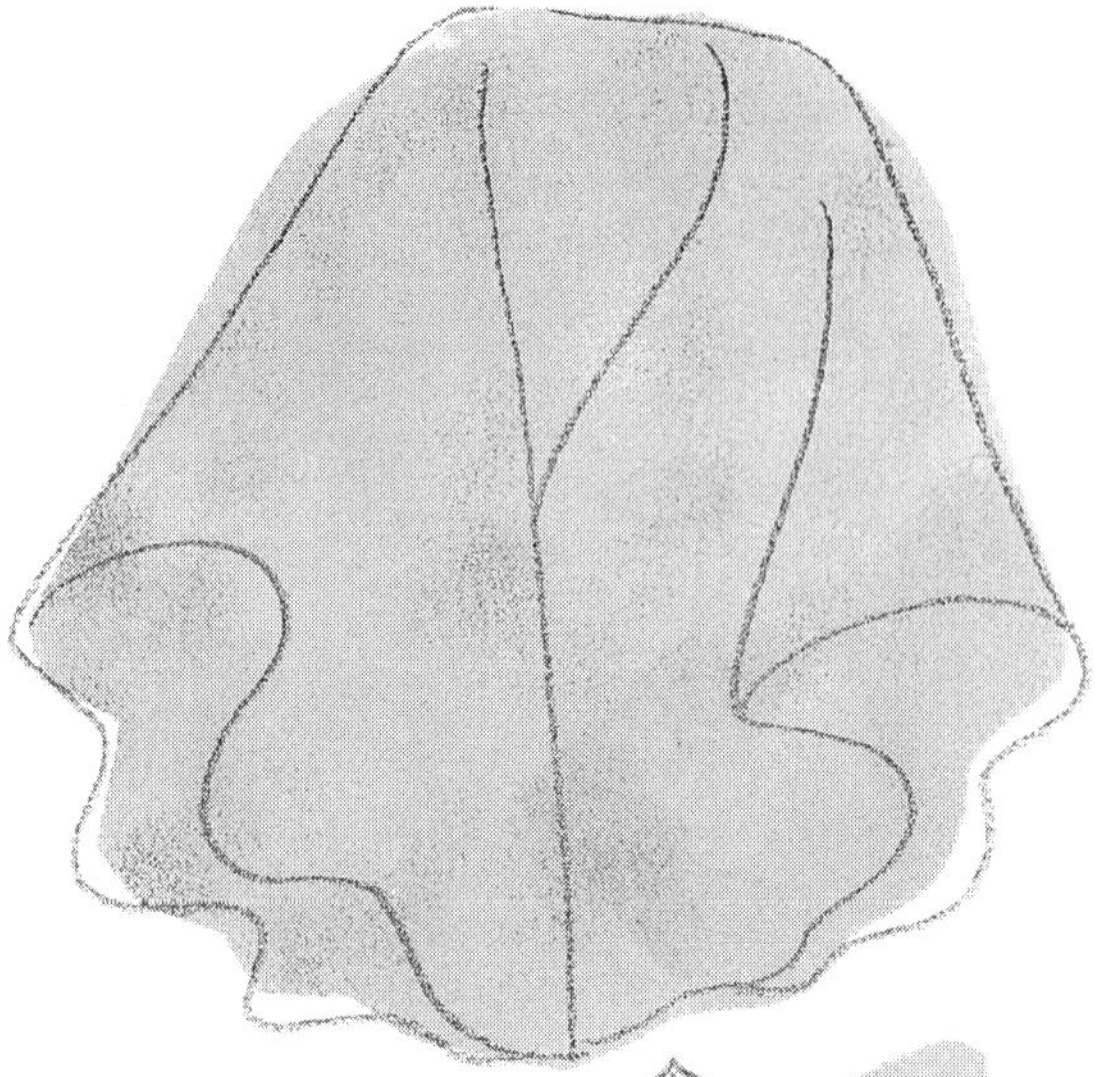

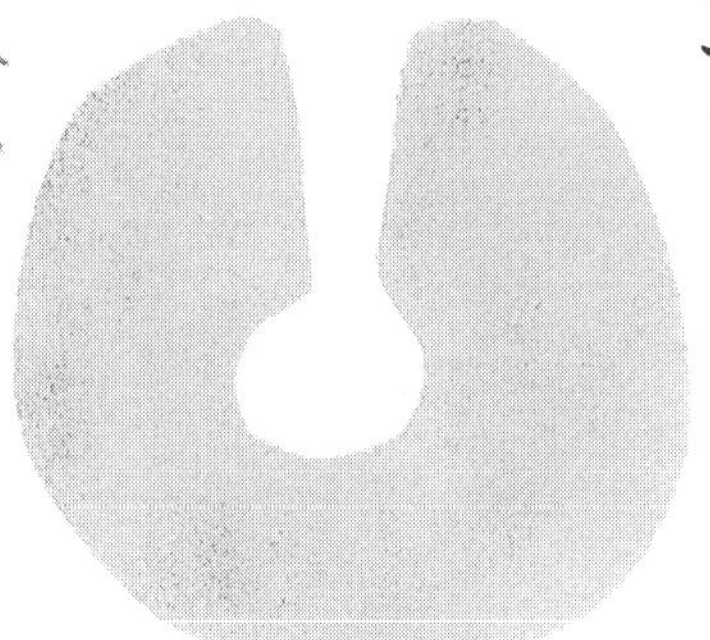

黒いフェルトを
丸く切ったようなコート。
そのまま羽織れます。

数年前まで洋服で暮らしていたときに着ていたコートは、着物生活に入ってから、すっかり出番がなくなりました。

　処分するのも惜しくて、そのままクローゼットにしまっていたお気に入りのコート、なにげなく着物の上に着てみました。

あれ、まんざらでもない？

　衿の形がVになっていて、袖が広ければ、洋服のコートも着物に合います。マフラーはもちろん、大判ストールはそのまま着物の上に羽織れます。

　私は以前から、着物のようなゆったりしたものや直線のシルエットのものを好んで着ていたようです。洋服のなかにも着物に近いライン、テイストのものがあって、着物とうまく合わせることもできそうです。

　まず手持ちの衣類のなかで、合いそうなものを試してみましょうか。意外な組み合わせが発見できるかもしれません。防寒対策と、リサイクルと、一石二鳥です。

ドルマンスリーブの
コートは着物でも
着られます。

タイシルクのコート。
ゆったりしていて
着物に合います。

幅広のぞうりを履いて、北風の
中を颯爽《さっそう》と歩きましょう。

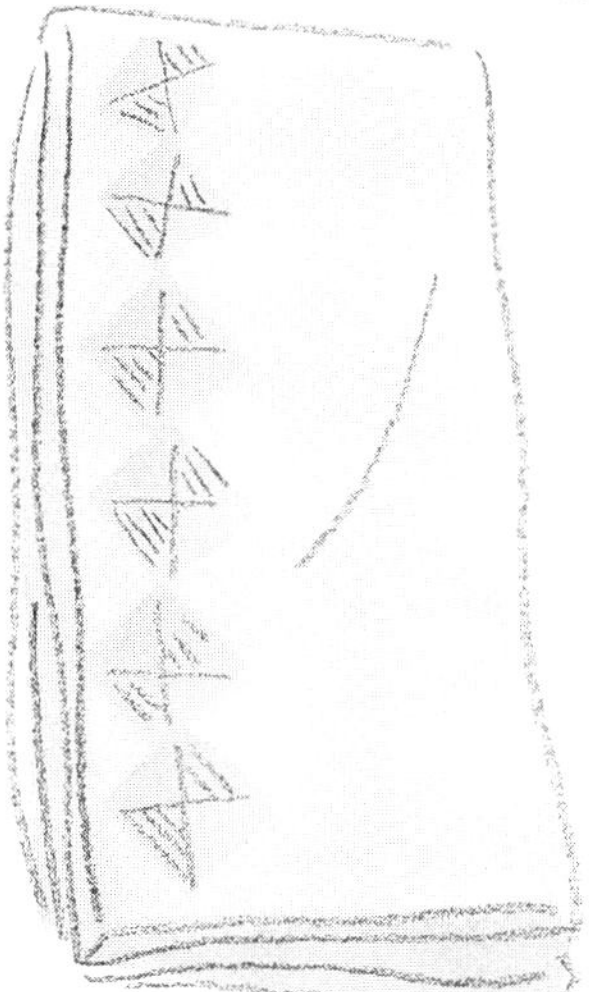

着物と洋服・
組みあわせて
楽しみます.

大型のストールを
コート代わりに羽織るのもすてき。

冬

さらにゆったり、重ね着の工夫

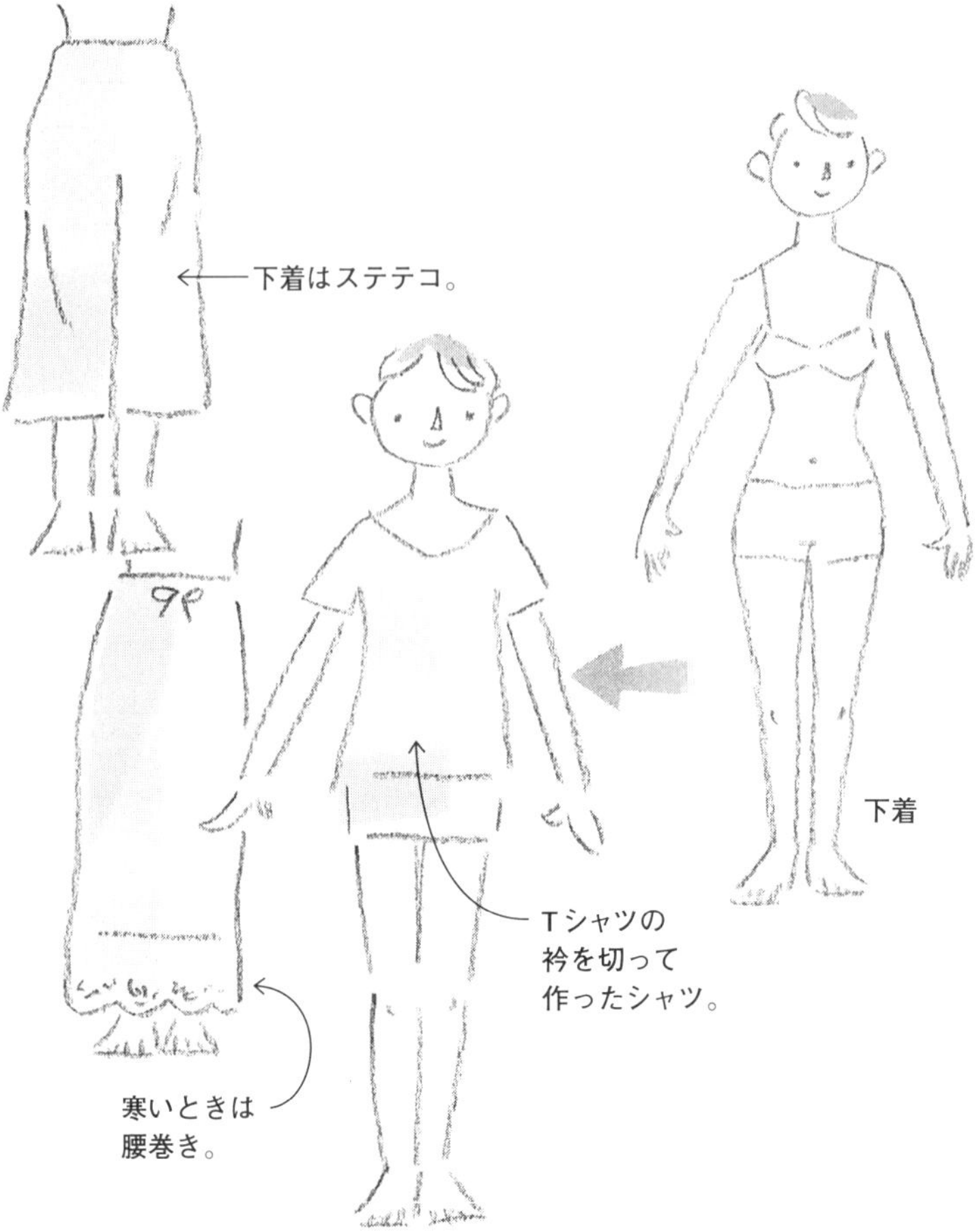
下着はステテコ。
下着
Tシャツの
衿を切って
作ったシャツ。
寒いときは
腰巻き。

　ここ数年暑い日が増えて、春と秋が短くなりつつありますが、それでも日本には季節があります。寒い冬から暑い夏まで変化の多い環境のなか、着物で暮らすには、さまざまな工夫が必要になります。

　少しずつ寒さが増すにつれ、玉葱《たまねぎ》のように着物の下に一枚ずつ着るものを増やします。厚手のものを一枚着るよりも、薄いものを何枚も重ねるほうが、軽くて動きやすいって知っていましたか？　衣類の間に空気の層がいくつもできるので、温かいのです。

　あとは開いている袖口、衿元、足元などをカバーして、冷たい空気の進入をふせぎます。これで雪の降る寒い日でも大丈夫。

　冬の間、私は昼間も湯たんぽを愛用しています。湯たんぽを机の下に置いて、仕事の最中に足を乗せておくとちょうどいいぬくもり。真冬でもこれだけで過ごせ、暖房の必要もありません。

どちらか着用
寒いときは「ねこ」を着ます。
長じゅばん
うそつきじゅばん
裾よけ
「ねこ」は薄い綿の入ったものと厚いものがあります。
着物。夏は浴衣。
羽織やひっぱり、割烹着、チョッキなどを着ます。
もっと寒いときはマフラーや手袋。
外出時は道中着、道行を着ます。
雨のときは爪がけ。

装いのルール

着物と帯には格があり、あまりに格が違うどうしは合わせられません。極端なことを言えば、浴衣に金銀の帯をする人などいませんし、留袖に幅の細い帯をするなど、ありえないことです。

ＴＰＯによって、着る着物と合わせる帯は決まってきます。知らないと恥をかくことになりかねません。

★ 正礼装
● 略礼装
■ 外出着
♥ 家庭着

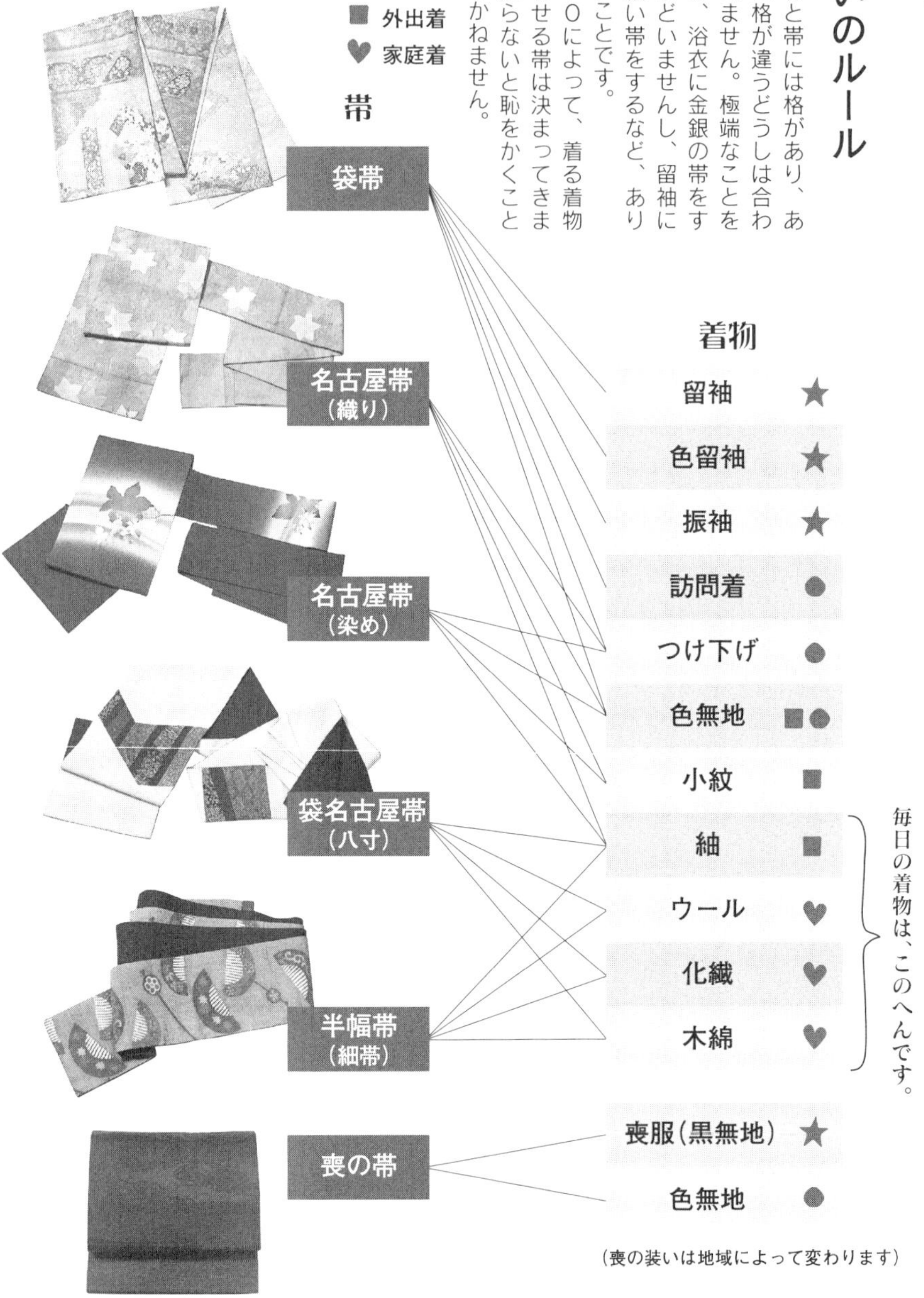
帯
袋帯
名古屋帯（織り）
名古屋帯（染め）
袋名古屋帯（八寸）
半幅帯（細帯）
喪の帯
着物
留袖 ★
色留袖 ★
振袖 ★
訪問着 ●
つけ下げ ●
色無地 ■●
小紋 ■
紬 ■
ウール ♥
化繊 ♥
木綿 ♥
毎日の着物は、このへんです。
喪服（黒無地） ★
色無地 ●

（喪の装いは地域によって変わります）

柄のルール

着物には、おめでたい席だけに着てよい柄と、慶弔《けいちょう》を問わずに着てよい柄があります。ししゅうや染めで描かれた文様だけでなく、生地そのものに織り込まれている地《じ》紋《もん》にも、ルールがあります。

とくに色無地の着物を法事に着ていくようなときには、おめでたい柄が地紋になっていないかをみたほうが無難でしょう。

吉 結婚式や入学式のような慶事のみ

両 慶事、弔事どちらでもよい

地紋

吉
青海波《せいがいは》

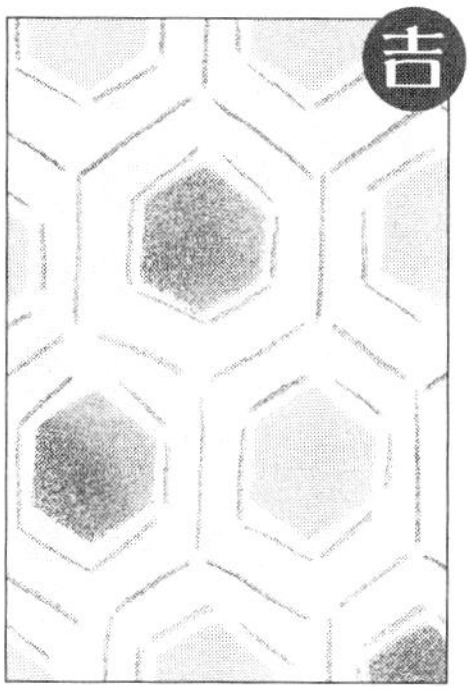
吉
亀甲《きっこう》

両
麻《あさ》の葉《は》

両
観世水《かんぜみず》

両
紗綾型《さやがた》

文様

吉
束《たば》ねのし

吉
茶屋辻《ちゃやつじ》

吉
扇面《せんめん》

作り方のアレンジ二パターン

布が足りないとき

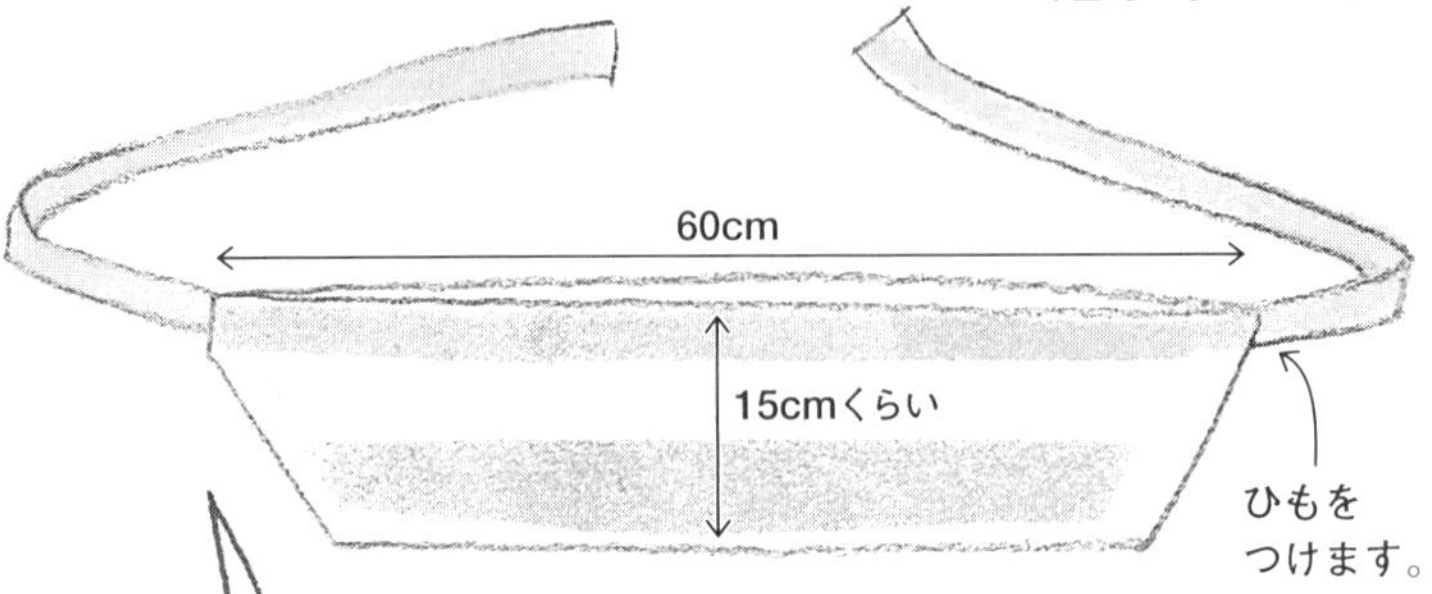
60cm
15cmくらい
ひもをつけます。

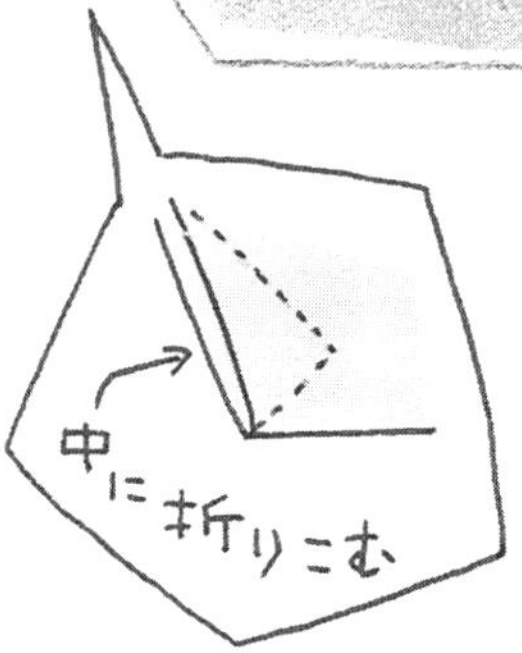
中に折りこむ

後ろでひもを結び、
結び目は帯に入れ込みます。
上から帯締めをすると、
しっかりします。

帯締めで締めるとき

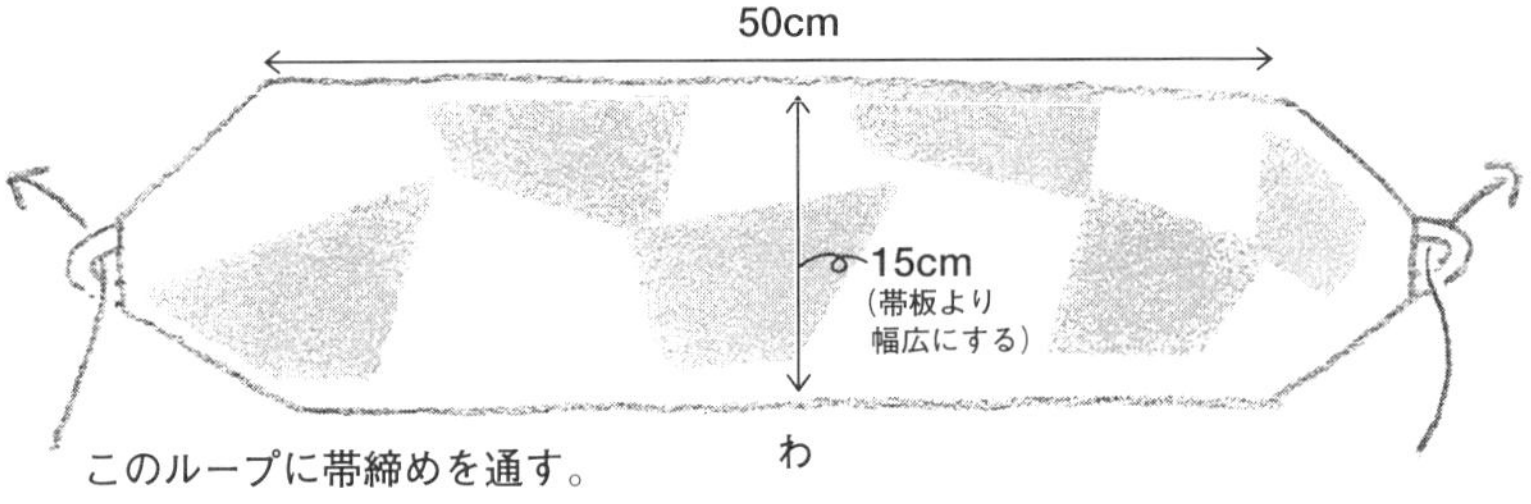
50cm
15cm
(帯板より
幅広にする)
わ
このループに帯締めを通す。

折り返して
ざくざくぬいます

最初から帯締めを通して、
帯ごと結びます。
この帯締めは後ろで結びますから、
帯留めをつけてもいいですね。

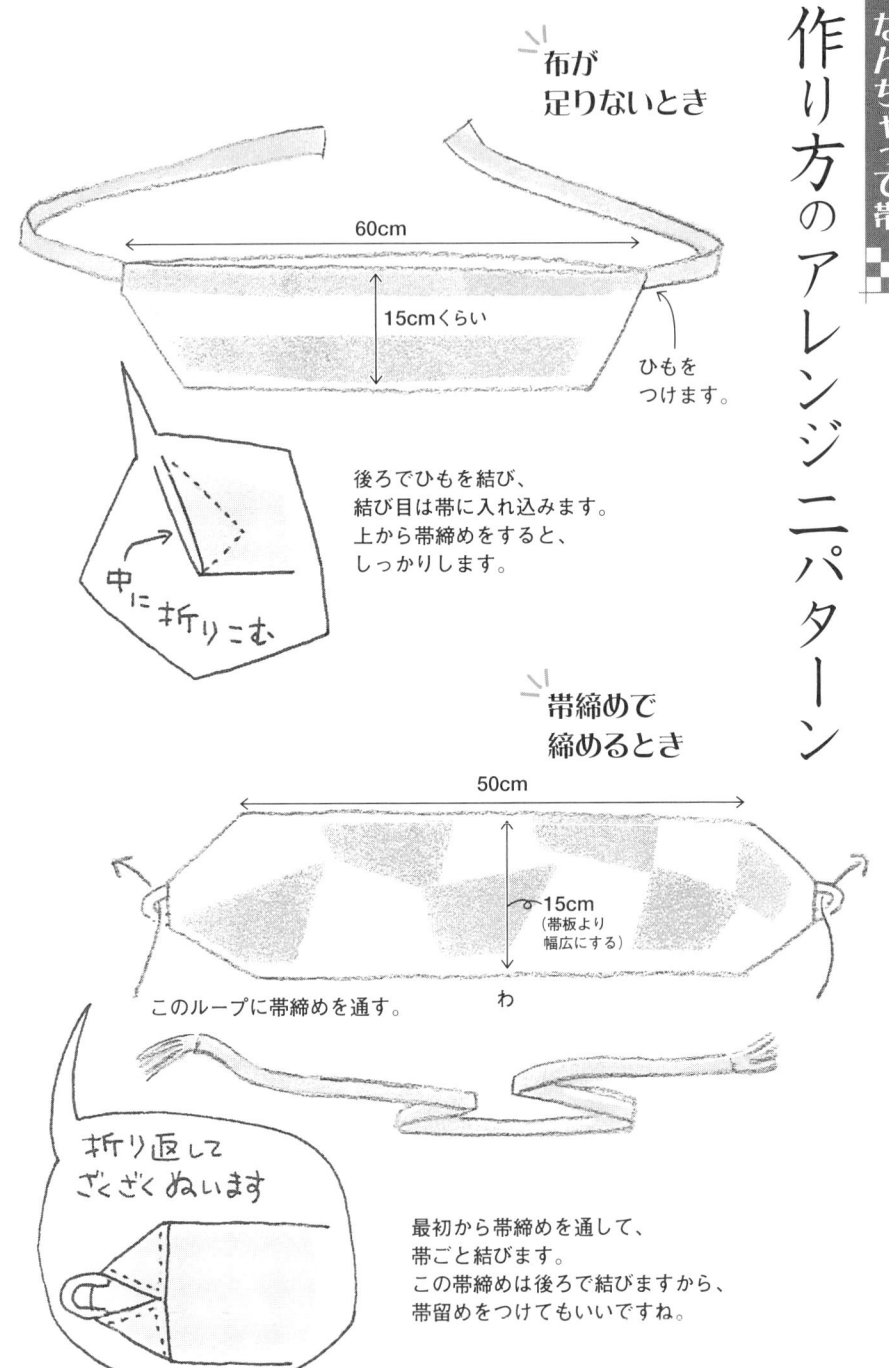

第4章

着物で働く、出かける

着物生活

やっぱり着物にはアップが似合う

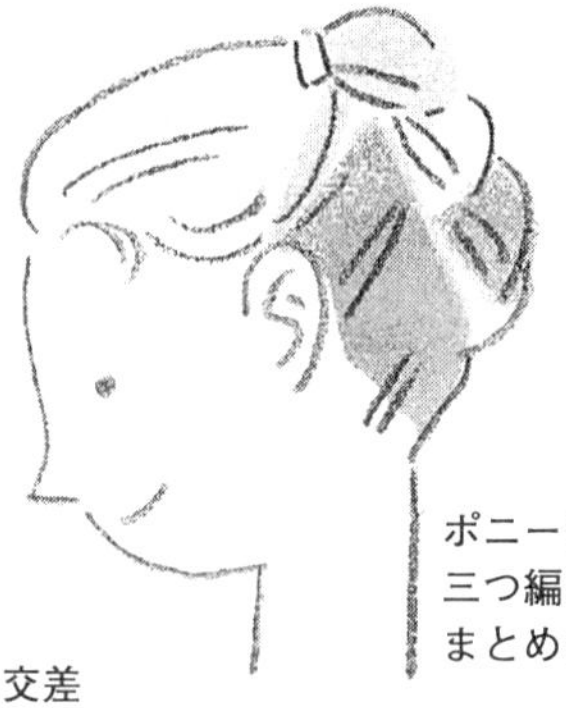

ポニーテールを
三つ編みにして
まとめました。

三つ編みを交差
させて留めた
ノスタルジック
な髪型。

ヘアーバンドと
２本のバレッタが
普段の私の髪型
です。

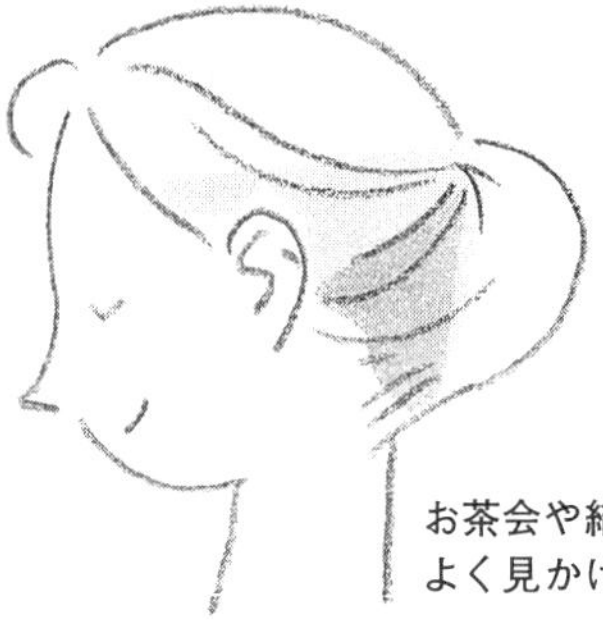

お茶会や結婚式で
よく見かけます。

着物姿の魅力は、うなじの美しさ。ここは視線と同じ位置にあるので、とても目につくところです。いろいろ試してみましたが、うなじをきれいに見せる髪型はアップにするか、ショートボブでしょうか。

髪を伸ばし始めたら、少しずつ長くなるのがおもしろくて、二年ほどで腰まで届きました。ここまで伸ばしたのは生まれて初めて。編んだり、クリップで留めたり、巻き込んだりして楽しんでいたのですが、腰につくほどの長い髪はまとめにくいですね。三つ編みにして頭頂部でグルグル巻くというワンパターンになってしまいました。

今は、肩にかかる長さで落ち着いています。この長さが一番扱いやすいようです。バレッタとヘアーバンドを使い、髪型もほぼ毎日同じ形に落ち着きました。

たまにおしゃれして外出するときには、珊瑚玉《さんごだま》や、かんざしを使います。色のアクセントが利いて楽しくなります。

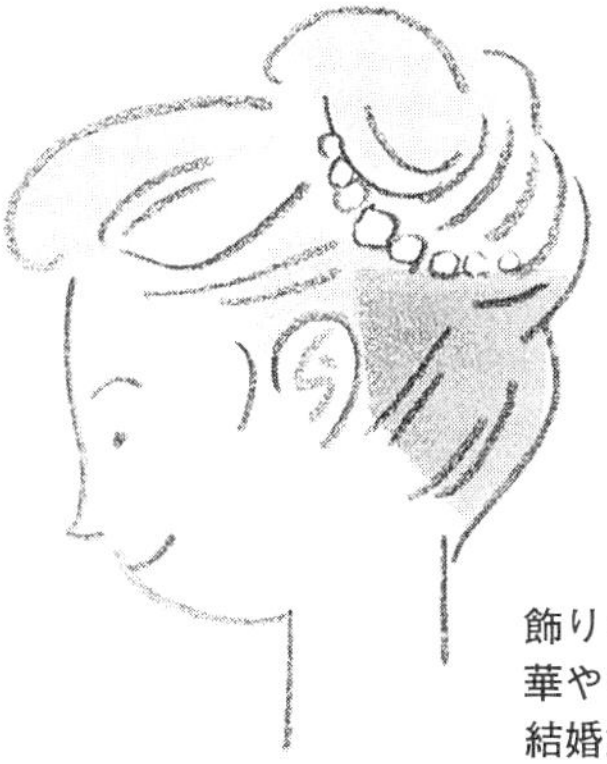

飾りぐしを使って。
華やかな髪型は
結婚式にぴったり。

ポニーテールに
つけ毛をつけるだけ。
カンタン！

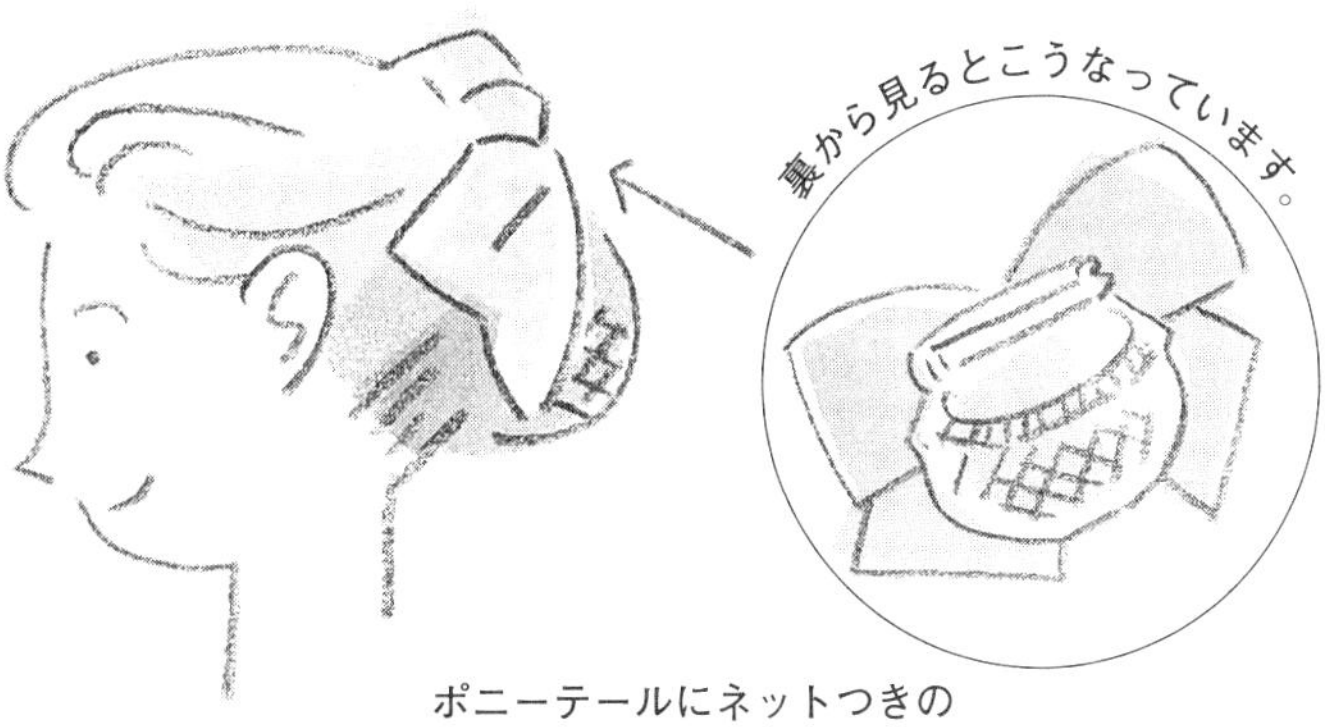
裏から見るとこうなっています。

ポニーテールにネットつきの
バレッタをかぶせれば、
毛先がきれいにまとまります。

女子学生風。
ウールや木綿の
着物のときに。

ショートのときは
毛先を立ちあげて
ボリュームを出す。

身支度

着替えるものは、ひとまとめに

今日着る着物と小物類が入ったカゴを持って鏡の前に移動します。

着物に着替えるとき、カゴを片手に鏡の前に移動します。このカゴには今日着る着物と帯などのほか、着物を着るために必要なひもやベルトなどが入っています。全部揃っているから途中で取りに行くこともないので楽です。

普段は半幅帯。ときどきお太鼓を結びたいときには、帯枕や帯揚げなど使うものが増えます。うっかり忘れて着替えの途中で取りに行くことも。

明日に着る着物は夜のうちに用意します。帯も帯揚げも帯締めも合わせて選んで入れておきます。

着物を脱ぐときにも、このカゴを使います。脱いだ順にカゴに入れるので、翌日その順番に取り出せて便利です。

そういえば昔の家や旅館では、部屋の隅に衝立《ついたて》と脱衣籠《だついかご》がありましたっけ。着替えるときにカゴを使うのは一般的なことだったんですね。

取り出したものから
着ていく
上から順に
取り出します
足袋
裾よけなど。
うそつき
ゴムベルトで
止める。
着物を着る。
腰ひも
ゴムベルト
帯(たいてい半幅)
帯板
帯締め
完成!

家事

着物で台所仕事、かたづけ、そうじ

家では木綿の
単衣が多いです。
帯締めを
しておくと
ゆるみません。
日常の帯は
半幅が楽です。
普段は足袋も色・柄ものを
着用。汚れやすいので
毎日洗っています。
底の部分が
濃い色のもの
だと汚れが
目立ちません。

木綿の単衣の着物に半幅帯を締めて割烹《かっぽう》着《ぎ》を着る。これが普段の私のスタイル。私は、そうじ、洗濯、料理といった家事と、絵を描く仕事を同時に進めているので、動きやすく汚れにくいことが一番です。

絵の具が乾くまでの間に洗濯物を取り込んだり、座っての作業に飽きたら外に買い物に行ったり。水を使う家事をするときはまえかけをして下半身をカバーします。お風呂場を洗ったり荷物の入れ替えなどには下だけ作務衣《さむえ》やもんぺを重ねます。

上っ張りを着ているから着物はあまり汚れません。一番汚れやすいのは足袋。スリッパを履いていてもいつの間にか黒くなってしまいます。普段使いは濃い色の足袋。裏は黒色が汚れが目だたないので好きです。目立たなくても汚れていることはわかっているので、もちろん毎日洗います。

六月から一〇月くらいまでは浴衣なので足袋は履かずに素足《すあし》です。

親の家に行くときにも、
カバンの中に入れておくと、
さっとお手伝いできて便利です。

このポケットが案外便利なんだ。

割烹着もいろいろな色・柄のものを売っています。着物をコーディネートできますね。

台所ではどうしても水がはねますから、まえかけは欠かせません。

まえかけも必須アイテム。

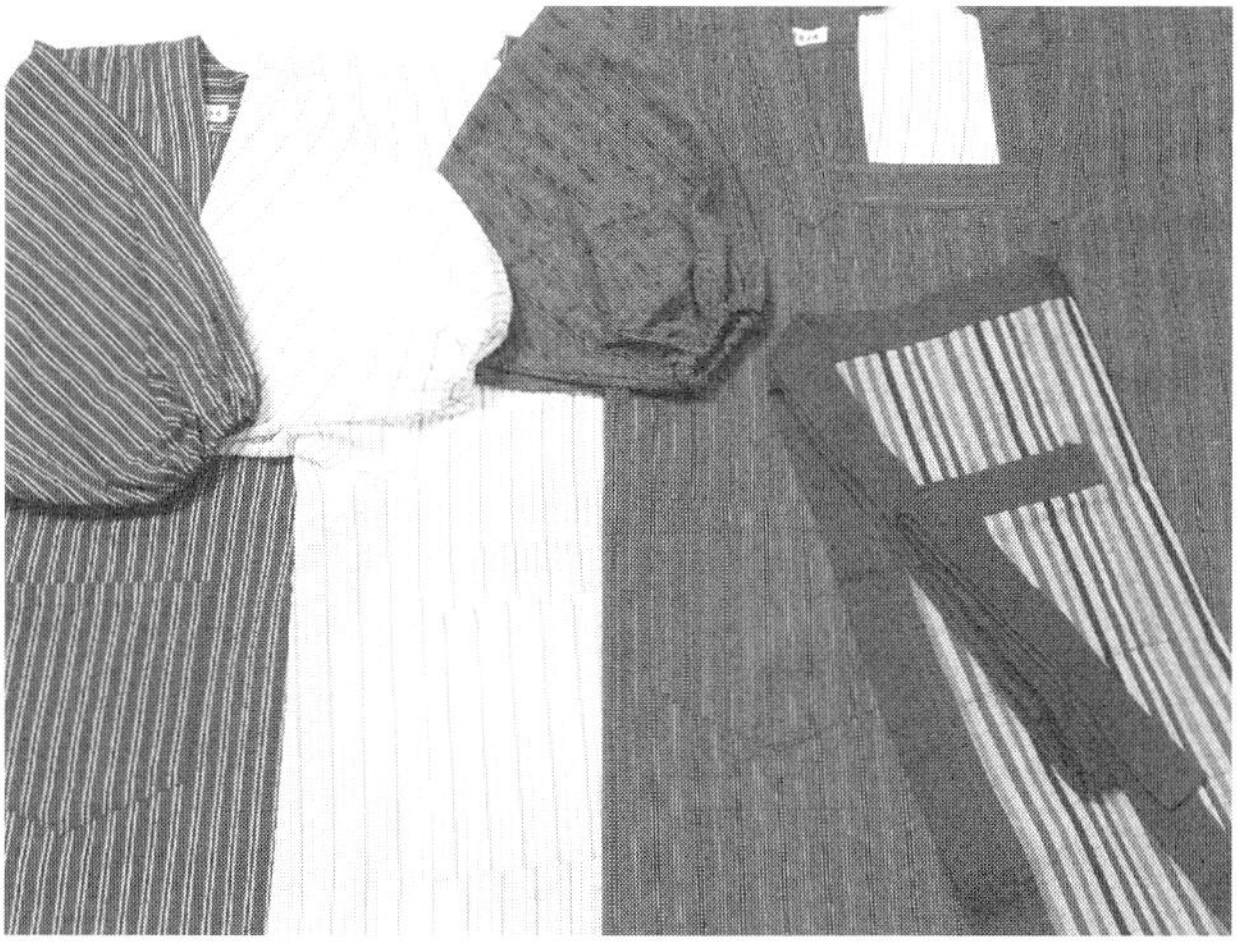

割烹着コレクション

家の中の仕事が楽しくなる割烹着たちと民芸調のまえかけ。
形も柄もいろいろ。季節にもよる。白っぽいサッカー地は主に夏用。

家事

着物で買い物、ガーデニング

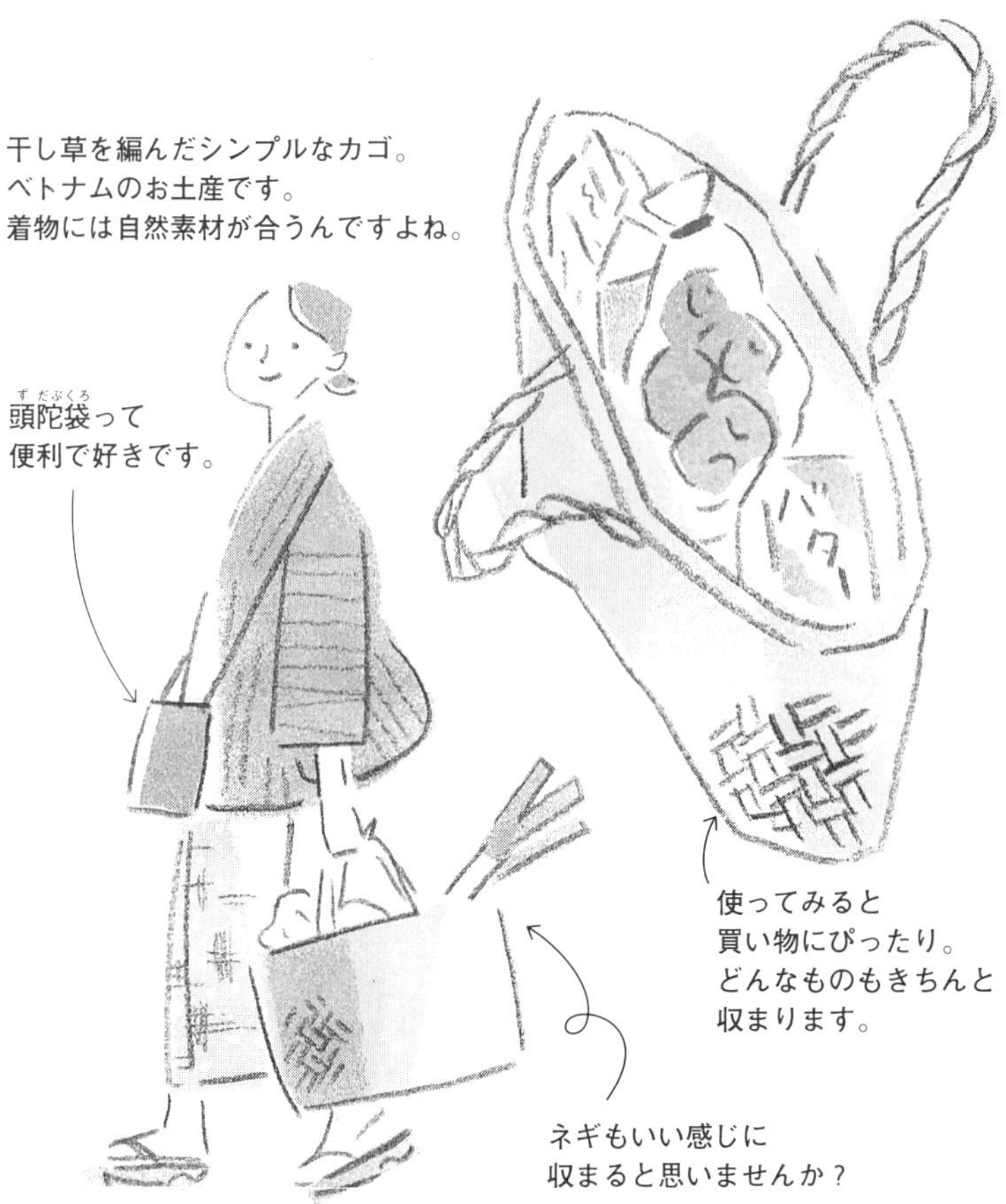
干し草を編んだシンプルなカゴ。
ベトナムのお土産です。
着物には自然素材が合うんですよね。
頭陀袋《ずだぶくろ》って
便利で好きです。
使ってみると
買い物にぴったり。
どんなものもきちんと
収まります。
ネギもいい感じに
収まると思いませんか？

普段の着物は木綿が一番しっくりします。上っ張りや羽織姿で近所にひょいと買い物に行き、家庭菜園から今晩使う野菜を収穫します。枝の剪定《せんてい》や植え替えなどの作業には動きやすい作務衣を着ます。

作務衣は着心地がいいうえに動きやすくて好きです。藍染めのものを二枚持っていますが、とても丈夫。一〇年近く同じものを愛用していますが、まだ当分着られそうです。作務衣は筒袖《つつそで》なので、着物の袂のようにうっかり袖を汚したり引っかける心配がありません。

着替える時間のないときには、着物の上からもんぺをはくこともあります。台に乗ったり足元が汚れる作業には、地下足袋やスニーカーが便利です。

最近足袋型（先が二股《ふたまた》になっている）靴下が注目を集めていて、私も気になっています。おしゃれなデザインなので機会があったら試してみたいと思っています。

台に乗る作業のとき
は下駄は、あぶない
ので履きません。
着物の上に
もんぺをはきます。
どんな所も
へっちゃら！
スニーカー
作務衣も好き。
立ったり座ったり、
思う存分
ガーデニング。

困るのはトイレ。どうしてます？

トイレのとき

① 裾を持ちます

しかし…こんなことまで描いていいのかなア
狭いトイレの場合は、手を広げるときに裾が汚れないように気をつけてネ。

さて着物の本に書いていないけれど重要なこと、それはトイレではないでしょうか。家ではなんとかなるものの、外出先ではトイレの様子はさまざまですから要注意です。

ホテルのトイレは大きめで清潔、ゆったりとしているので問題ないのですが、レストランなど飲食店のトイレはとくに注意が必要です。居酒屋や中華屋さんなど安くて古くておいしいお店は、トイレが狭いことがよくあります。

振袖は袖を帯の上に交差させ、裾は腰にはさんで落ちないようにまとめましょう。着物のときの下着は浅めローライズがいいですね。かがんだひょうしに、帯に挿《はさ》んだ扇子《せんす》やハンカチ、かんざしなども、落とさないように要注意！　私、ヒヤッとしたことが何度かあるんです。

トイレから出る前に、袂や裾などが元通りになっているか、お太鼓のたれなど後ろ姿も忘れずにチェックしてください。

② 胸の高さまで持ち上げます

大きめの
クリップで
止めても
いいですね。

③ 外に折り返します

両手が自由に
なりました！

振袖は帯の上に
交差させるか、
たすきがけします。

手を洗うとき

長めの袂は、帯か帯締めに
はさんでおきます。
着物の前に水はねがしないよう、
洗面台から体を離すか、
ハンカチを帯の下にたらしてガード。

外出

外でのお食事、汚れと臭い対策を

着物生活になったといっても、ライフスタイルは以前と同じです。ときには煙モクモクの居酒屋さんや、油が飛ぶ焼き肉を食べに行くこともあります。着物を汚したくはありませんが、汚れるのをきらって行動エリアを狭めるなんて、もったいないと思いませんか。

汚しそうかなあという日は、濃いめの色の着物を着て、ひざに敷く大判ハンカチとしみ取り用の濡れガーゼを用意します。ふろしきも役に立ちます。

木綿の単衣の着物はしみがついても自宅で洗えるので気楽です。どちらかといえば、汚れそうなお店や臭いのつきそうなお店に行く機会が多いので、単衣の着物は出番が多くなります。

帰宅後には着物についた臭いを取るために着物ハンガーに吊します。着物も帯も、ほかのものも全部吊しておきます。二日ほど吊しておくと、臭いは取れます。

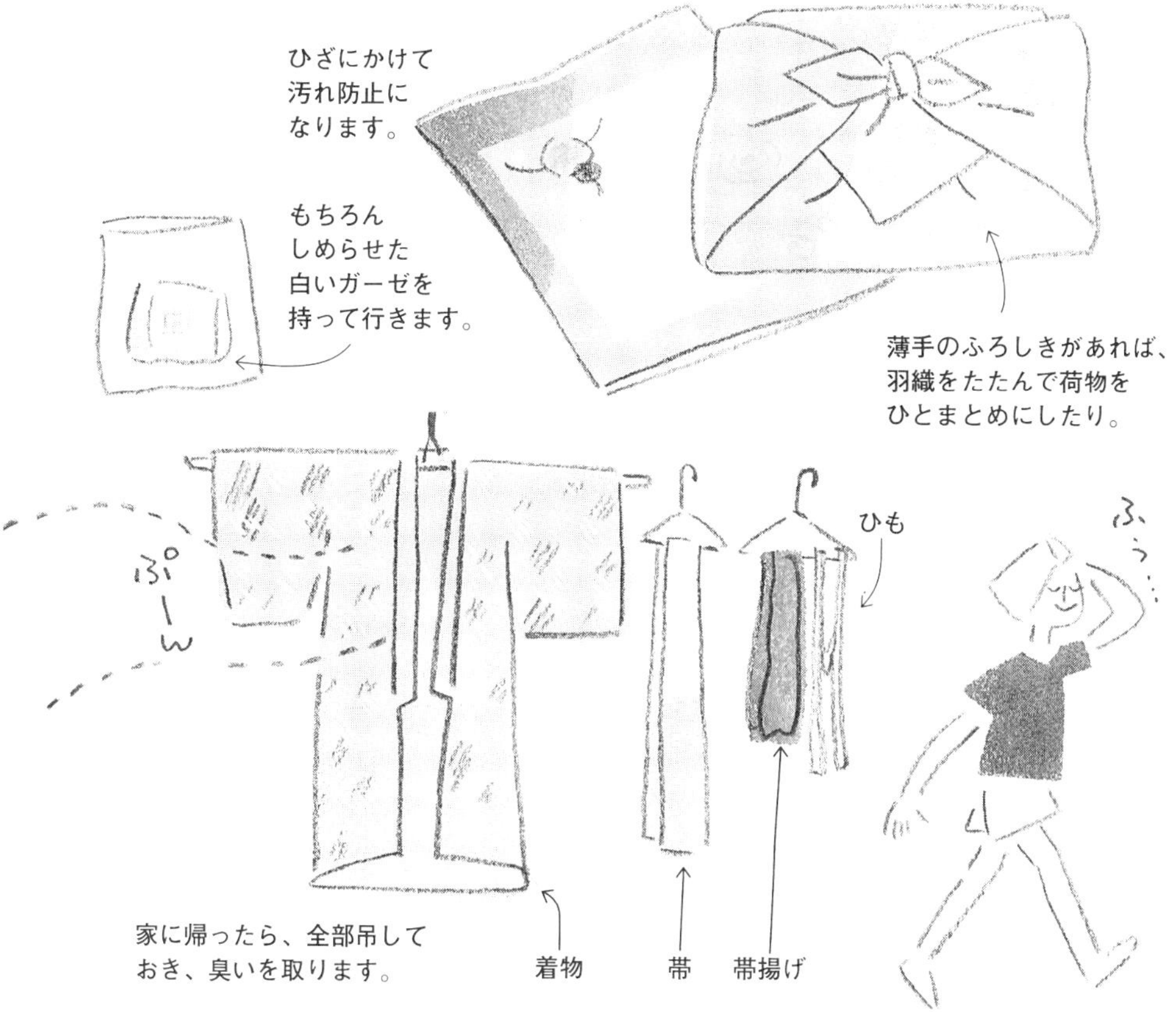
ひざにかけて
汚れ防止に
なります。
もちろん
しめらせた
白いガーゼを
持って行きます。
薄手のふろしきがあれば、
羽織をたたんで荷物を
ひとまとめにしたり。
ぷーん
ひも
ふぅ…
家に帰ったら、全部吊して
おき、臭いを取ります。
着物
帯
帯揚げ

こぼれ話

香りのこと

料理の臭いや、汗の臭いはいただけませんが、香りとなると別。

古来、日本には香りを楽しむ文化がありました。平安時代には、着物に香をたきしめるのが、貴族のたしなみでした。

香りの元、香木《こうぼく》には主に白檀《びゃくだん》と沈香《じんこう》があり、沈香は品質から伽羅《きゃら》や羅国《らこく》など数種類に分けられます。一説には、夏は白檀系、冬は沈香系の香りが合うといわれますが、自分なりの好みでかまいません。

着物の香りを楽しむためには、たんすに匂い袋を入れておくといいのでは。着ている本人も、近くにいる人にも、よい香りがただよってきて、うれしくなります。

手軽に香を楽しむのなら、線香が最適。おしゃれな線香立てがいろいろとあります。本格的には、香炉《こうろ》に灰を入れ、香たどんを熱して埋め、灰に穴をあけた上に香木の小片をおいて温める方法になります。

外出

舞台や劇場へ。小物で「その気」になる

歌舞伎座はほんとに着物好きが多くて、いろいろな着こなしが参考になります。

歌舞伎を観に行くのはとても楽しみ。なぜならお客さんは着物好きが多くて、劇場内でいろいろな帯と着物の組み合わせを見ることができるからです。

若い女の子のグループは、銘仙《めいせん》やアンティーク着物の個性的な組み合わせで新鮮。レースの手袋やショールなどもあしらって、大正ロマンの雰囲気を楽しんでいるようです。年配の風格ある紬の方や、華やかな小紋の着物を上品に着た奥様、玄人《くろうと》かなと思われる粋なコーディネートの女性、最近は若い男性の粋な紬の着物姿もよく見かけます。大島や紬を渋く着こなした中年男性はかっこいいです。

季節感をさりげなく、上手に取り入れている着物の達人。上演される演目のアイテムやご贔屓《ひいき》の役者の紋などを着物の中に見せる工夫を凝《こ》らしたセンスの良さ、遊び心に、「やられた〜！」とうれしくなってしまいます。

その日の演目や
ご贔屓の役者さんに
ちなんだ小物使いや
着物を選ぶのも
楽しいネ。

たとえば
妹背山婦女庭訓《いもせやまおんなていきん》では
劇中、桜、雛人形、川、桜などが出てくるので
ひな人形
川の流れ
桜
俊寛《しゅんかん》は、島の話なので
貝
海
千鳥
島
潮くみ
助六由縁江戸桜《すけろくゆかりのえどざくら》でも
キセル
桜
三升《みます》
紫色もポイントですね
仮名手本忠臣蔵《かなでほんちゅうしんぐら》の時は
いのしし
雪
矢羽根
鷹の羽
帯飾りにつけたり
半えりにししゅうしたり
ほんの少し演目に参加します

車に乗るときには、気取るくらいでいい

車に乗る
荷物が多いときは、乗る前にまず座席奥に荷物を入れます。
腰をつけ、足をまわし入れます。

つかまります。
お太鼓がつぶれないように気をつけます。
ドアを閉める前に袂を引っ込めます。

車に乗るときにはちょっとしたコツが必要です。ドアを開けたら、後ろ向きにシートに腰を下ろします。右手で何かをつかんで安定させ、おしりを軸に両足を四五度回転させ足を入れます。

数人でタクシーに乗るときには、洋服の人は先に乗り、一番最後に乗せてくれるとうれしいです。着物姿で車内をかがみながら奥に移ると着崩れるし、見た目にも美しくありません。

着物で自転車に乗りたいと思う人はなぜか多いのですが、おすすめできません。裾や袂がチェーンに巻き込まれて危険。転倒した友人がいます。がっちり着物の裾が後輪のチェーンにはさまって転倒するので、外すのが一苦労、簡単には起きられないそうですよ。おまけに着物もびりびりに……。

自転車、バイクの運転のときには裾が絡《から》まないように、たっぷりしたパンツやもんぺをはいたり、作務衣を着てください。

友人はたすきがけで運転しています
車を運転する
下駄は歯がレバーにはさまるので、危険です。
くれぐれも気をつけて！
自転車に乗る
短めの袖。
もんぺをはいて。
こんなときこそ地下足袋の出番！

役立情報

下駄の歯に注意

履き慣れていないと、下駄の歯を、ちょっとした段差につっかけてしまいます。勢いあまって転倒、ということにも……。

とくに注意したいのは、電車の出入り口。ドアの下に少し高くなっている部分があることを意識したことがありますか？　意外と知らない人が多いんです。

乗り降りをするときには、足元に注意して。電車とホームのすきまも、危険なポイントです。

つまずくと危険。

着物スタイルに合うカバンを持って

着物に合う旅行カバン

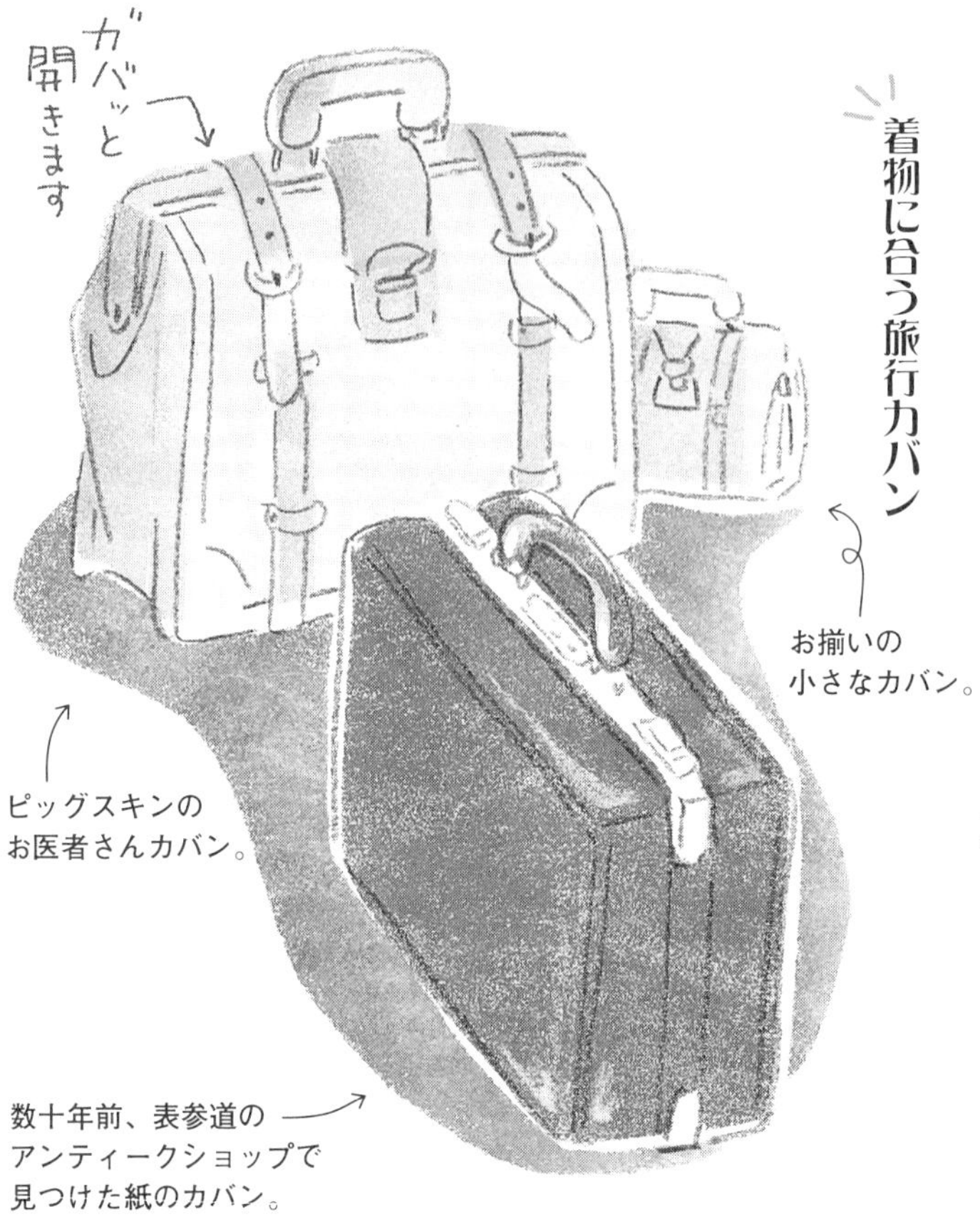
ガバッと開きます
お揃いの
小さなカバン。
ピッグスキンの
お医者さんカバン。
数十年前、表参道の
アンティークショップで
見つけた紙のカバン。

着物に持ちたい旅行カバンはシンプルでベーシックなもの。洋服に合わせて使っていたカバンはスポーティすぎて、ちぐはぐな感じがします。

着物を着て旅行に出ようというとき、軽いビニールやボストンタイプのカバンを持って、鏡に映してみたのですが。……なぜ変なんだろう?

昔の映画の中に、昭和時代に着物で旅行するシーンがいくつかあって、それを思い出しました。映っていたのはお医者さんが持つような形のカバンと、籐で編んだバスケット。夏の日にバスケットに白い日傘、麻の白い着物を着て……。う〜ん、絵になりますね。

今から二〇年前に、原宿の骨董店で古い旅行カバンを見つけて買ったときには、着物の生活に入るなんて、想像もしていなかったなあ。

そのカバンは、今とても重宝しています。

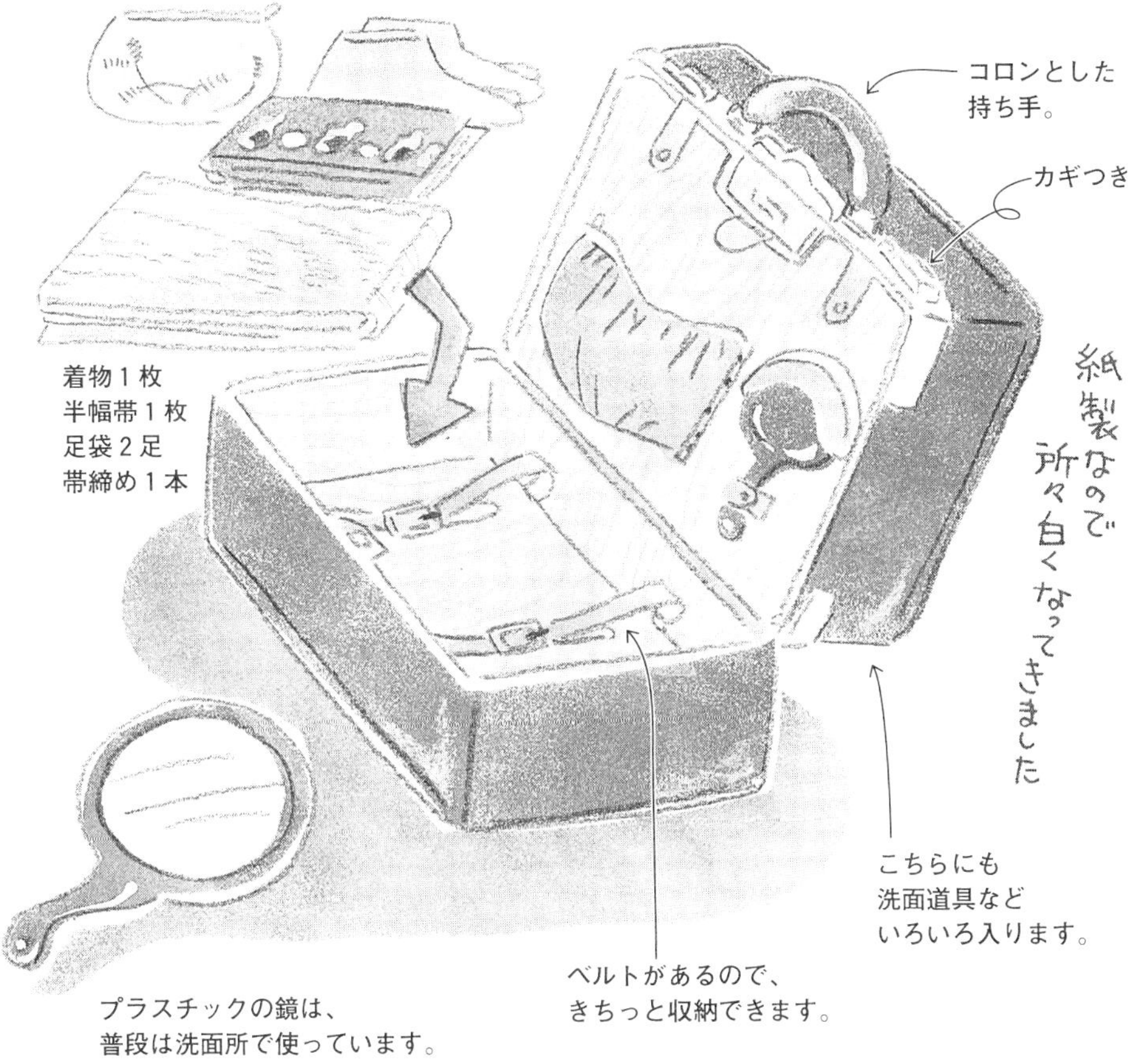
コロンとした
持ち手。
カギつき
着物１枚
半幅帯１枚
足袋２足
帯締め１本
紙製なので所々白くなってきました
こちらにも
洗面道具など
いろいろ入ります。
ベルトがあるので、
きちっと収納できます。
プラスチックの鏡は、
普段は洗面所で使っています。

こぼれ話

ふろしきは便利

どこの家にも、お土産物やお祝い事のお返しとしていただいたふろしきが、何枚かあるでしょう。どのくらい普段の生活でふろしきを使っていますか。

　お歳暮など、お使いものを持参するときには、買った店の紙袋ではなく、ふろしきに包んでいきたいです。結ばずに、包むのが正式だそうです。目の前でふろしきを解いて相手に品物を手渡すのは、奥ゆかしく上品な感じです。

　ふろしきは、徳川時代に今の形と用途になったそうですから、何百年もの歴史があります。縮緬のどっしりと重みのあるふろしきが一枚は欲しいです。日本の美！　というような芸術的な柄なら、使わずにタペストリーにしてもいいですね。

　着物類を持ち運ぶときには、やはりふろしきは便利です。柔らかく着物に添って、たたんだ形が崩れません。

最小限のもので最大限のコーディネート

3月に行った4泊5日の高知の旅！

1日目

高知は寒かったので毎日羽織着用、道行は持参でした。

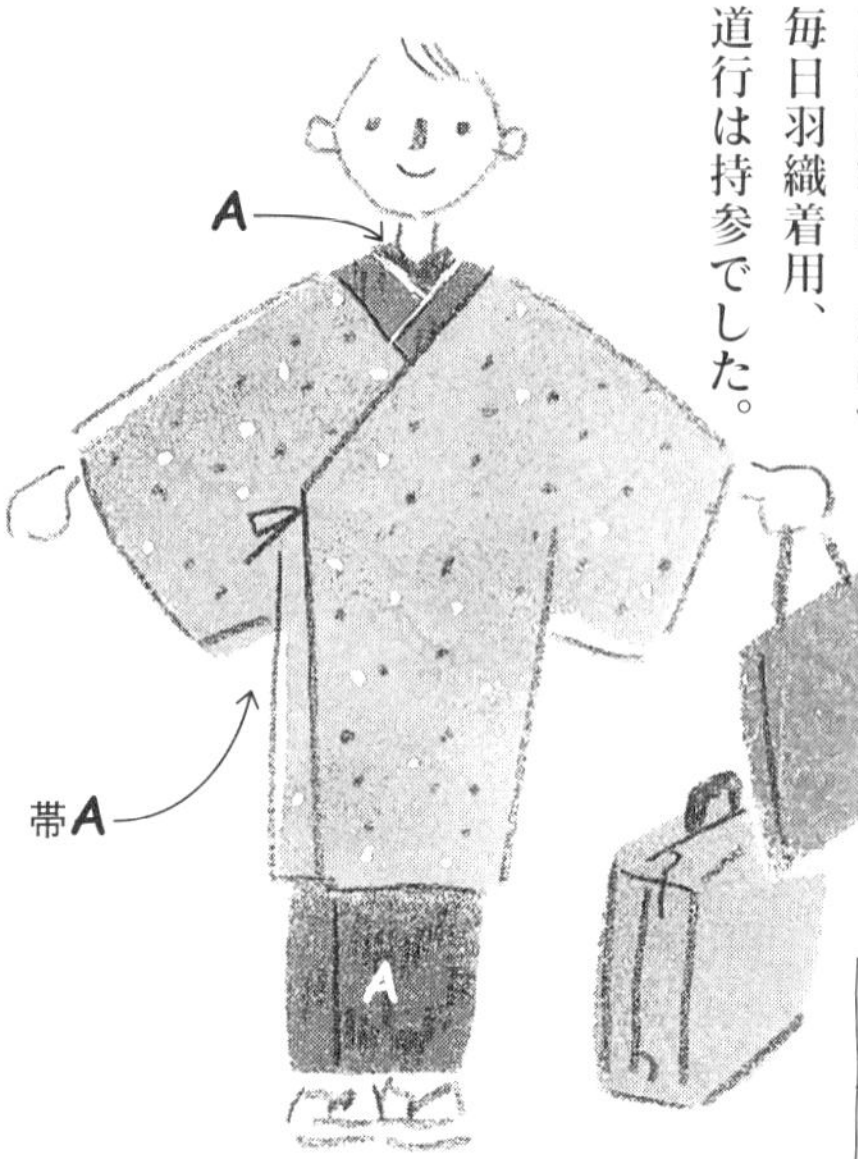
A
帯A
A

今回のコーディネート

着物	A
	B
帯	A
	B
半衿	A
	B
	C
羽織	1枚
道行着	1枚

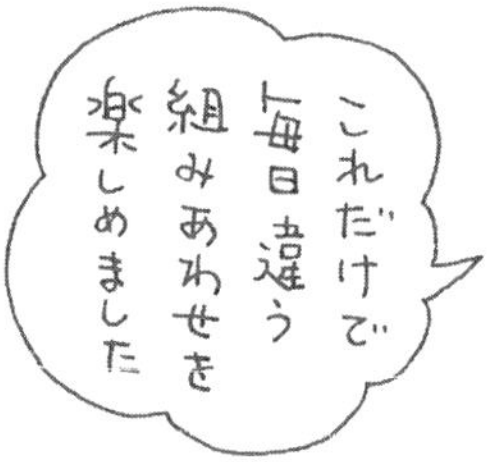
これだけで毎日違う組みあわせを楽しめました

旅行に大きな荷物を抱えて歩くのは着物に合わないので、できるだけ荷物を少なくまとめてみることにしました。前項で紹介した黒いカバンに収まるだけの量で、さて、何枚持って行けるでしょうか。

今年の春に高知に旅行に行ったときのコーディネートです。三月でまだ寒く、おまけに雨が降ったりと条件が厳しかったのですが、どうでしょう？

結果は、旅行中、毎日違うコーディネートに成功！

半衿まで入れてのコーディネートですが、少しずつ組み合わせが変わるので、毎朝新鮮。ちょっとしたことですが、旅先の楽しみがぐんと増したような気がしました。

こういうときに活躍するのが、なんちゃって帯。今回は持って行きませんでしたが、次回には持参しようと思っています。なにしろ半幅帯一本ぶんのスペースに四枚入りますから、心強い味方です。

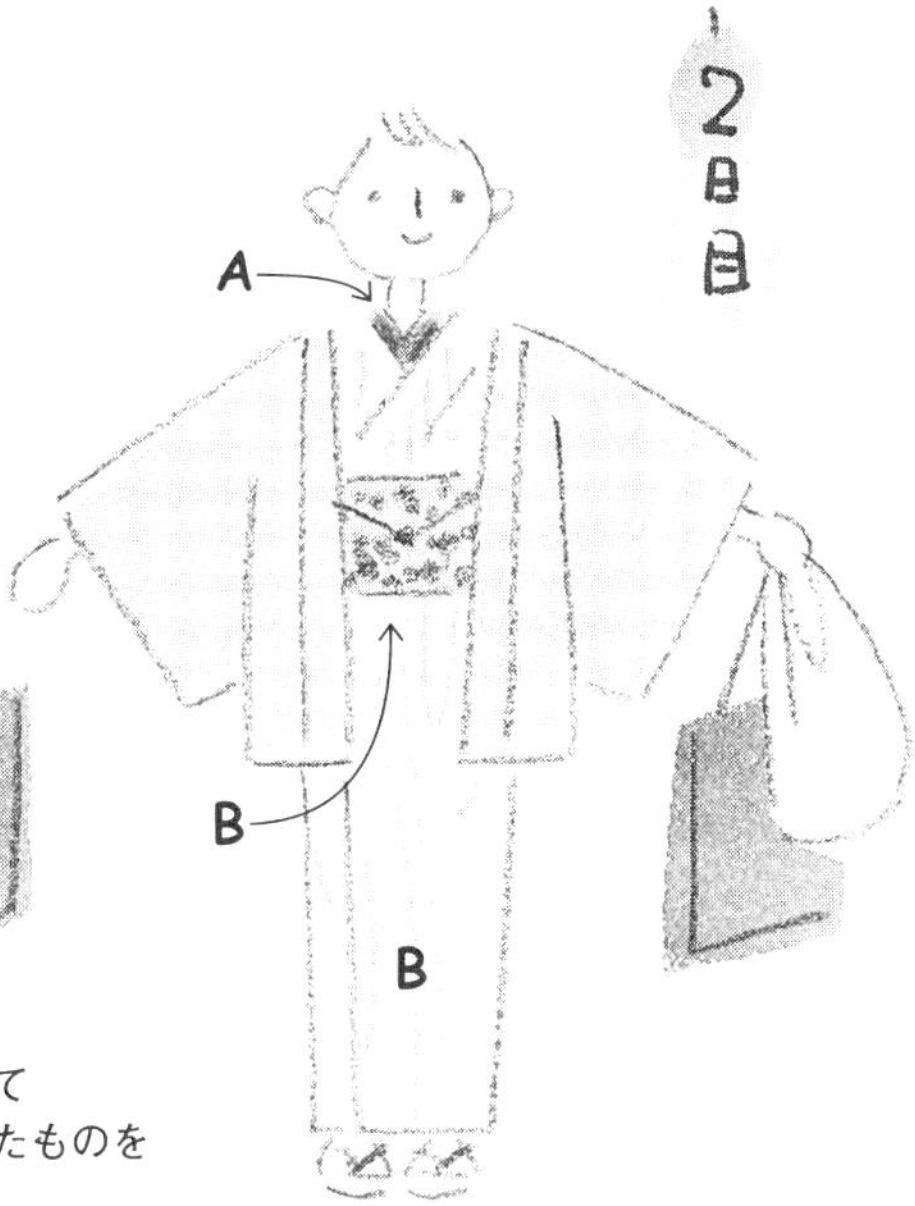
2日目
A
B
B

3日目
B
A裏
A

足袋は夜に洗って
毎日さっぱりしたものを
履きます。

もっと暖かい季節だったら、
道中着の代わりにもう一枚着物を
持って行けたかも。

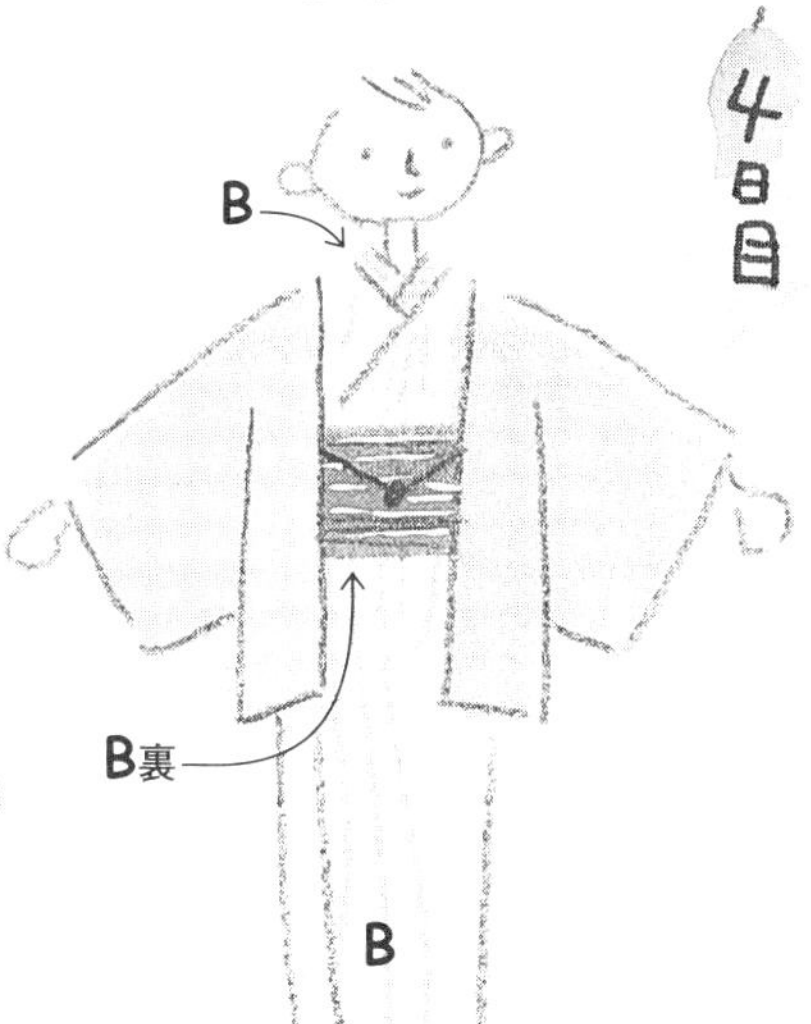
4日目
B
B裏
B

5日目
C
帯A
A

もちろん
傘を。

手作りの雨よけ。

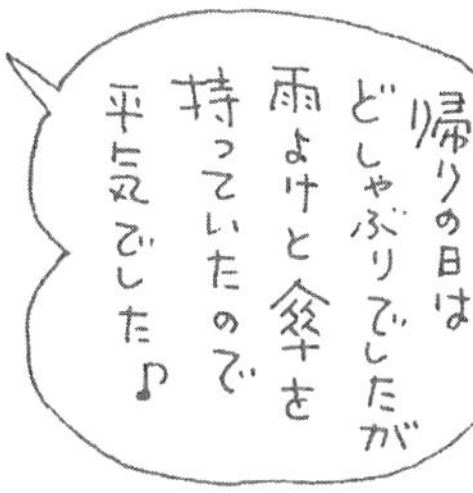
帰りの日は
どしゃぶりでしたが
雨よけと傘を
持っていたので
平気でした♪

荷物を少なくする工夫あれこれ

工夫 その1 半衿を重ねてつける

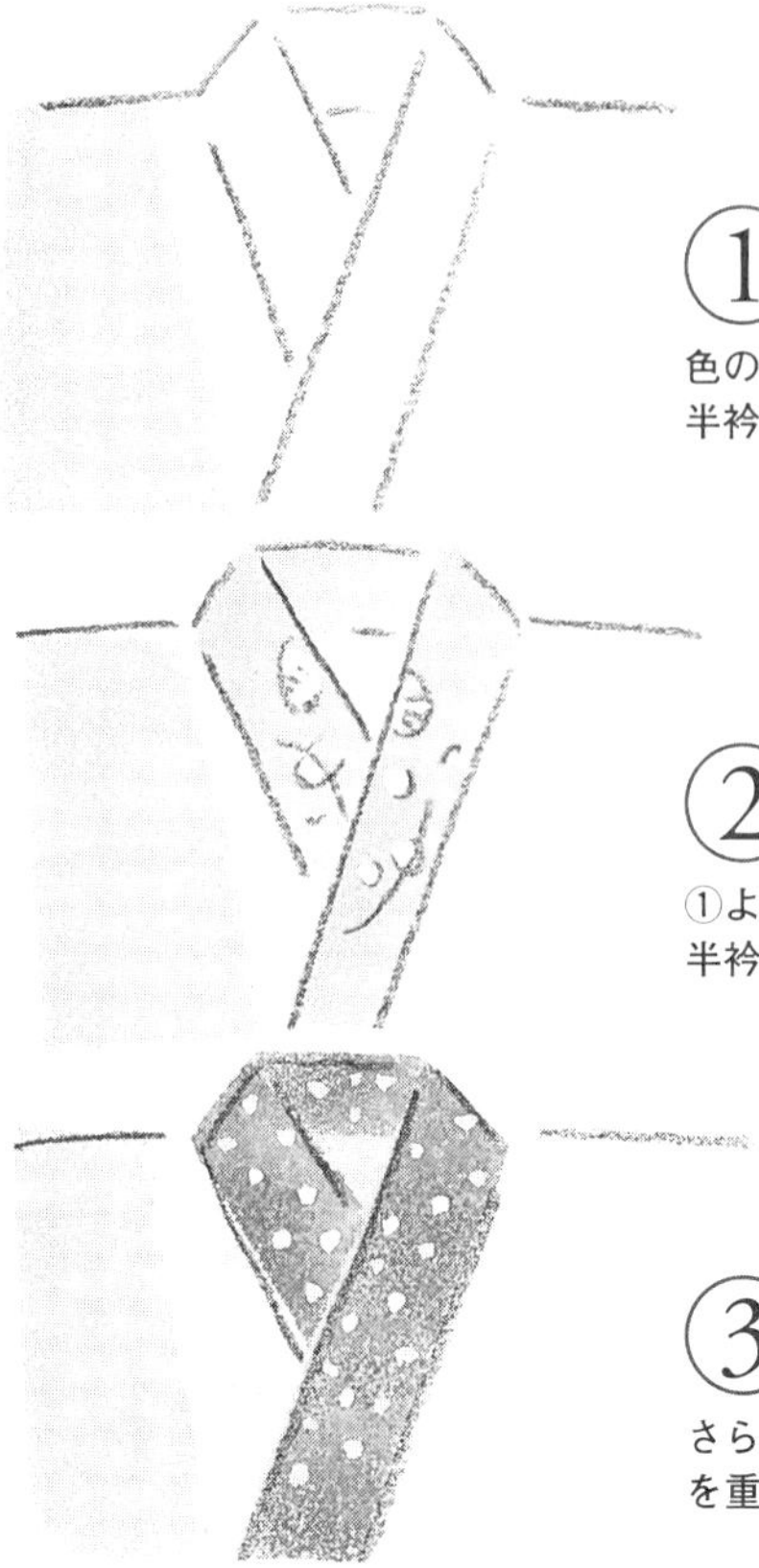

①
色の薄い
半衿をつける。

②
①より濃い色の
半衿をつける。

③
さらに濃いもの
を重ねる。

縮緬など厚手のものを避け、薄い布のものを重ねます。

手で切れるように
しつけ糸を使うと
いいですね。

衿元にチラとのぞくだけなのに、半衿は大きなアクセントになる部分です。洋服のスカーフにあたるので、色によって顔の印象が変わるんです。

旅行に出るときには、半衿を重ねてつけておくと便利です。つける際に気をつけることは順番。濃い色の上に薄い色の半衿を重ねると色が透けて見えてしまうので、色が響かないようにするには、薄い上に濃い色を重ねるようにします。

半幅帯はリバーシブルのものを持参しましょう。裏表使えるのでコーディネートが倍になります。帯の締め方も半幅帯なら、貝の口、蝶、変わり太鼓などいくつもあるのでバリエーションが楽しめます。

袖丈が同じ長さの単衣の着物を二枚持って行けば、寒いときは重ねて着用、コート代わりにもなります。

工夫すると、荷物はどんどん少なくなります。

工夫 その2

給一枚よりも単衣を二枚。

思いがけず出先で寒いときは重ねて着ることもできます。

工夫 その3

リバーシブルの帯は便利！

役立情報

単衣と袷の着物とは

裏をつけてある着物が袷、裏のない着物が単衣です。

袷の着物は、秋、冬、春とスリーシーズン着るので、初めて作る一枚は、袷にしておくほうが無難です。色無地や小紋のようなよそ行きの着物は、袷に仕立ててあるものが多いです。

裏は下のほうについているのが八掛。歩くたびに裾がひるがえるので、思いがけない色の八掛にしている人を見かけると、ハッとして、おしゃれ心を感じます。

よそ行きの着物でも単衣があると便利です。ゴールデンウィークに旅行をするのなら、本当は袷ですが、単衣の着物でも大丈夫。最近は五月といっても暑いですから。

普段着はもっぱら単衣です。真冬以外は単衣の紬でけっこういけます。洗濯も家でできます。夏はもちろん綿の単衣。つまり、家の中では浴衣です。

半幅帯が移動に最適、大活躍

半幅なら
名古屋帯の倍
持って行けるの
たれを少し出すのが好き。
帯締め１本締めていると、
ほどけなくて安心！

旅先でアクティブに動きたいとき、半幅帯が便利です。電車や車に乗ったり降りたり、歩き回ったり……。半幅帯だと活動的に動けます。

年配の方のなかには「半幅は女給さんの帯だから」と言う方がいらっしゃいます。それは半幅帯が仕事をするうえで動きやすかったこともあったのではないかしら。

半幅帯はおしりが目立つからいやという声も。貝の口（上図の結び方）はぺたっとしているので、そう見えるかもしれません。半幅帯も結び方でボリュームを出せますので、いろいろ試してみてください。お太鼓よりも軽やかですっきりとしていて、いいものです。

私にとって半幅帯は、洋服にたとえるとロングワンピースに幅広のベルトを締めているというイメージ。スピードがますます速くなる時代に即した着物の着こなしに、半幅帯っていいと思うな。

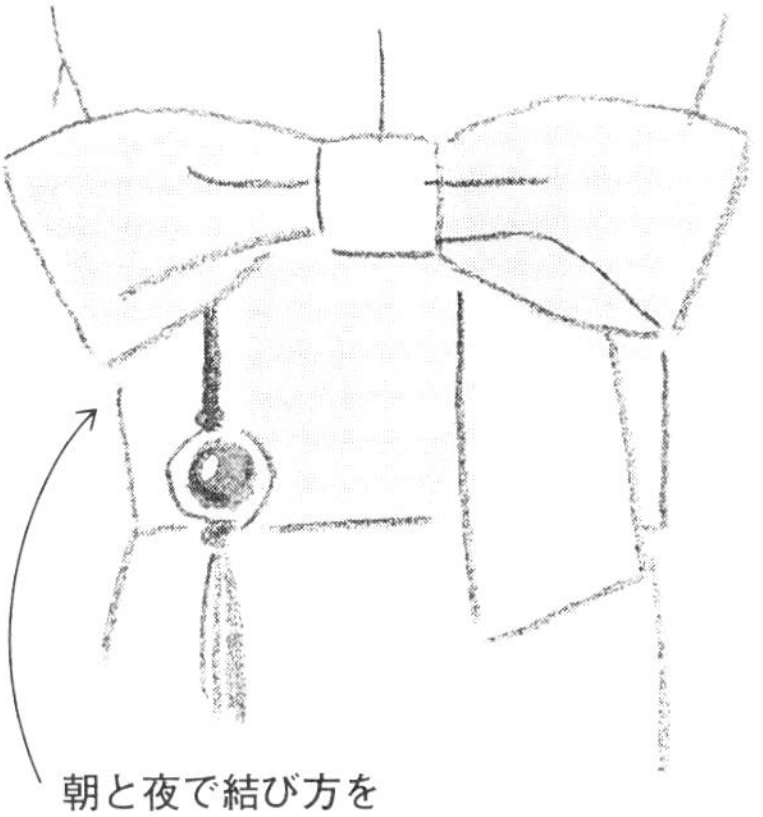

朝と夜で結び方を
ちょっと変えてみたり……。

きびきび動けるような気がする……

移動も半幅帯だと
疲れません。

表裏の色が
ちがう昼夜帯は、
コーディネートの
幅が広がります。

こぼれ話

寄りかかれる背中が楽

旅行に限らず、車や電車で長い時間座っているときに、寄りかかれると疲れません。その点からも半幅帯は便利です。貝の口なら、寄りかかっても崩れません。羽織を着るなら、なんちゃって帯です。

名古屋帯で外出するとしたら、帯枕をスポンジにしてしまいます（１３８ページ参照）。寄りかかっていったんつぶれても、またすぐに元通り。

もしくは、つけ帯のお太鼓を外して。つけ帯とは、お太鼓をあらかじめ作ってあって、てを胴に巻いてから、背中にお太鼓をつける帯です。簡単に着物を着るための知恵。昔からあるようで、アンティークショップでもときどき見かけます。

羽織を脱ぐときに、つけ帯のお太鼓をつければ、普通の名古屋帯。ただし、帯揚げと帯締めを持って行くのを忘れないでくださいね。

下駄より、ぞうりより歩きやすいのは

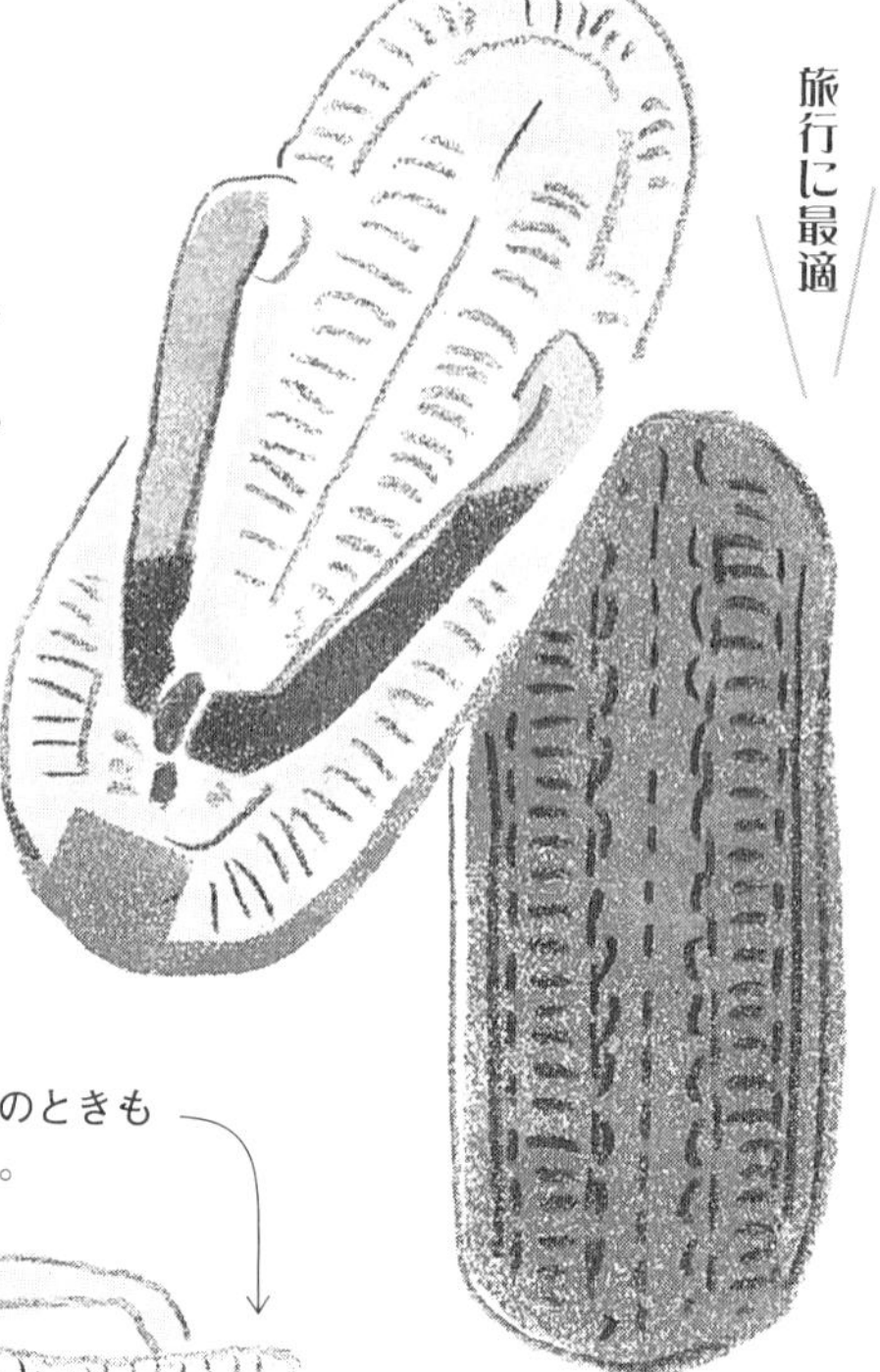
旅行に最適
このぞうりの裏は、
なんと古タイヤ。
歩きやすいんです。

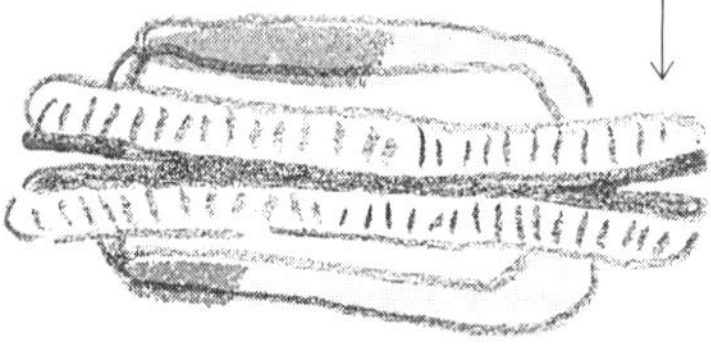
スリムなので旅行のときも
邪魔になりません。

家が仕事場になっているので通勤することもなく、せいぜい近所に買い物に行く毎日です。普段はあまり歩かないけれど、旅行は別。あれもこれもと欲張って、ほんとにくたくたになるまでよく歩きます。

限られた時間をたっぷり楽しみたいのに、歩いている途中で足が痛くなったり、まめがつぶれて歩けないというトラブルは最悪です。洋服で過ごしていたときも、靴選びは悩みのタネ。足の皮が薄く、靴ずれのできやすい私の足、絆創膏《ばんそうこう》は外出時の必需品でした。

着物で暮らすようになって、足のトラブルから解放されました。下駄を履くと、自由に動く足の指たち。とくに小指が喜んでいるように見えます。

旅行には、履き慣れているぞうりを持って行きます。適度に鼻緒《はなお》がゆるんで、足にもなじんでいるので歩きやすく、豆もできません。

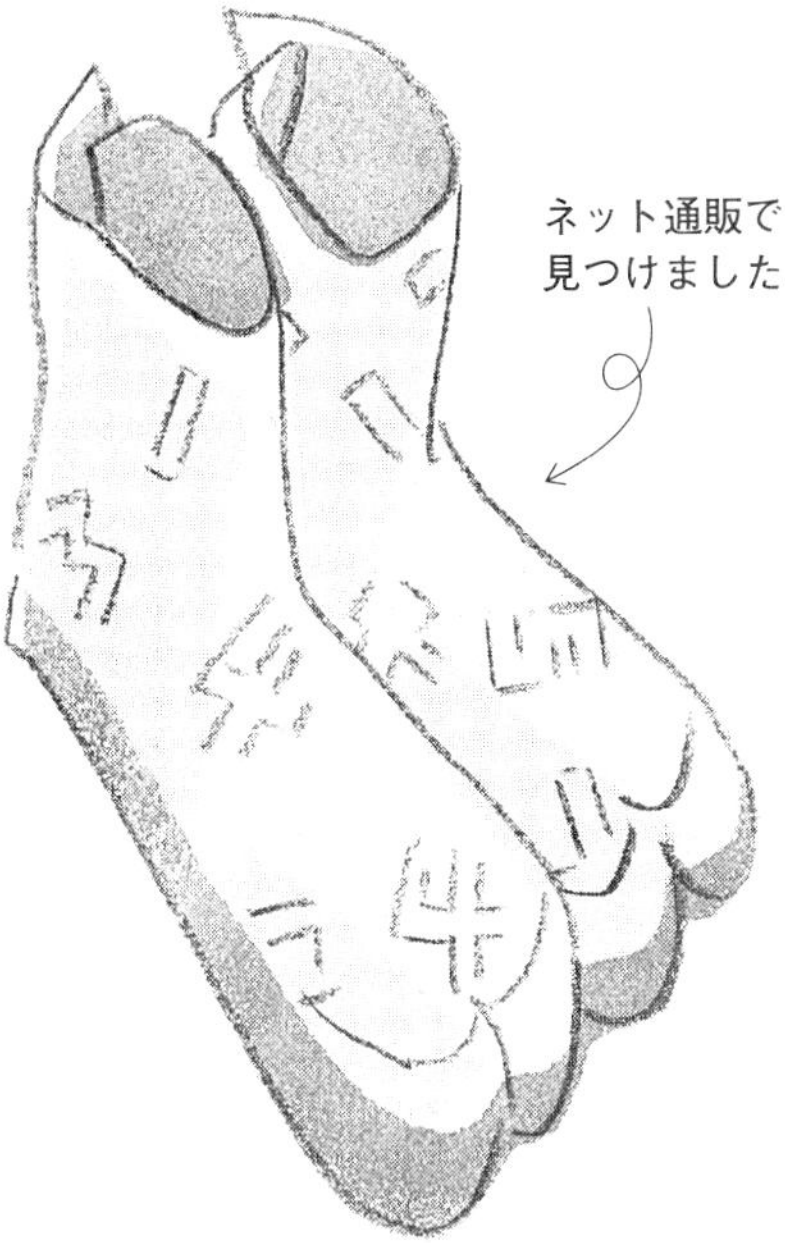

ネット通販で
見つけました。

疲れないので、いく
らでも歩けそう。

このタイプは九州地方でお
祭りのときに履かれている
足袋らしいのです。

タイヤ裏の下駄や地下
足袋スニーカーは、舗
装されていない場所や
石畳などを歩くのによ
さそうですね。

いざ、たすきがけに挑戦！

①

たすきの
はしを軽く
くわえます。

②

矢印のように袂をからげて、
後ろにぐるっとまわし、前へ
もってきます。

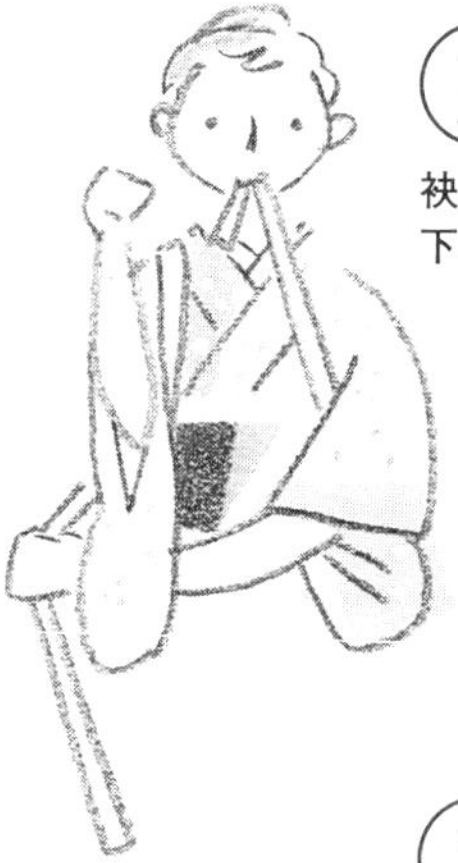

③

袂をからげて、
下をくぐらせます。

④

後ろに
もって
いきます。

⑤

前へまわして、
くわえていた
ところと結びます。

できあがり。

後ろは
バッテンになっています。

第5章

手入れ、手作りで、自分流に

着物の一生。最後まで使いきるために

ところどころ汚れたり布が薄くなってしまった着物のリメイク&リサイクル。

何度も着て長年愛用した着物は、手入れをしていても、知らないうちについたしみや色あせが出てきますね。おしりや裾なども生地どうしが擦《こす》れて、だんだん薄く弱くなってきます。

一昔前までは、そんな、着るには難しくなった着物は解《と》いて洗い、何か別のものに仕立て直していました。まだ使えそうな丈夫な部分の布に別の布を足して着物を作ったり、少ない生地で仕立てられる羽織やちゃんちゃんこへ。小さな端切れで細工物を作ったり、端切れをつないでパッチワークにしたりホームスパンなどのように織物材料として利用したり。小さな端切れも捨てることなく使っていました。

木綿の浴衣は寝間着になり、さらに解いておむつや雑巾、細かくちぎって座布団や小物の詰め物に使われ、着物の一生は無事終わり。ここまで使いきれたらパーフェクト。なんだか清々しいです。

Step 1
ちゃんちゃんこ
羽織
着物
形を変えて着るものを作ります。
綿入ればんてん
帯など
布を足して別の着物に。
Step 2
袋物
まえかけ
足袋
Step1の和服をほどいた布や余り布でStep2のものが作れます。
座布団
パッチワークや裂き織の材料
細工物
腰ひもなど
木綿の浴衣は
細かく切って詰め物に
寝間着
はたき
木綿はさらにいろいろなものに使われました。
おむつ
雑巾

昭和30年代までは小さな端切れまで余すところなく使っていました。

収納

しまいこまないことが着る機会を増やす

一段に着物が
4〜5枚入ります。
半透明なので
何が入っているか
わかりやすい。
着物の間に障子紙を
はさみます。
キャスターつき

着物好きの人たちが頭を悩ますのが「着物をどこに収納するか」ということです。着物を普通のハンガーに掛けて吊しておくと重みで縫い目がくるうので、着物はたたんで収納します。

着物のタンスは存在感がありすぎますね。限られた狭いスペースや畳の部屋がない住宅事情では置きにくいです。

私は通販で買ったプラスチック製のラックに着物をしまっています。偶然にも着物のサイズにぴったり。各ケースに無臭の虫除けと着物を数枚入れ、着物と着物の間には障子紙をはさみます。腰の高さの位置に今の季節よく着る着物を、上下に季節外の着物を収納します。季節が移れば使いやすいようにケースごとチェンジします。

行李《こうり》もすぐれた収納用具です。伸び縮みするので、中身が増えても大丈夫です。自然素材の編み目が美しく、通気性がよいので、中身がかびません。

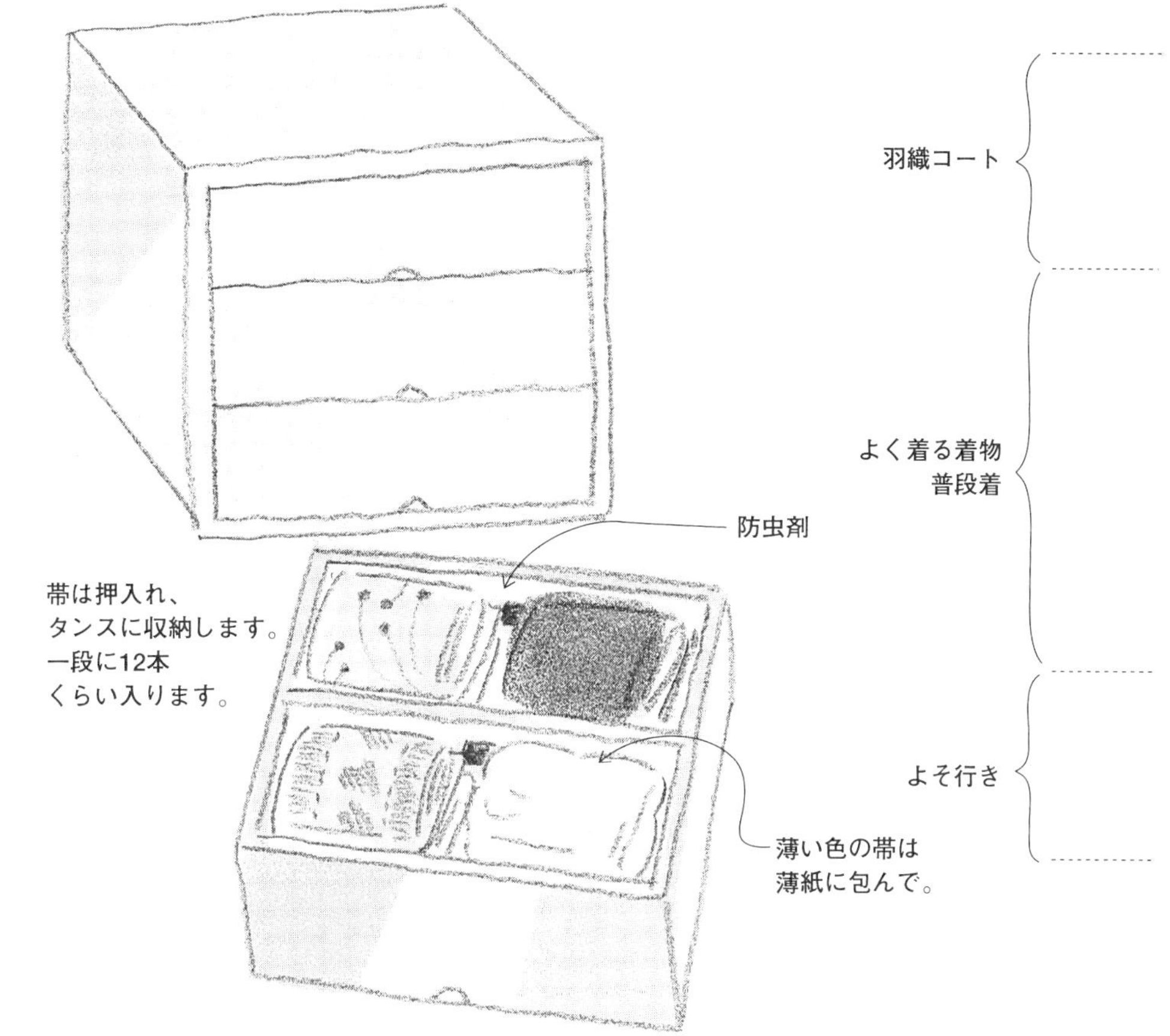
羽織コート
よく着る着物
普段着
よそ行き
防虫剤
帯は押入れ、
タンスに収納します。
一段に12本
くらい入ります。
薄い色の帯は
薄紙に包んで。

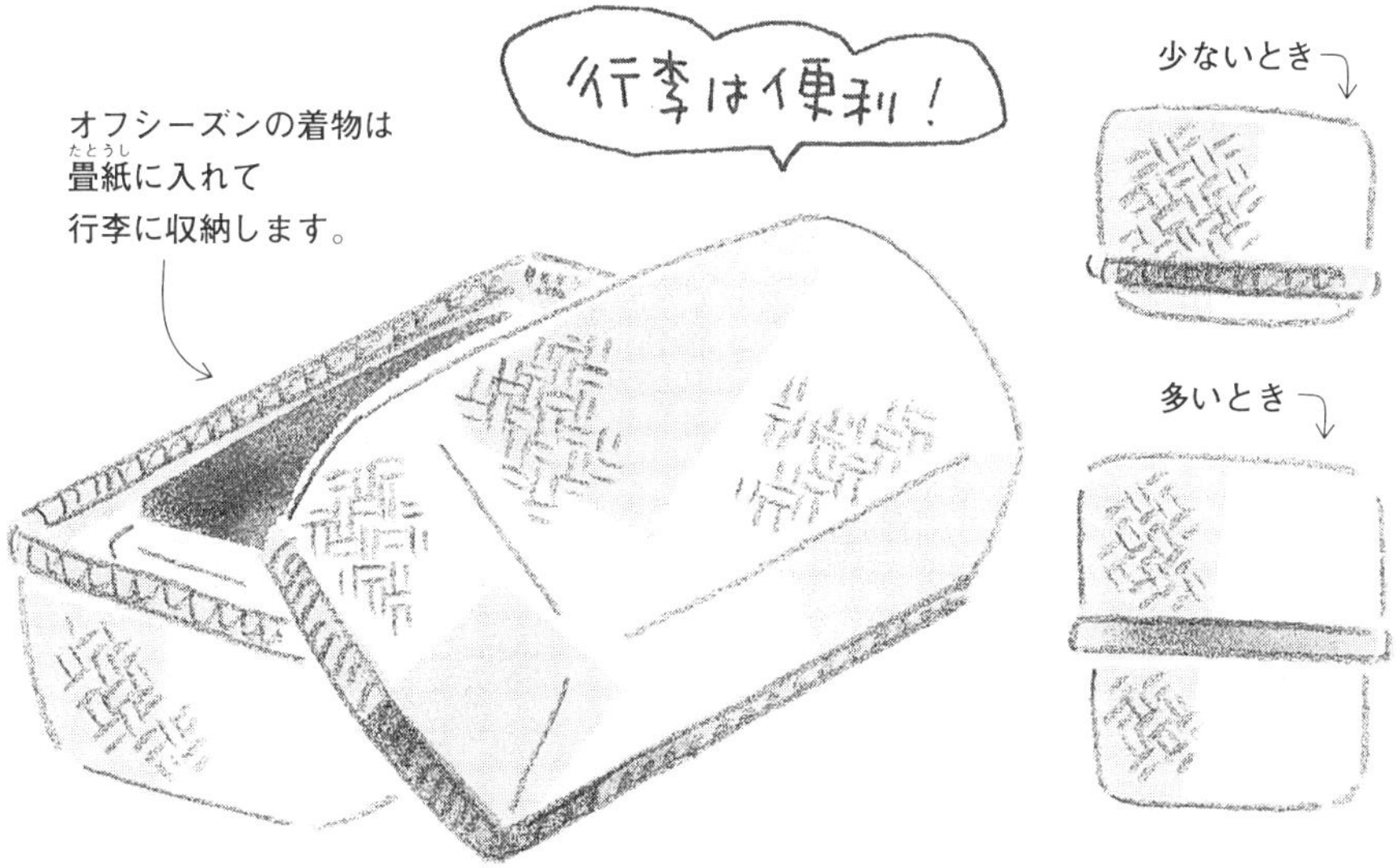
行李は便利！
オフシーズンの着物は
畳紙《たとうし》に入れて
行李に収納します。
少ないとき
多いとき

応急対策

バッグに入れておきたい七つ道具

1 安全ピン
じゅばんが
はみ出たとき、
中で留めます。
2 ヘアピン
髪が乱れたとき。
ひとまとめに
ポーチに入れて
おくと便利

着物での外出は、小さなサバイバルだなと思うときがあります。着物のトラブルが発生したときに偶然呉服屋さんがあるわけはないし、店員さんが新人だったらもうアウト。心細いですが頼りになるのは、自分の経験と知識だけなんて、大げさでしょうか。でも備えあれば憂いなしですよね。

自分なりに考えたのがこの七つ道具です。これだけあれば、急場はなんとかしのげるのではないかしら。

この七つ道具は、着物だけでなくいろいろな窮地でも役立ちそうです。安全ピンは破れたり解《ほぐ》れたところを留めるときに。ひもは荷物が増えたときや何かをひとまとめにしたり、止血、骨折時の添え木を固定することだってできるし、ふろしきは防寒や包帯代わりに使えます。

鏡は災害時に閉じこめられたときに光を反射させて自分の居場所を伝えたり……。話がだんだん大げさになってしまいました。

3 鏡
こまめに
チェック。
4 ひも
お手伝いや
水を使うとき。
5 薄いふろしき
上にかけたり
下にかけたり。
荷物が増えたとき。
荷物を預けるとき。
6 小型タオル
しみがついたとき、
タオルを濡らして
軽くたたきます。
7 ビニール袋
濡れたタオルを
入れる。

しみをつけないために、やっておくこと

防水スプレーをしたナイロンの薄いふろしきを持参
木綿や紬なら、このあたりに防水スプレーをすると安心。
※バッグに入れておきたい七つ道具参照。
小皿を近くに持ってきます。
きれいなおしぼりを1コキープ！

生活の中で一番しみをつけやすいのは料理中と食事中、私の場合それに絵を描くときというのが加わります。

料理や仕事中は割烹着を着ているのでたいてい汚れは防げますが、食事中は割烹着を外したいですよね。

汚れそうな料理だと思うと、どうしても色の濃い着物を選んでしまいます。色が濃ければしみがついても目立ちませんし、単衣だと袷よりしみをとる処置も簡単だから気楽なんです。食事はそんなことは気にせず、わいわいと楽しみたいですよね。

だから前もって準備をして行きます。汁物がはねても着物に吸い込まないように、あらかじめ着物の胸、ひざのあたりに防水スプレーを軽くかけて、ひざにひく大判のハンカチや手ぬぐいを持って行きます。

席は壁を背にするのが安全。醤油差し、花瓶など手が触れて倒れそうなものは、さりげなくテーブルの中央か脇に寄せます。

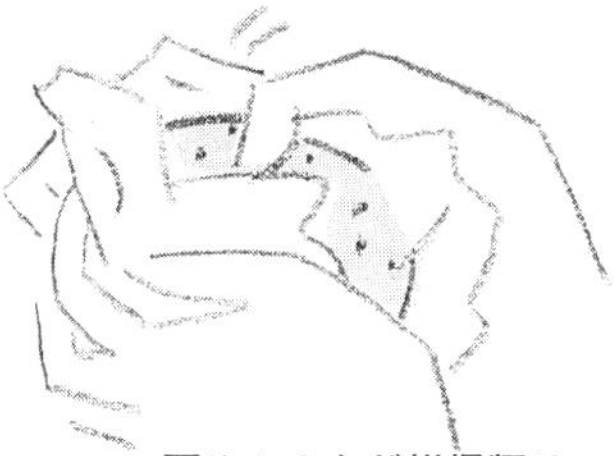

夏みかんなど柑橘類は、
ティッシュをかぶせて
むきます。

遠くのものを
取るときは
要注意！

脱いだらハンガーにかけ
しみがないかチェックします。

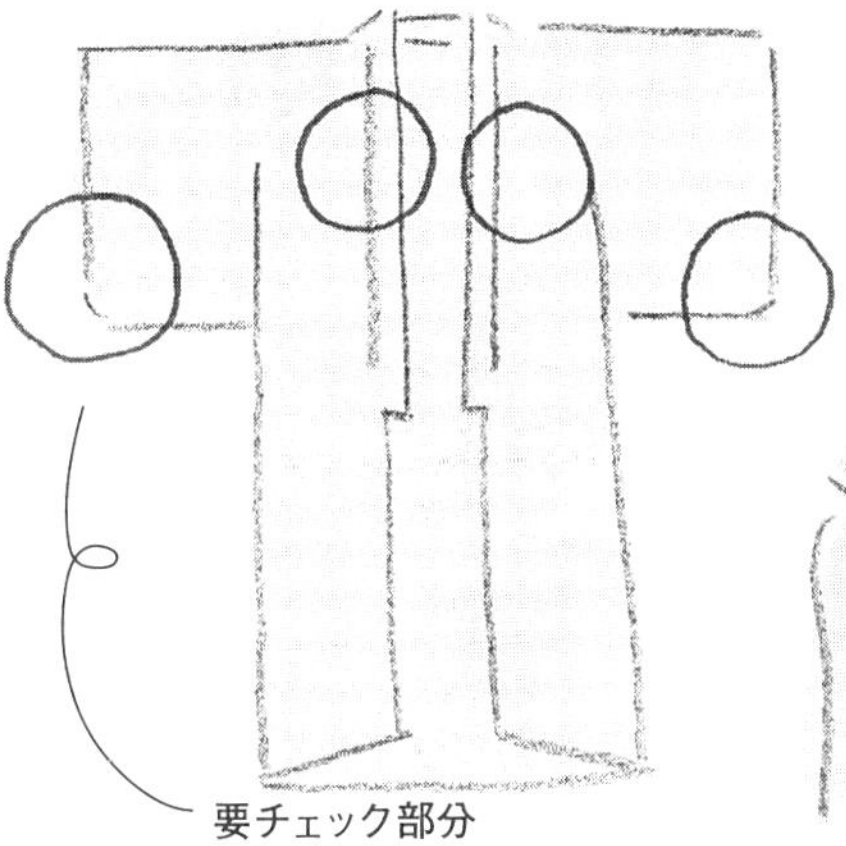

要チェック部分

必ず手を添えて。

こぼれ話

こんな料理は避けて！

着物初心者にはチトたいへんな料理たち。焼き肉やステーキは油がはねるし、臭いもバッチリしみこみます。汁物やめん類は、汁がはねます。

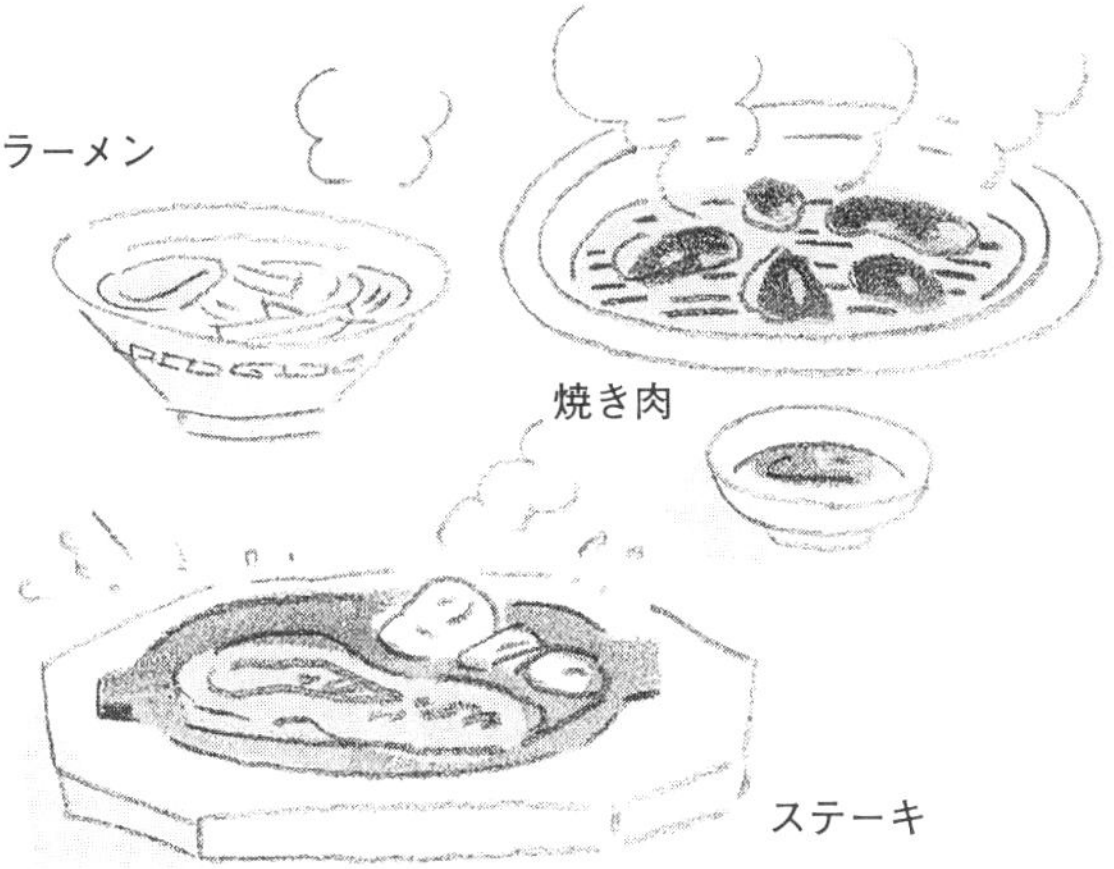

応急手当

たいへん！しみをつけてしまったら

あっ！
しみをつけたら
おしぼりなどで
すぐに吸い取らせます。
ガーゼや白いハンカチを
濡らしてビニールに入れた
ものを持ち歩くのがgood!

どんなに気をつけていても、うっかりしみはついてしまうもの。絹の袷はそれなりの処置や専門家の手が必要ですが、単衣の紬や木綿は、しみをつけても自分で洗えるので、ちょっと気楽です。

しみをつけたら、すぐに手近にあるおしぼりなどで一時処理をします。コーヒーや醤油などのしみは、しみの部分を濡れたおしぼりで軽く押したたき、乾いたハンカチや布でつまんでしみを移します。交互に繰り返すうちに薄くなります。布を強く擦らないように気をつけてくださいね。

帰宅後、まだ残っているようでしたら、中性洗剤で部分的に洗い、輪染みにならないように全体（広範囲）をかたく絞ったタオルで押しつけ、しめらせてからハンガーに吊して乾かします。

高価な着物や、取れにくいしみ、色の薄い着物は、応急処置をしたら、迷わず専門店に持って行くことをおすすめします。

口紅、食べこぼし、衿の汚れ、着物のしみはさまざまなので難しいですね。

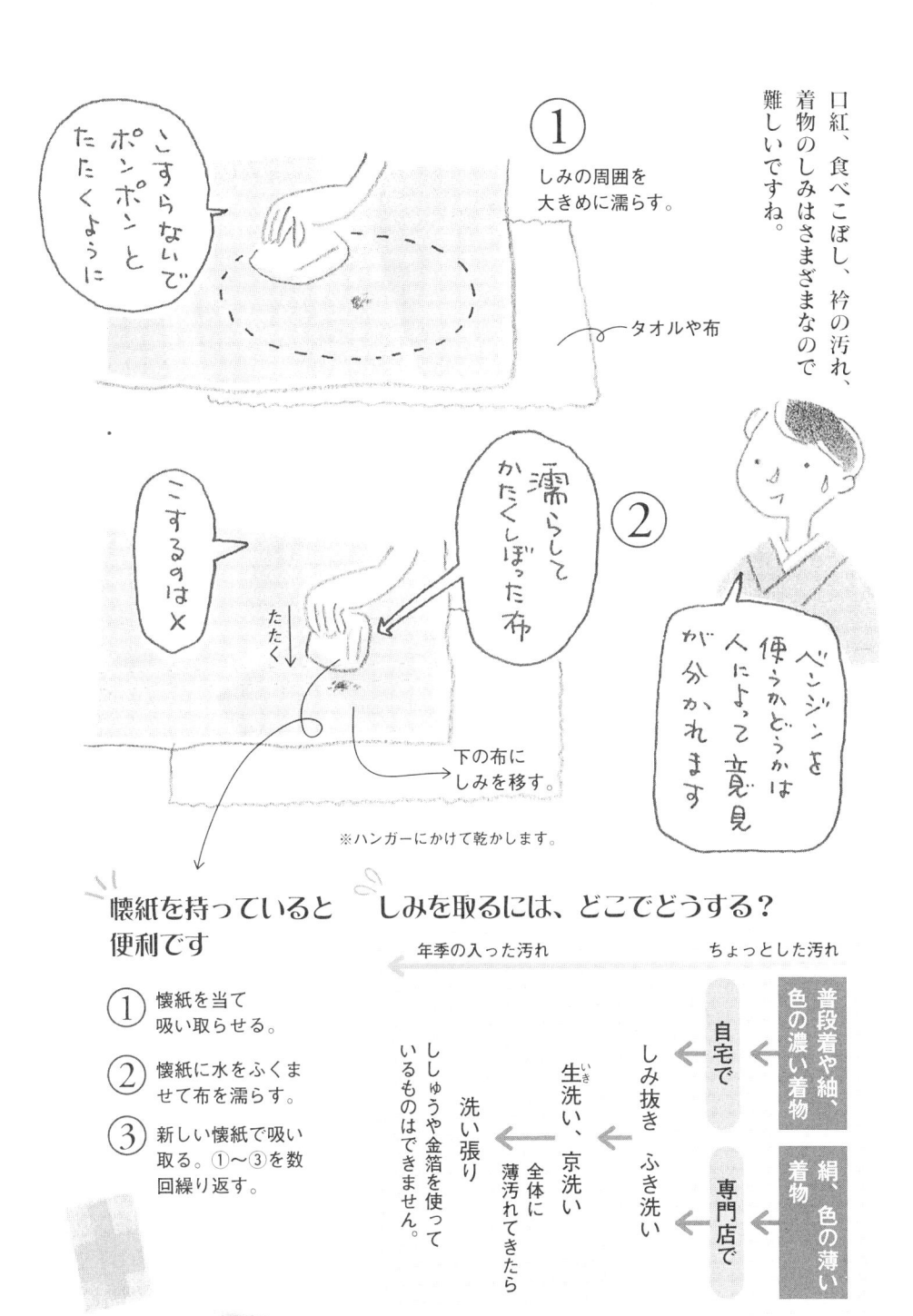

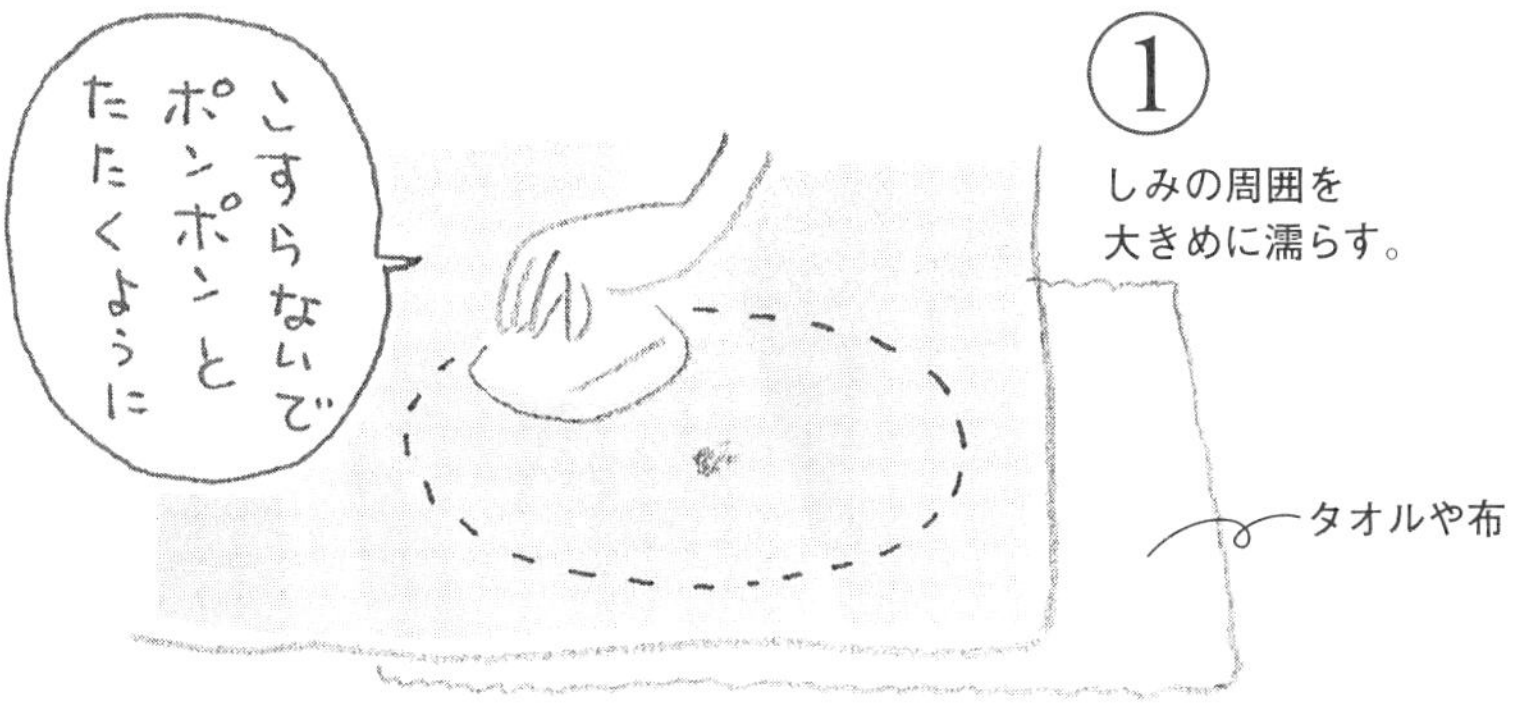

こすらないで
ポンポンと
たたくように
①
しみの周囲を
大きめに濡らす。
タオルや布

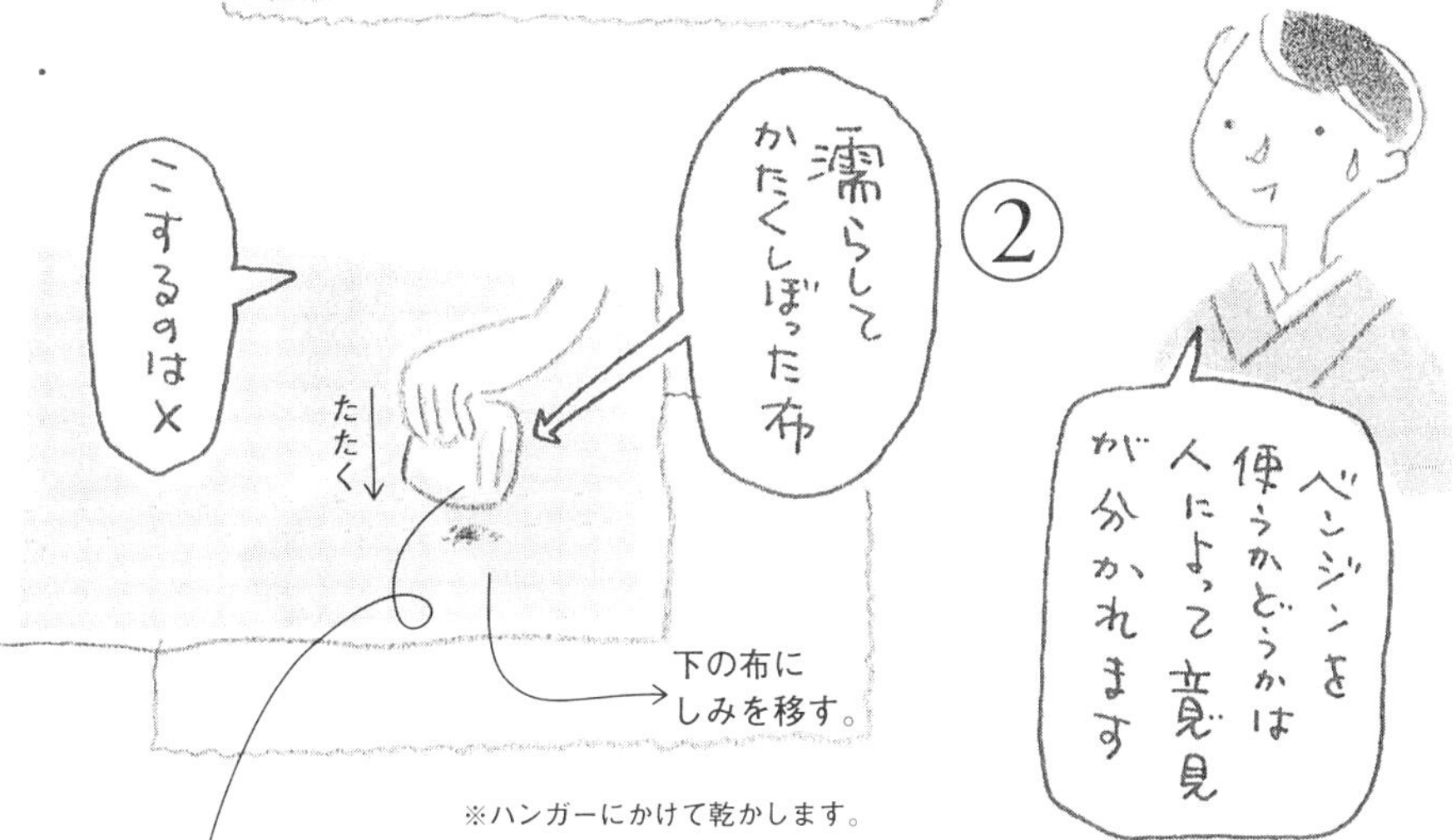

ベンジンを使うかどうかは人によって意見が分かれます
②
濡らして
かたくしぼった布
こするのは×
たたく
下の布に
しみを移す。
※ハンガーにかけて乾かします。

懐紙を持っていると便利です

① 懐紙を当て吸い取らせる。

② 懐紙に水をふくませて布を濡らす。

③ 新しい懐紙で吸い取る。①～③を数回繰り返す。

しみを取るには、どこでどうする？

年季の入った汚れ ← ちょっとした汚れ

普段着や紬、色の濃い着物 ← 自宅で ← しみ抜き ふき洗い

絹、色の薄い着物 ← 専門店で ← 生《いき》洗い、京洗い ← 洗い張り

全体に薄汚れてきたら

ししゅうや金箔を使っているものはできません。

応急手当

着崩れをときどきチェックする方法

街には
ミラーがわりに
なるものがいっぱい
あります

一日中まめに体を動かせば、着物は崩れてきます。気になる部分は衿の合わせ、おはしょり、衣紋《えもん》の抜きの具合、帯のたれあたりでしょうか。

体を締めつけないようにゆったりと着つけ、ひもも最低限しか使っていないので、衿元やおはしょりなどはどうしてもゆるゆると崩れますが、そんな私を見て「楽そうに着ている」と言う方も多いのです。普段着ですし、見て不快感を与えなければ、キッチリと着なくてもいいのかな、と思っています。

それでも気がついたときに衿元やおはしょりなど、日に何度もちょこちょこ直します。ガラスや鏡に姿が映ったときやトイレに行ったときはもちろん、たまに手鏡を取り出して衿元を直します。

最近ようやく、手で触った感覚で着崩れの見当がつき、どこを引けば簡単に直るのかが、わかるようになりました。

小さなミラーを
帯板のポケットに
入れておきます。
帯板のポケット。
食事のとき、
ピカピカのナイフが
ミラー代わりに。

役立情報

衿元が崩れないコツ

着物を着てから、一生懸命に衿元を合わせようとしても、限度があります。

肝心なのは、長じゅばんをきっちり着ること。衿だけをひっぱるのではなく、バストトップの上で衿を合わせて着ます。反対側のバストのふくらみの外側で合わせると、衿がつまってしまいます。内側で合わせると、長じゅばんも着物も低いほうへと衿が流れていくので、開いてしまいます。

着物はさらに
きっちりバストを包む。

応急手当

下駄の鼻緒を自分ですげる

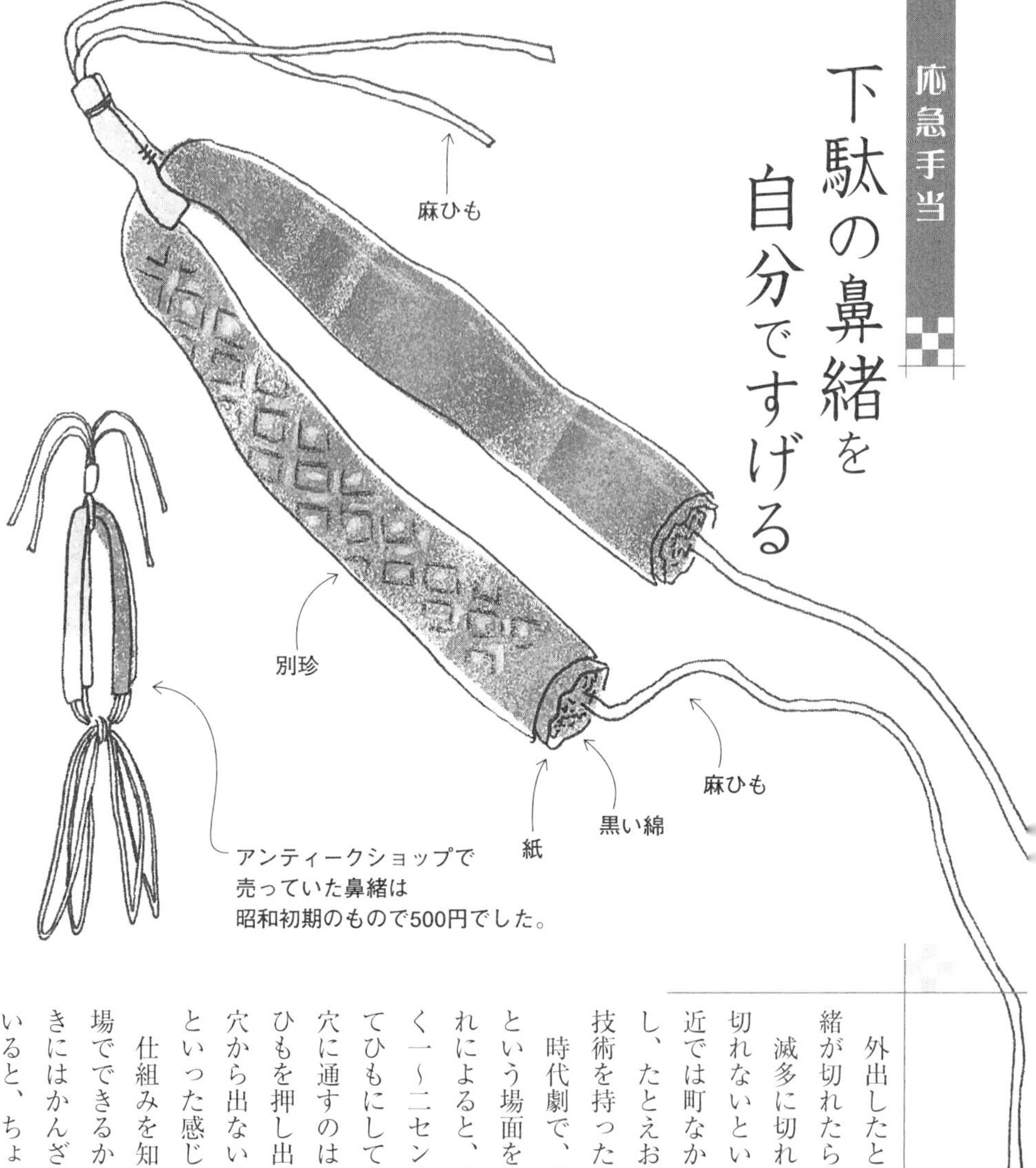

麻ひも
別珍
麻ひも
黒い綿
紙
アンティークショップで
売っていた鼻緒は
昭和初期のもので500円でした。

外出したときに一瞬不安になるのは、鼻緒が切れたらどうしよう？　です。

滅多に切れないかもしれませんが、絶対切れないという保証もありませんもの。最近では町なかに下駄屋さんを見かけませんし、たとえお店があっても、鼻緒をすげる技術を持った人がいないかもしれません。

時代劇で、雨で切れた鼻緒をどうするか、という場面を見たことがあるのですが、それによると、まず持っている手ぬぐいを細く一～二センチくらいに裂く。裂布を縫《よ》ってひもにして鼻緒に結び、下駄の穴に通す。穴に通すのはかんざしを使って、上部からひもを押し出す。底に出たひもを数回結び、穴から出ないくらいの大きな結び目を作る。といった感じでした。なるほど。

仕組みを知るのは大切です。実際にその場でできるかわかりませんが、外出するときにはかんざしを挿《さ》し、手ぬぐいを持っていると、ちょっと安心かもしれません。

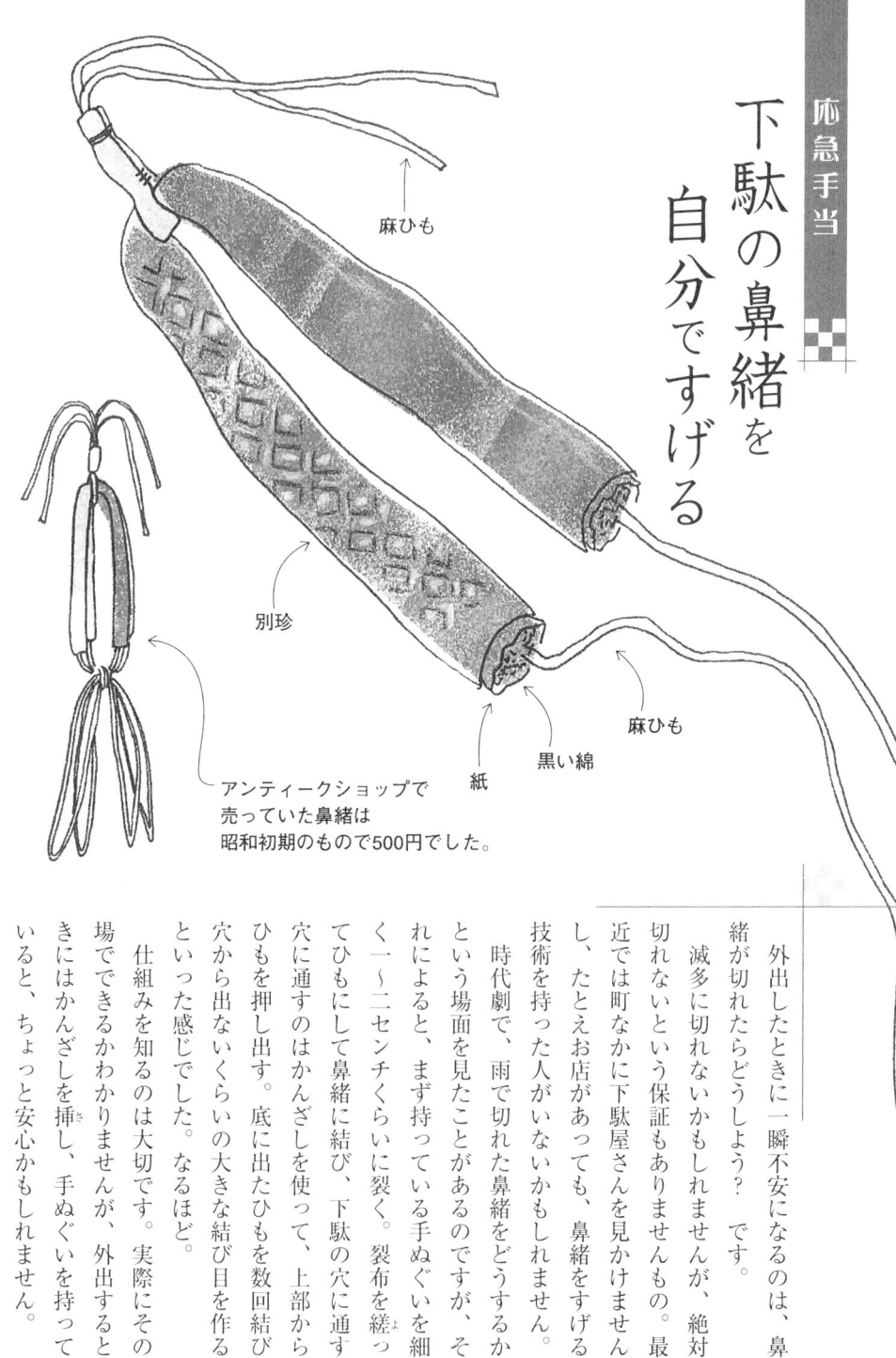

鼻緒のすげ方

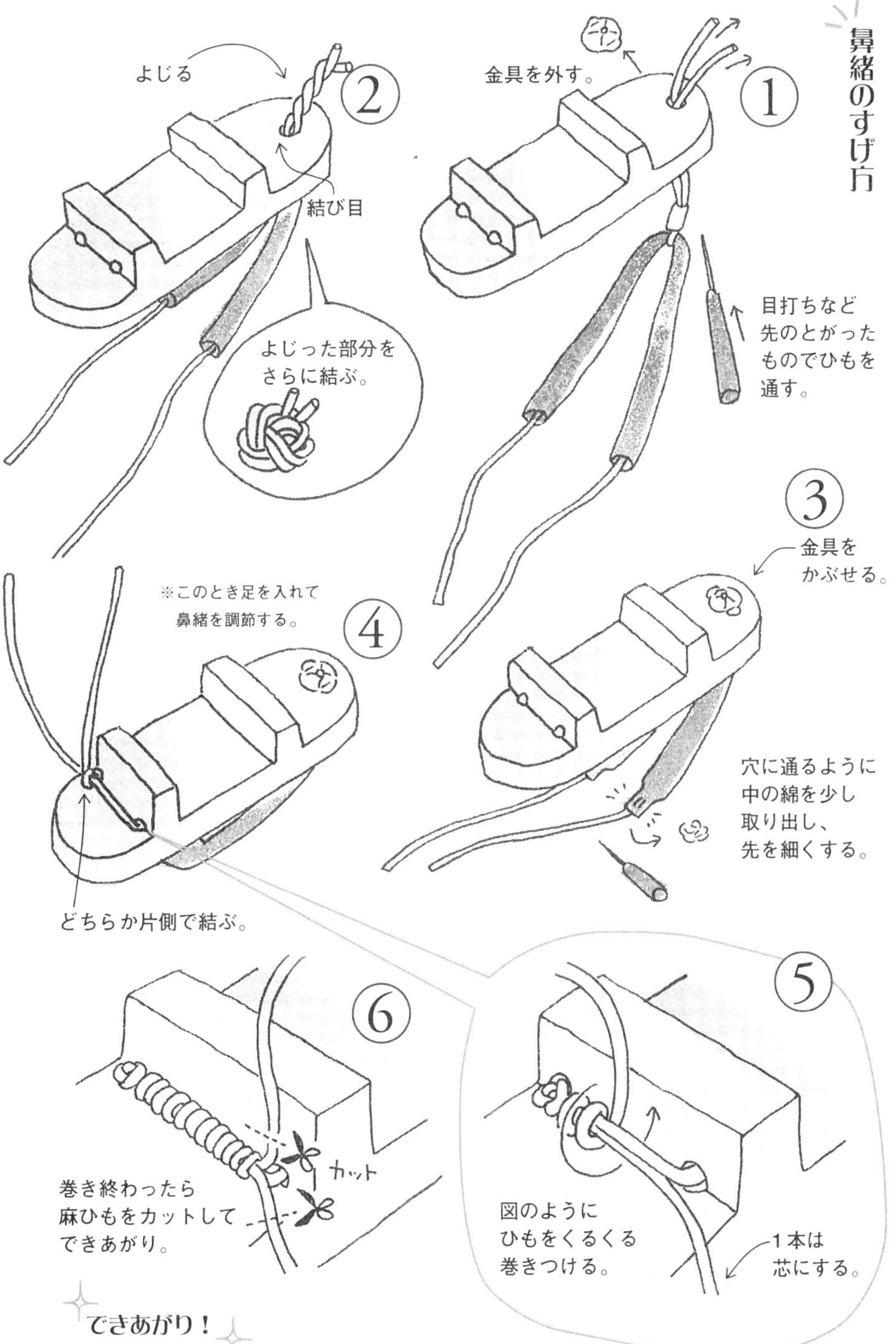
①
金具を外す。
目打ちなど先のとがったものでひもを通す。
②
よじる
結び目
よじった部分をさらに結ぶ。
③
金具をかぶせる。
穴に通るように中の綿を少し取り出し、先を細くする。
④
※このとき足を入れて鼻緒を調節する。
どちらか片側で結ぶ。
⑤
図のようにひもをくるくる巻きつける。
1本は芯にする。
⑥
巻き終わったら麻ひもをカットしてできあがり。
カット
できあがり！

一日の終わりに干す、たたむ

着物はすぐにたたまずにハンガーにかけておきます。

夜、着替えたら着物たちの仕事も今日はおしまい。吊すもの、カゴに入れるもの、洗うもの、それぞれ分けます。

吊すのは着物、帯揚げ、帯締め。汗をかいたら半幅帯も吊しておきます。

カゴに入れるのはひも、ベルト、帯板などです。ひとまとめにしておきます。帯揚げとひもをチェックして、よれよれになっていたら洗うもののほうに入れます。

洗うのは　裾よけ、足袋。じゅばんは半衿を外しておきます。これらをカゴに入れておき、翌朝下洗いしてから洗濯機で洗います。

翌日着る着物と帯、帯揚げ、帯締め、足袋を新たに揃え、カゴに入れておきます。たたむのは、吊したもののぬくもりがとれてから。でも、ずっと吊しておくと形が崩れるので、その前にかたづけてしまいましょう。裾が汚れないように、紙を敷いた上でたたみます。

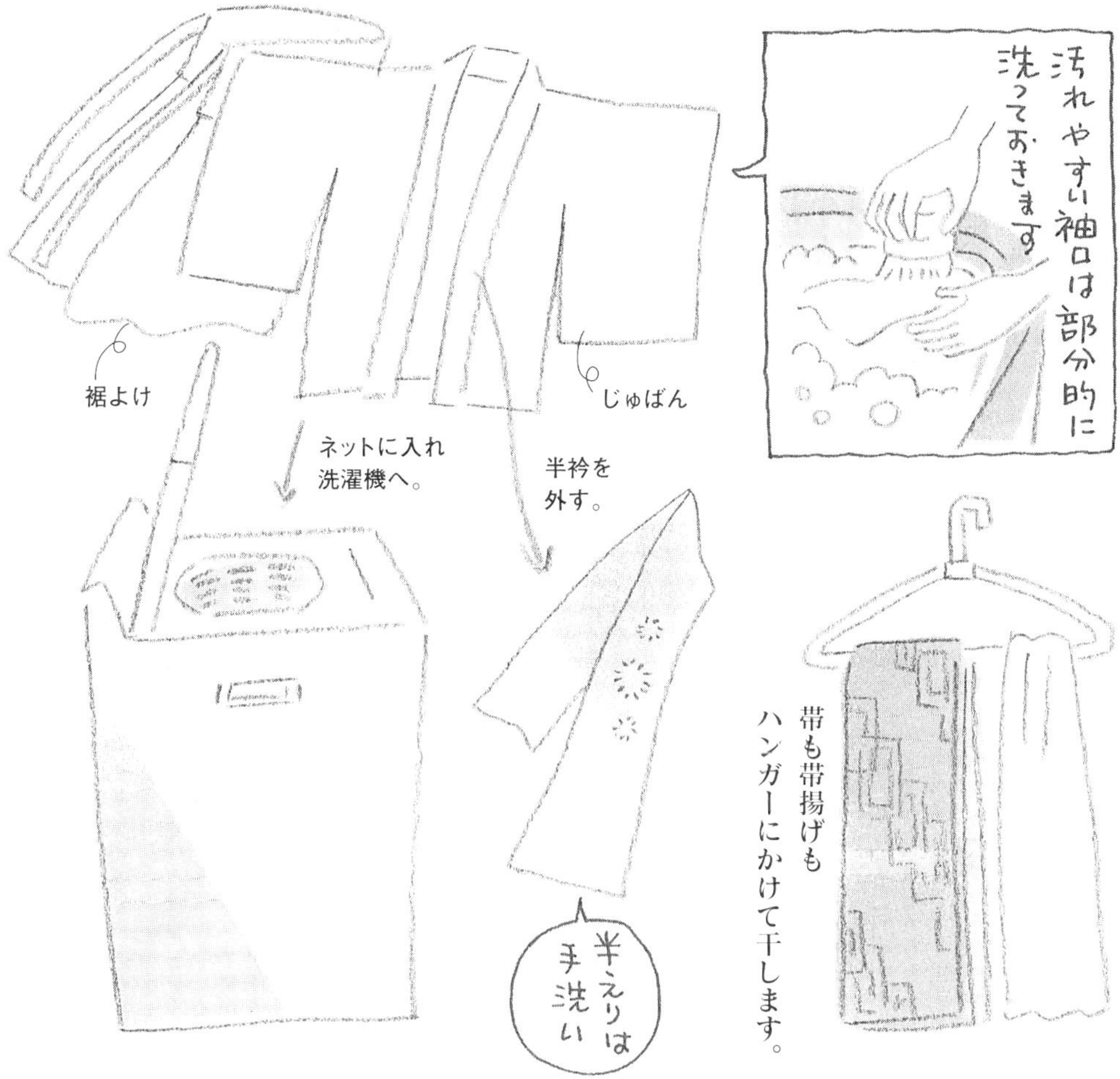
汚れやすい袖口は部分的に洗っておきます
裾よけ
じゅばん
ネットに入れ
洗濯機へ。
半衿を
外す。
帯も帯揚げも
ハンガーにかけて干します。
半えりは
手洗い

役立情報

ししゅうの衿の洗い方

半衿の大敵は汗。ほうっておくと色が変わるので、早いうちに取りましょう。白でも色でも無地なら、水洗いで大丈夫です。

ししゅうの半衿は、半衿の生地とししゅう糸の材質に注意してください。洗えるタイプの絹や化繊の半衿にポリエステルのししゅう糸なら家庭で洗えます。

アイロンは生乾きのうちに。ややひっぱりながらかけると、全体がちぢみません。

ただ、自分でししゅうした場合、糸の引き方が均一でないので、ちぢみ方がバラバラで、しわになりがちです。柄ものや濃い色のししゅう糸は、色が落ちるかもしれません。ドライに出したほうが無難です。

水洗いができないなら、ベンジンでふいておきます。京都の舞妓さんもやはりベンジンで手入れをするそうです。「その日の汚れはその日のうちに」を心がけていると聞きました。（お話／ゑり正・京都本店）

手入れ

肌じゅばんと足袋はこまめに洗濯

襦袢を
ネットに入れて
洗わないと
この通り
あちゃーーっ

アンダーシャツを着ているから、夏以外はじゅばんは二〜三日着てから洗います。

洗い立てを着ると気持ちがいいのは洋服も着物も一緒。着物を毎日洗うというわけにはいかないので、直接肌に触れるもの、肌じゅばんや足袋をまめに洗濯します。ネットに入れて普通に洗濯します。

足袋の裏って、どうしてあんなに汚れが頑固なんでしょう？　指の形に黒くなってしまうので、石けんをつけてごしごしと洗います。

帯揚げやひもも、ときどき洗ってさっぱりとさせます。

袷の着物はこわくて洗ったことがありません。着物は頻繁に洗うわけではないので、汚れが目立ってきたら専門の業者さんにお願いしたいなと思っています。

そうそう、銘仙《めいせん》も、ものによっては洗ったとたんにバラバラに溶けてなくなってしまうことがあるらしいです。織り糸の素材と関係があると聞きました。着物を洗うのは慎重にしないといけませんね。

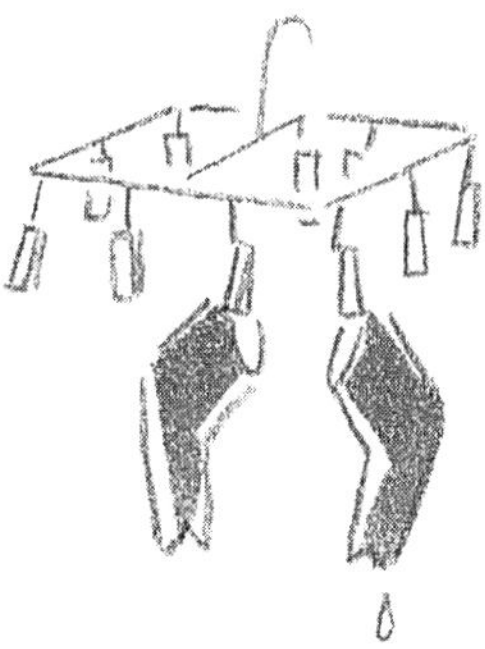

足袋は毎日洗います。

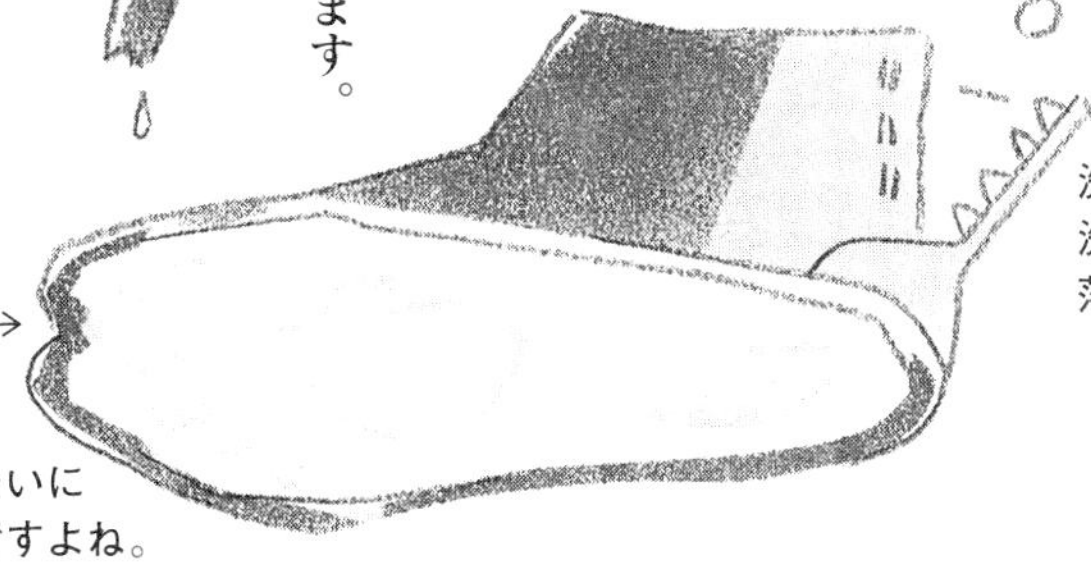

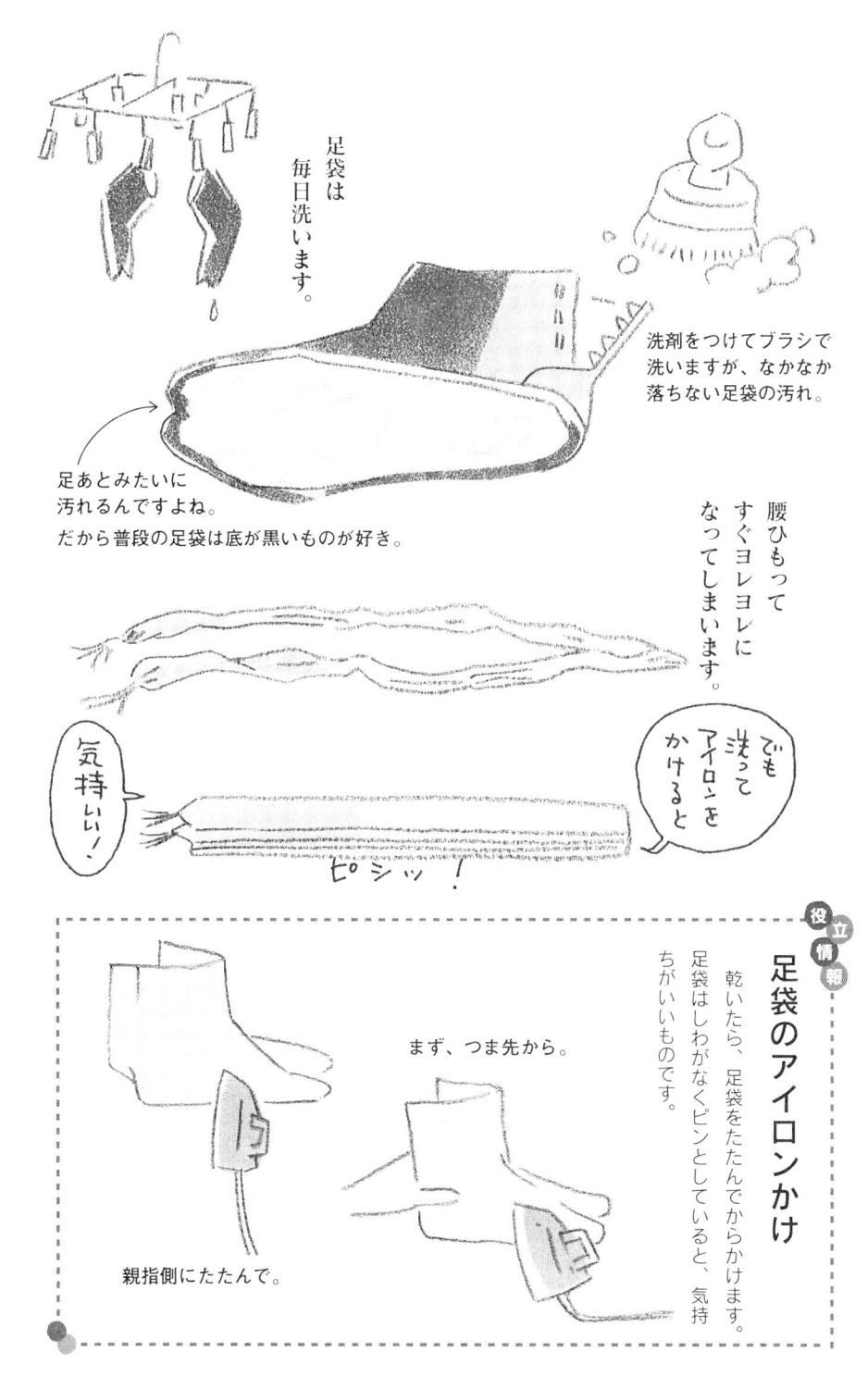

洗剤をつけてブラシで洗いますが、なかなか落ちない足袋の汚れ。

足あとみたいに汚れるんですよね。

だから普段の足袋は底が黒いものが好き。

腰ひもってすぐヨレヨレになってしまいます。

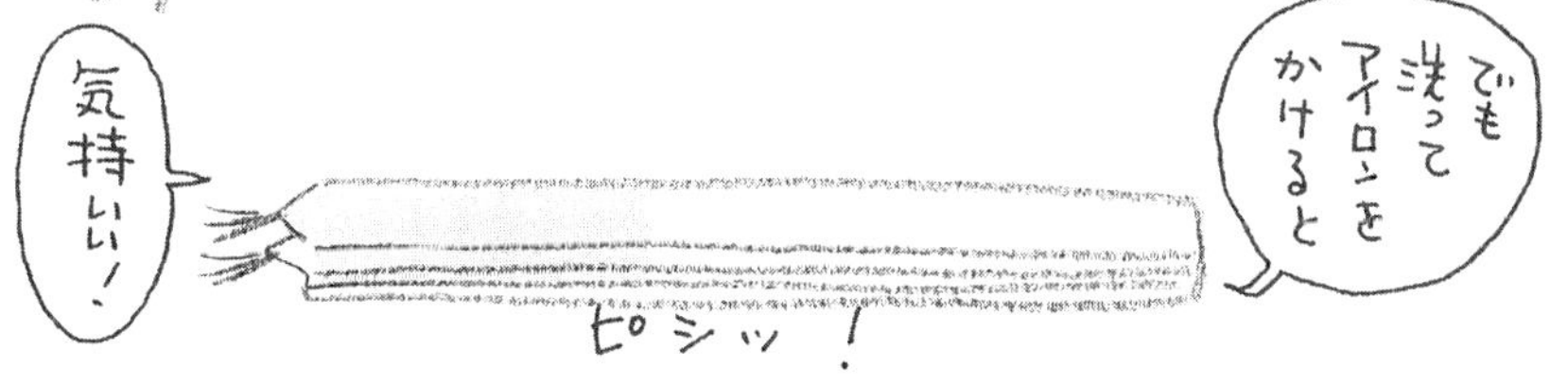
でも洗ってアイロンをかけると
気持いい!
ピシッ!

役立情報

足袋のアイロンかけ

乾いたら、足袋をたたんでからかけます。足袋はしわがなくピンとしていると、気持ちがいいものです。

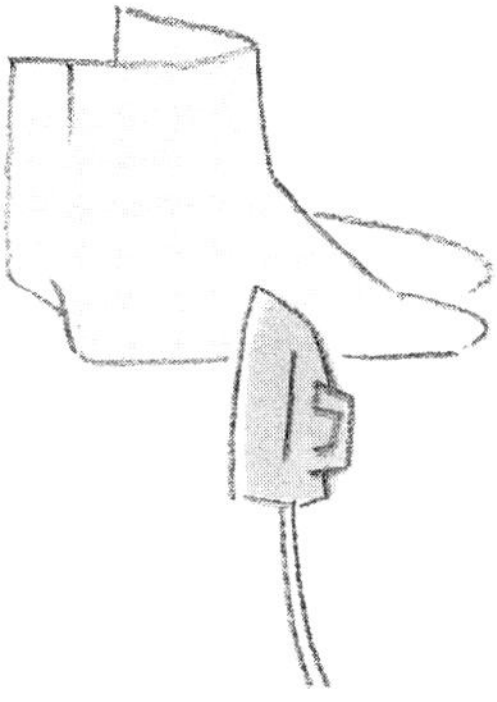

親指側にたたんで。

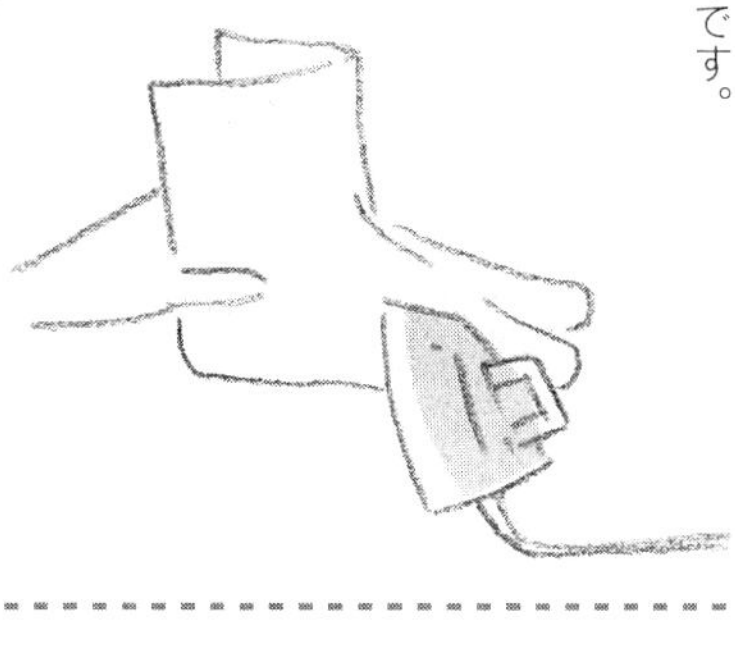

まず、つま先から。

手入れ

足袋の汚れがひどくなったら

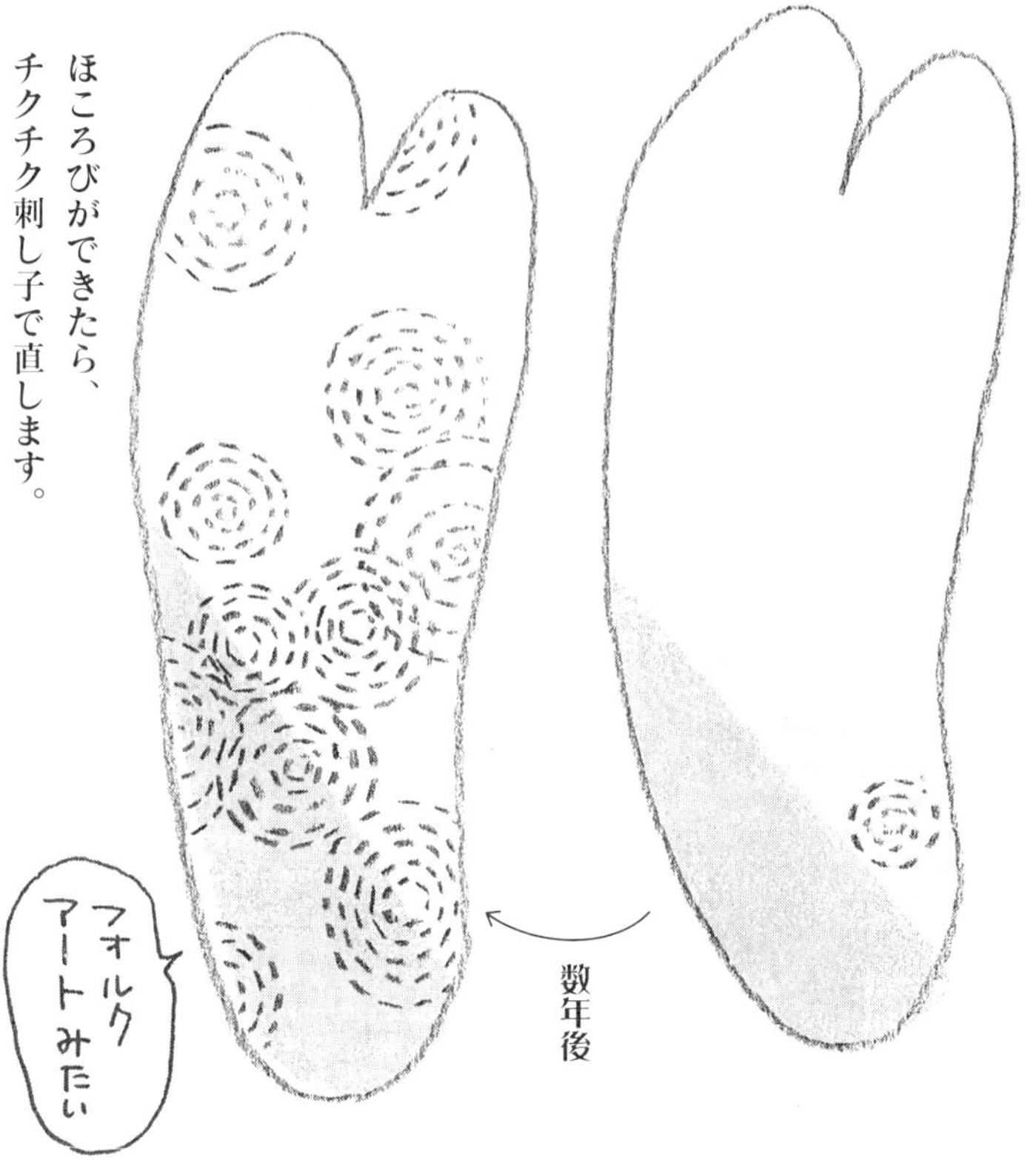

ほころびができたら、チクチク刺し子で直します。

ゴムが伸びたり、かかとが薄くなった靴下は、すぐに捨てて新しいものに替えていたのに、足袋が色あせてもほころんでも捨てる気にならないのは、なぜでしょう?

毎日履いて洗濯しているので、足袋の裏が薄くなってあちこちほつれてきました。そこを運針《うんしん》で丸くつくろっていたら、水たまりの波紋のよう。なんだかおもしろくて、また針を重ねています。

ほころびるたびに運針の波紋が増えて、色があせたら染め直して。時間をかけてアート作品を一つ作っている気分です。たしか、有名な小説家の女性が同じように足袋のほころびを縫って、大切に履いていたと聞いたような……。

足袋を染めて色が濃くなると、裏の汚れも気にならなくなってきます。

染めたばかりの足袋はほかの洗濯物に色移りするかもしれないので、しばらく別々に洗います。

白い足袋が
うす汚れてきたら、
染めて色足袋に
しましょう。
すぐ出すと薄い色に。
長くつけると濃い色に。
よく
水洗いします。
色移りするので、
洗濯はほかの
ものとは別に
します。

役立情報

色染めは簡単にできる

アンティークショップで安売りされていた、昔の白い丸ぐけの帯締め（奥）。染めたら、今でも使えそうな帯締めになりました（手前）。

手芸品店などにある染色剤を水か湯に溶いて、浸けておくだけ。コーヒーや紅茶でも染められます。染めた後は、酢やミョウバンを入れて洗濯し、色止めをします。

環境にやさしい
DYLON
15
WINDSOR PURPLE

左はみやこぞめ、右はダイロン

好きな布でかわいい足袋を作る

足袋の型紙はこんな感じ。

足袋の底になる型紙

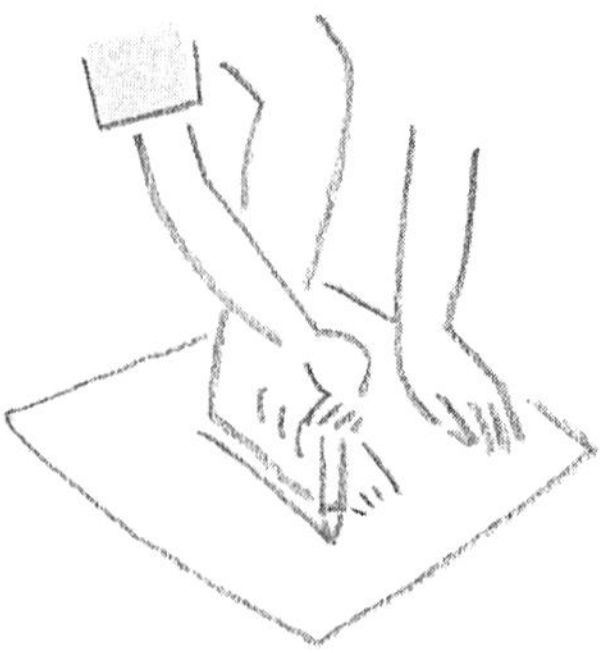

足に合わせて型紙を作ります。

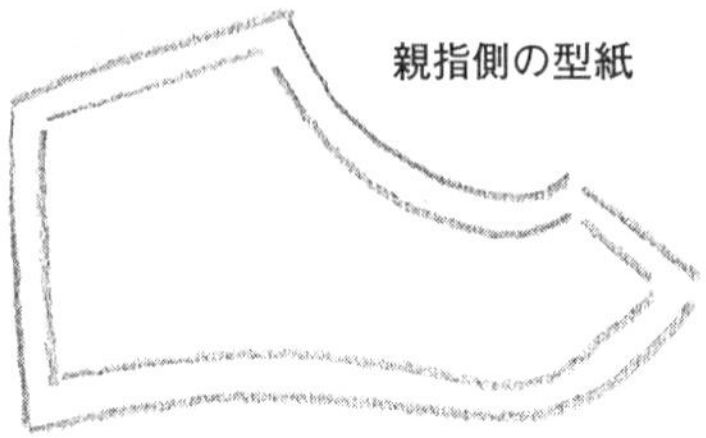

親指側の型紙

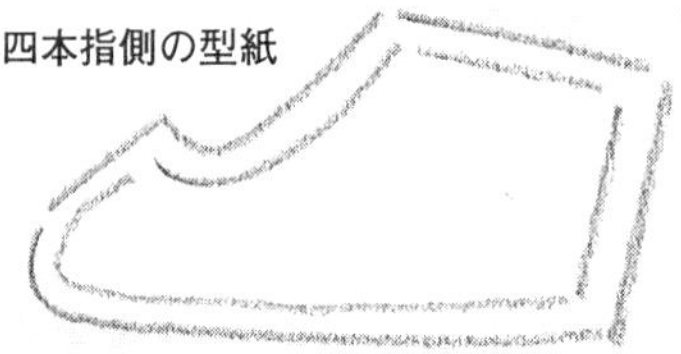

四本指側の型紙

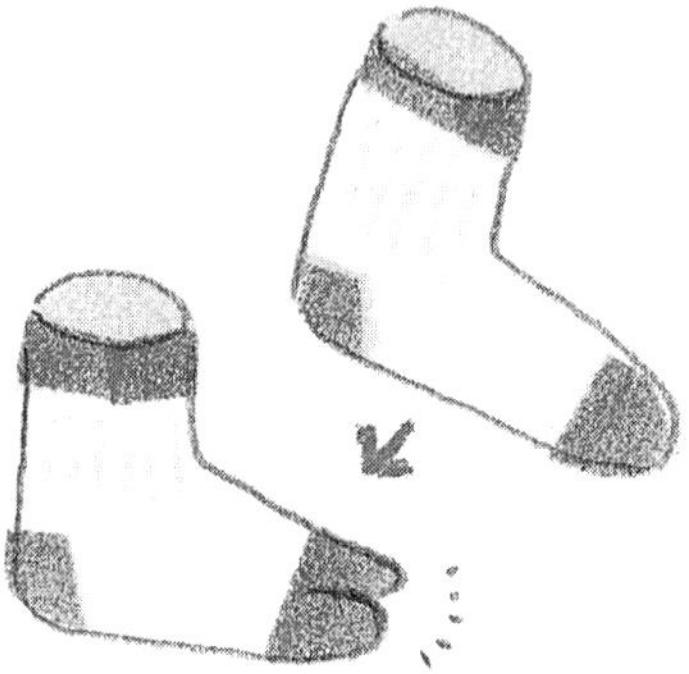

靴下の先は切らずに、指が入るように縫うだけで足袋になります。

ついこの間まで足袋といえば白一色だったのに、今では色、柄が豊富に出回るようになりました。

足袋は靴下よりも割高ですが、靴下よりも丈夫で長持ちします。これまで、足袋専門の職人さんが特別な工具を使って作るものと思っていました。

しかし！　先日「足袋の作り方」が載っている本を発見してしまいました。ほんとに足袋も手作りできるのかしら？　興味津津です。

手作りですから縫い目が曲がったり、形が少しちぐはぐになってしまうかもしれないけれどそこはご愛嬌。手作りの足袋で過ごす時間は、なんとなく楽しそうです。

生地選びから形まで、好みに合わせて作りたいですね。たとえば、くるぶしに当たらない短めの、ちび足袋もかわいいなあ。ひもで留めるタイプや、かわいいボタンが並んだ足袋も作ってみようかしら。

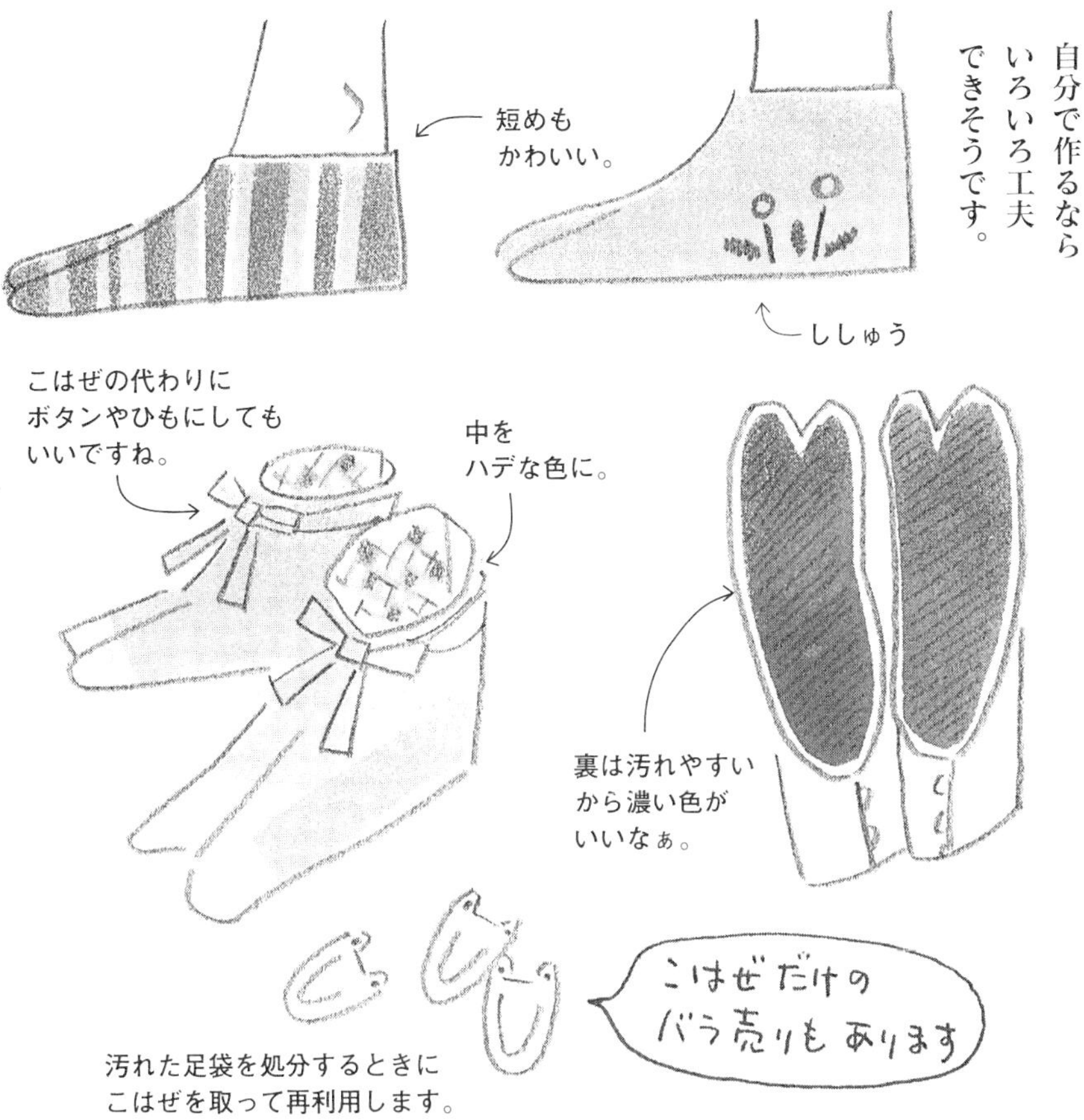
自分で作るならいろいろ工夫できそうです。
短めもかわいい。
ししゅう
こはぜの代わりにボタンやひもにしてもいいですね。
中をハデな色に。
裏は汚れやすいから濃い色がいいなぁ。
こはぜだけのバラ売りもあります
汚れた足袋を処分するときにこはぜを取って再利用します。

こぼれ話

足袋の型紙の入手法

見つけた本とは『暮らしの手帖13号』です。バックナンバーですが、作り方もていねいに説明がありました。

型紙は、手芸品店のオカダヤさんにもあります。通販もしているそうです。電話かメールで申し込んでくださいとのこと。こはぜのバラ売りもありました。

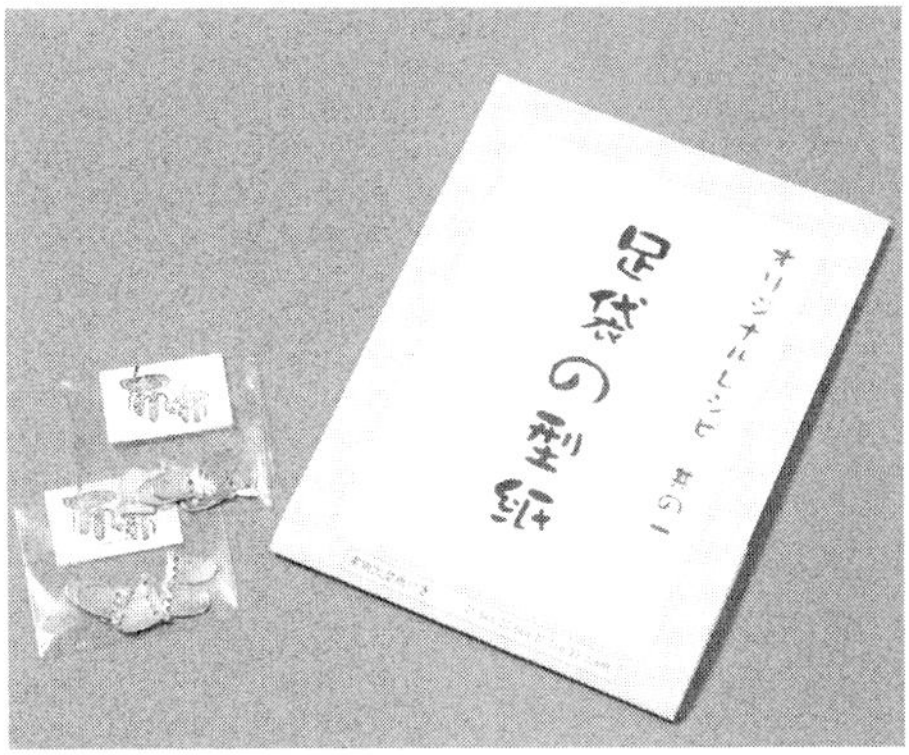
足袋の型紙

足袋の型紙、こはぜ（オカダヤ）

苦しくない！ゴム製のベルト

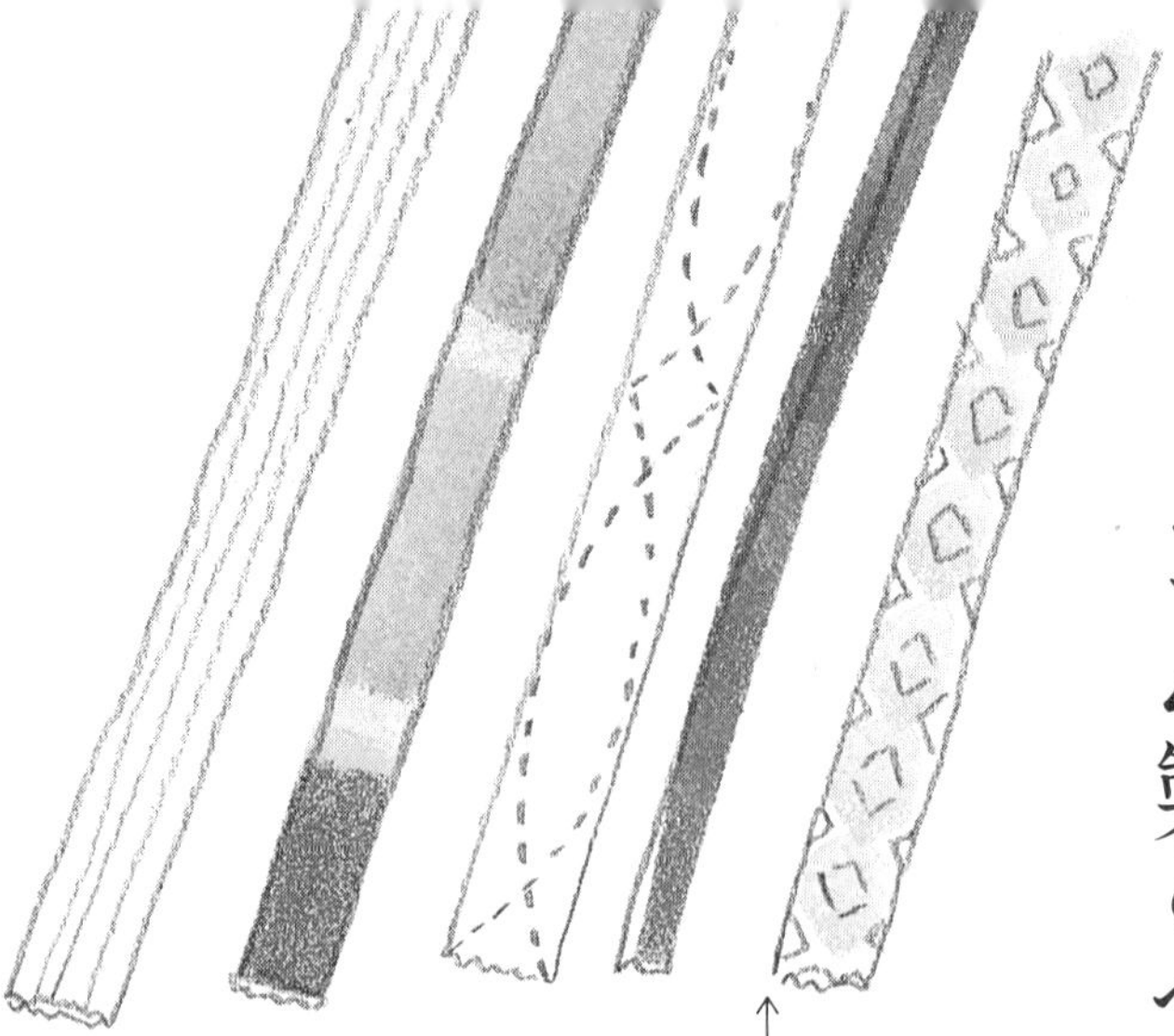

いろいろな柄、太さのゴムが
手芸店で売られています。
70〜80cmで充分作れます。

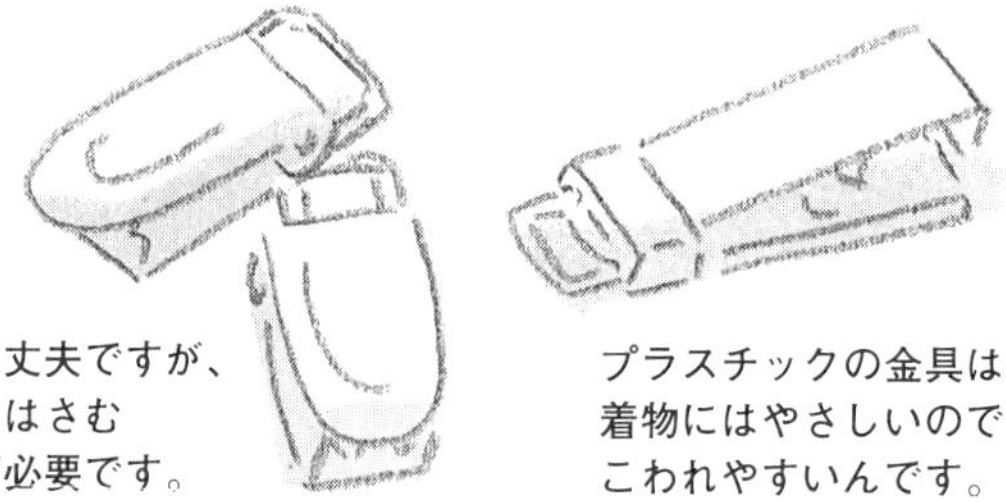

金属の金具は丈夫ですが、
薄物には布をはさむ
などの工夫が必要です。

プラスチックの金具は
着物にはやさしいのですが、
こわれやすいんです。

着物を一人で着られなくて、まだ人に着せてもらっていた頃、私にとって着物はとても窮屈なものでした。着付けがすんだときから苦しくて息ができない、かがめない、ものが食べられない。ほんとに一刻も早く脱ぎたいなあと思っていました。

毎日着るようになって、それは誤解だとわかりました。着物はとても楽なんです。

窮屈だった昔と楽に着ている今、いったい何が違うのか考えてみると、どうやらひもの位置が関係しているようです。

人が呼吸をするときには、肋骨《ろっこつ》が開きます。広がるのは横隔膜《おうかくまく》と肋骨の一番下の骨まで。この部分の動きを妨げてしまうと苦しくなるんです。ひもがこの部分に渡らないようにして、さらに収縮性があるものを使えば、楽なのでは？

そこで考えたのがゴム製のベルト。じゅばんも着物もこれで留めます。前身頃にひもが渡らないので、とても楽になりました。

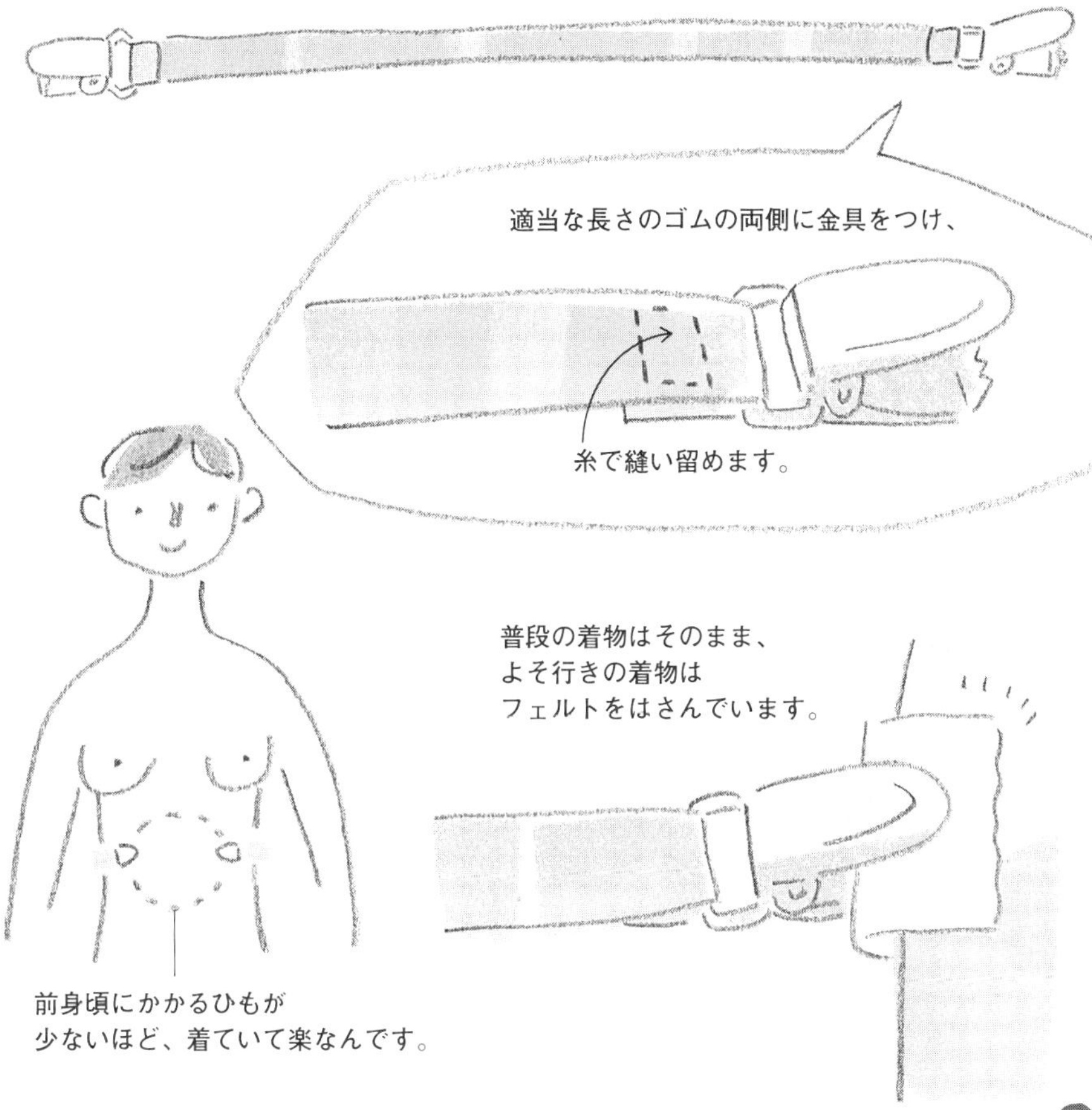

適当な長さのゴムの両側に金具をつけ、
糸で縫い留めます。
普段の着物はそのまま、
よそ行きの着物は
フェルトをはさんでいます。
前身頃にかかるひもが
少ないほど、着ていて楽なんです。

役立情報

腰ひもはきっちり結ぶ

ゴム製のベルトは、じゅばんと着物を合わせるときに使います。胸元のひもや伊達締めは使わなくても平気です。腰ひももゴム製のものがあります。けれど、腰ひもだけは、綿のひもできっちり結びます。

着物を着るとき、ひもがいっぱいあって苦しいという人がいますが、どのひももあまりギューギュー結ばなくても平気です。ところが、ただ一か所、腰ひもだけは例外なんです。ここをしっかり結ばないと、着物がずるずる落ちてきてしまいます。

昔は腰骨のでっぱったあたりで、腰ひもを結んでいました。今は、ウエストラインで結びます。年配の人ほど、腰ひもは低い位置で結んでいます。この結び方は今、別の目的で役に立ちます。身丈の短いアンティーク着物は、おはしょりが出ないのが難点ですが、腰ひもを低い位置で結べば、おはしょりがあるように見えるんです。

小物作り

身近なもので楽々帯枕を作る

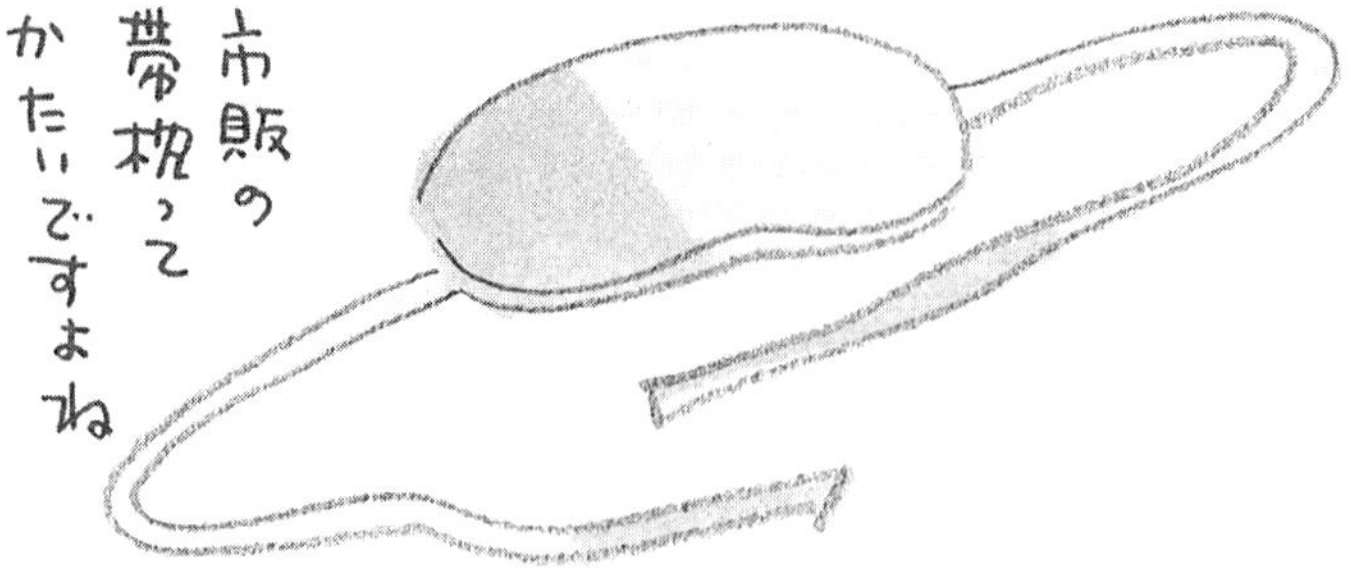
市販の
帯枕って
かたいですよね

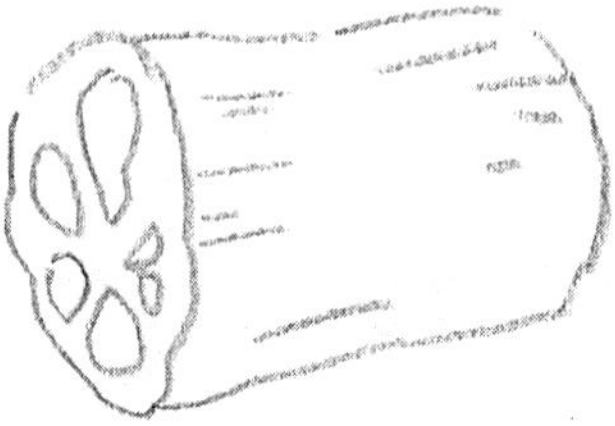

その1

ヘチマを帯枕にする人って多いみたいですね。夏場はとくによさそう。

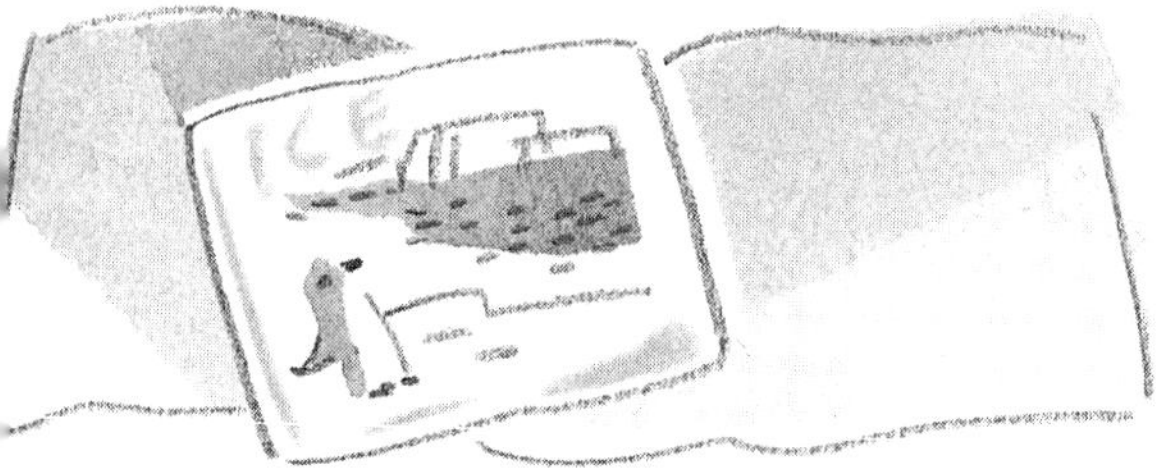

その2

冷やした保冷剤を使うというのも聞いたことが……。だんだんぬるくなってくるらしい……。重いかも。

市販の帯枕は大きく堅めにできているものが多いですね。しっくりとするお太鼓の大きさは人によって違うので、帯枕の大きさが調節できると便利です。

帯枕を作りませんか？　ヘチマを使えば柔らかくて通気性がよい帯枕になるので、夏場の汗をかくシーズンに向いています。スポンジを使えば入れる個数で高さの調節もできます。どちらも、長いガーゼをかけて使います。ガーゼは結びやすくて、おすすめです。市販の帯枕も、ガーゼで包んで使っています。

使わなくなったストッキングにスポンジを入れて作るというアイデアもあります。ストッキングは収縮性があるので結びやすく、ひもよりも苦しくなくていいかもしれません。汚れたり汗をかいたら、すぐに洗濯機で洗えるのもいいですね。

日本手ぬぐいをガーゼで包んで使うという人もいるそうです。

その3

私は食器洗いのスポンジが気に入ってます。
高さを変えられるし。

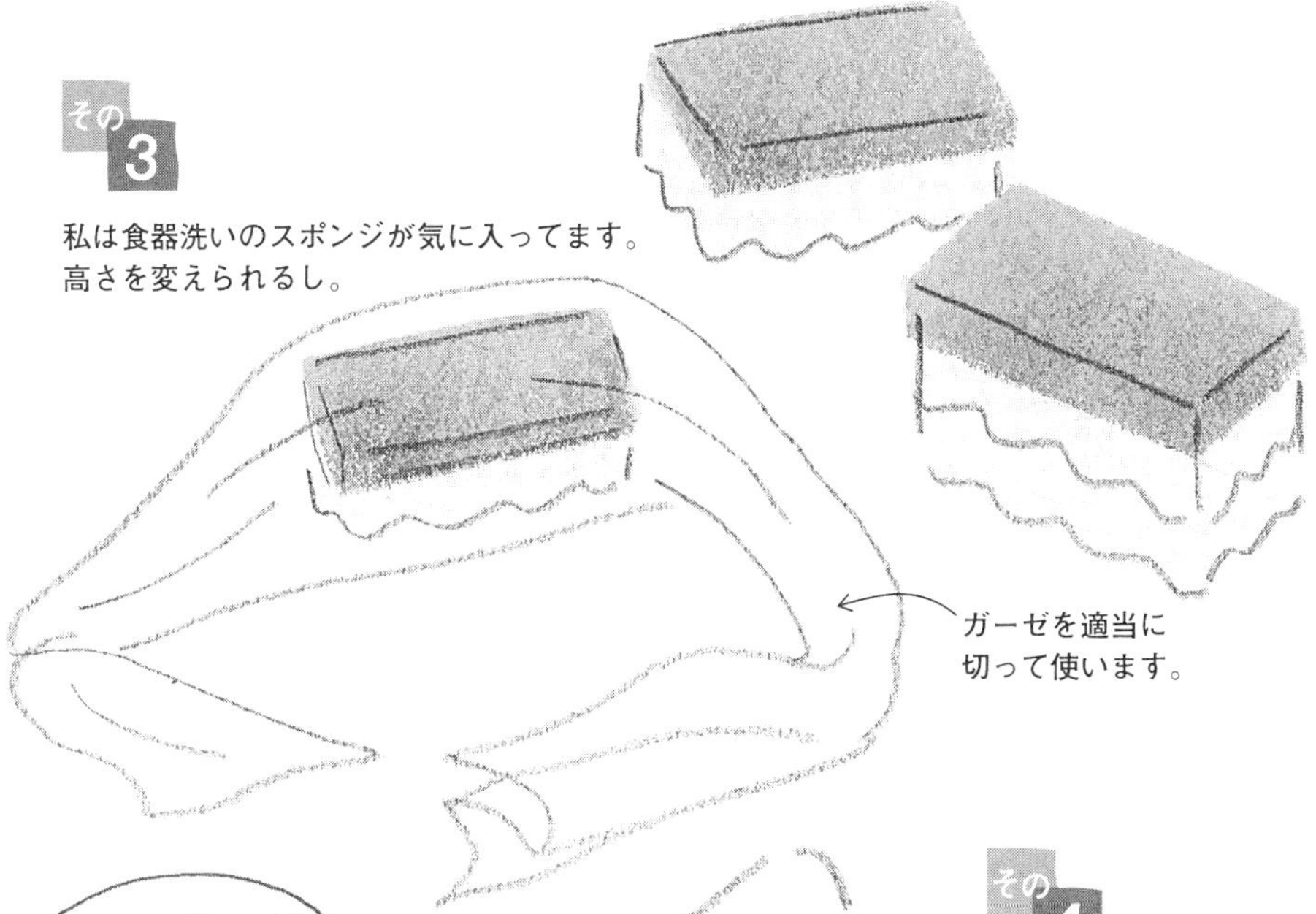
ガーゼを適当に
切って使います。

その4

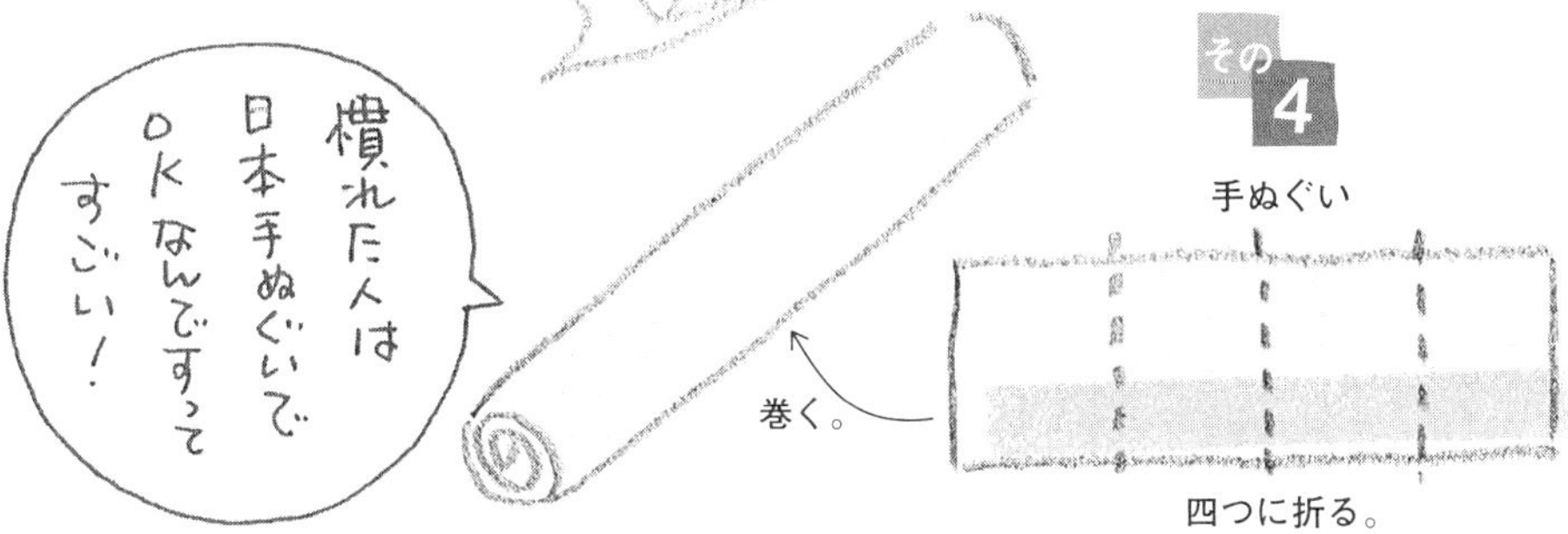
慣れた人は
日本手ぬぐいで
OKなんですって
すごい！
手ぬぐい
巻く。
四つに折る。

こぼれ話

年齢と帯枕の関係

厚みがある帯枕を使うと、お太鼓が大きく張った形になります。二〇代、三〇代の頃には、若々しくていいでしょう。

四〇代、五〇代ともなると、お太鼓の大きさはややひかえめになりますから、帯枕も少し薄いものを使うほうが、品よく見えます。もっとも、結婚式のようなお祝いごとに出席するなら、厚い帯枕を使ってりっぱな二重太鼓にするほうが、華やかです。

観劇やショッピングなど気軽な場なら、帯枕を使わないで、「銀座結び」や「角《つの》だし」といった結び方にするのもすてき。年齢は問いません。

年齢がいって、おばあさんになったら、さらに薄い帯枕にします。背中が少し丸くなってくるので、あまりりっぱでは、お太鼓を背負ったようで、重たそう……。こぢんまりしたお太鼓を結んで、かわいいおばあさんになりたいですね。

小物作り

プラ版や厚紙で帯板を作る

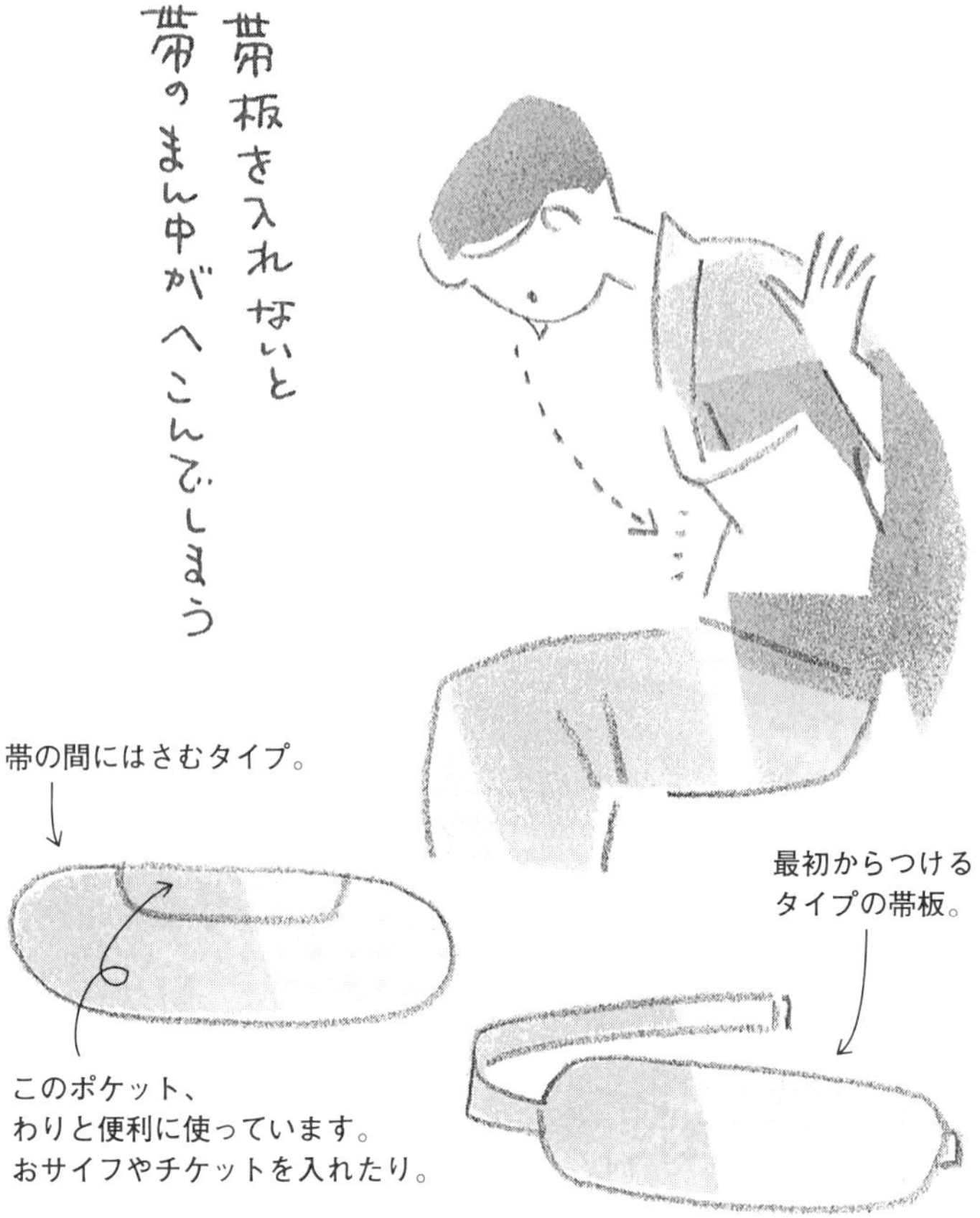
帯板を入れないと
帯のまん中がへこんでしまう
帯の間にはさむタイプ。
このポケット、
わりと便利に使っています。
おサイフやチケットを入れたり。
最初からつける
タイプの帯板。

毎日を着物で過ごすと、帯板がかなり傷んできます。厚紙で作られている帯板は汗で柔らかくなってきて、折り目が何本もついて、変な癖がついてしまいました。梅雨のじめじめした季節には、ぽつぽつとカビまで発生してきました。帯板は消耗品で一年くらいが使用の限界なのでしょうか？

身近なもので手作りできないかと見回してみると、カバンの底板に使うプラ版が使えそうです。使用中の帯板を目安にはさみで切り、両端の角を丸くしました。

底板は滑《すべ》りが良く、帯に差し込むときに具合がいいですね。でも帯によっては滑りすぎて端がはみ出すことがあったので、布をつけて改良しました。ポケットができたので、ちょっとしたものを入れられるようになって一石二鳥。

底板の帯板は黒と白、二色作りました。色の薄い帯を締めるときには白を使うと目立たなくていいです。

帯板の作り方

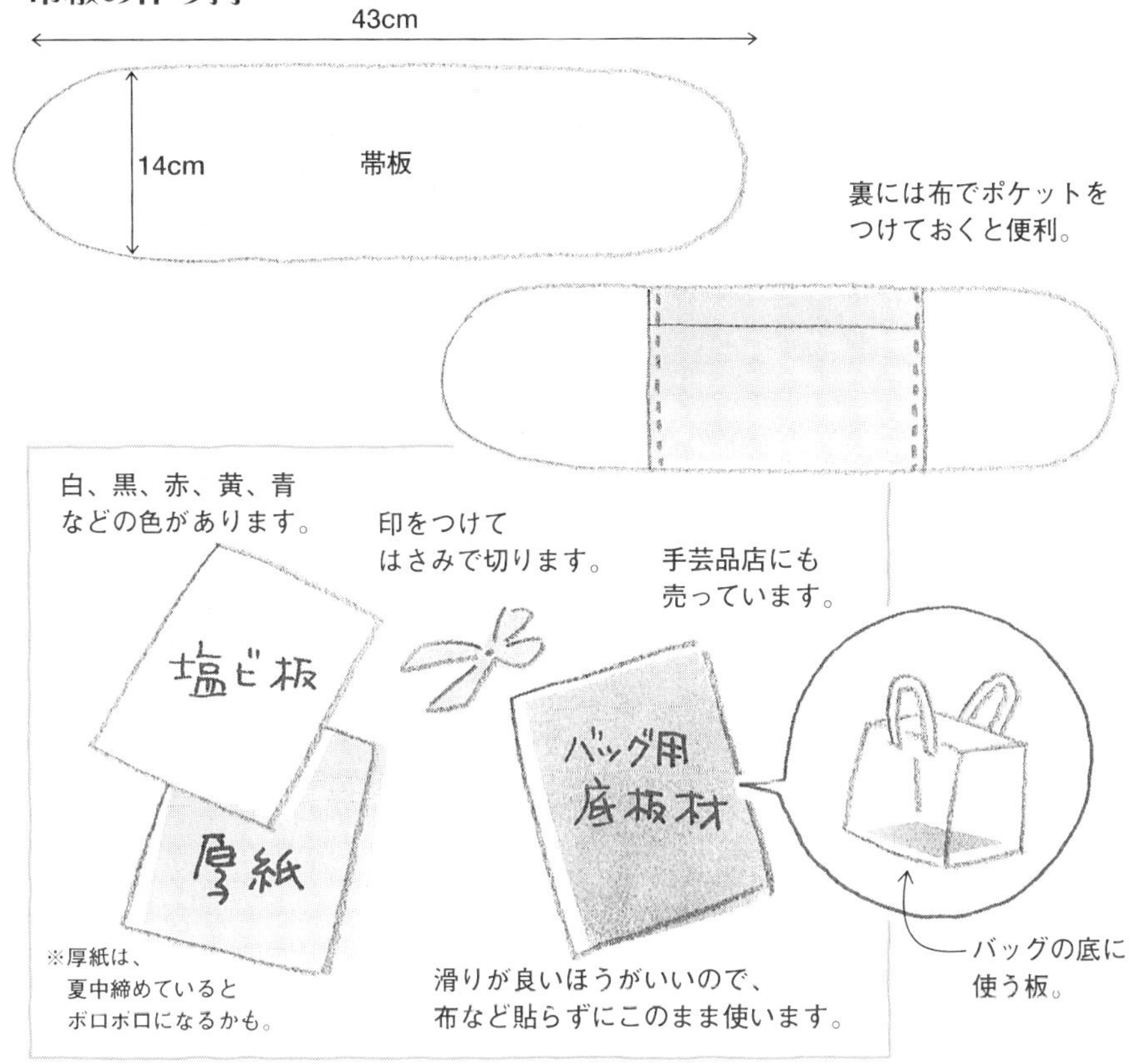
43cm
14cm
帯板
裏には布でポケットを
つけておくと便利。
白、黒、赤、黄、青
などの色があります。
印をつけて
はさみで切ります。
手芸品店にも
売っています。
塩ビ板
厚紙
バッグ用
底板材
※厚紙は、
夏中締めていると
ボロボロになるかも。
滑りが良いほうがいいので、
布など貼らずにこのまま使います。
バッグの底に
使う板。

役立情報

メッシュの帯板と小物類

浴衣に結ぶ薄い半幅帯にも帯板は必要です。メッシュの帯板、小物類を見つけました。暑い夏はもちろん、帯を結ぶ部分は意外に汗をかくので、一年中使えそうです。

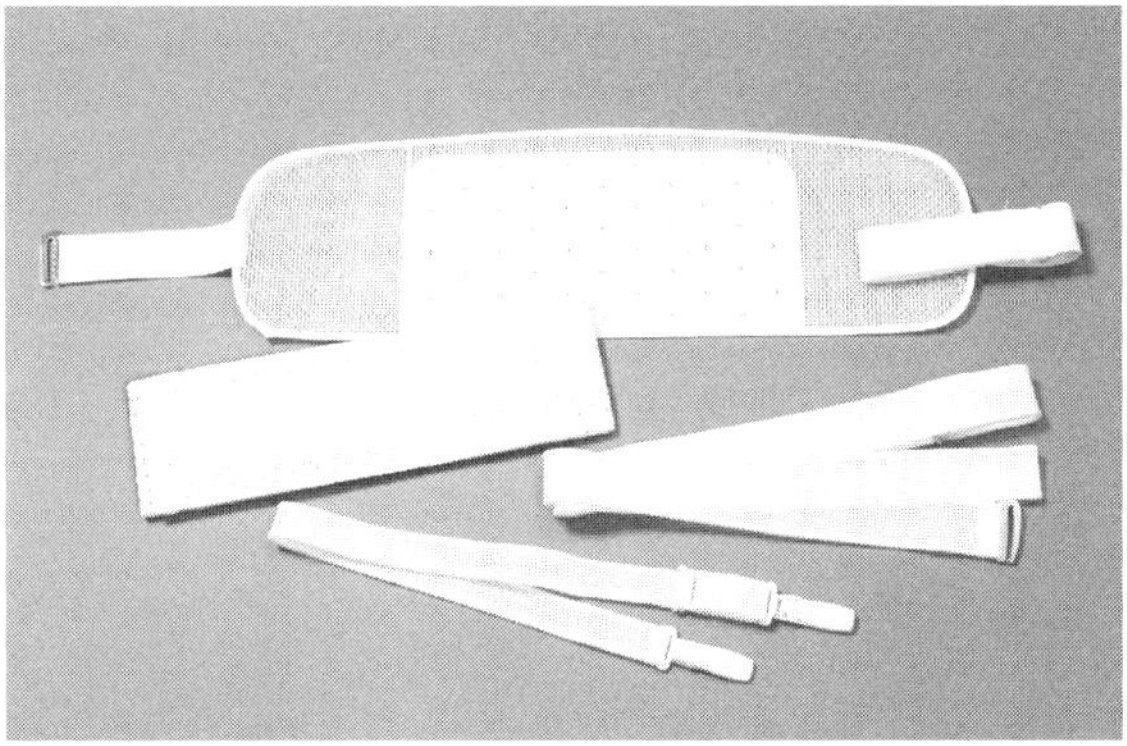

メッシュの帯板、伊達締め、腰ひも、ベルト（金谷株式会社）

ミシンでアッという間に作る半幅帯

半幅帯が好きなのですが、手頃なものってなかなか見つかりません。浴衣に合わせるような色合いや柄が入っていたり、踊りに使うような派手な帯だったり。地味目が好きな私には、ちょっと締めづらいのです。最近は素材を生かしたシンプルな半幅帯を見かけるようになりましたが、新製品はお値段も高めです。

　気軽に楽しみたいから気に入った布で手作りしてみることにしました。安上がりだし、案外簡単そう。まっすぐミシンをかけるだけです。

　フェルトやざっくりした麻などの厚手の布だったら、接着芯をつけなくても大丈夫です。バティックやシルクなど薄手の布は、接着芯を使って締めやすい厚みに仕上げます。接着芯は薄手、厚手があるので、布の裏に直接アイロンで貼りつけ、好きな厚みに調節できます。個性的な自分だけの半幅帯をたくさん作りたいな。

作り方

① 布を選び印をつける

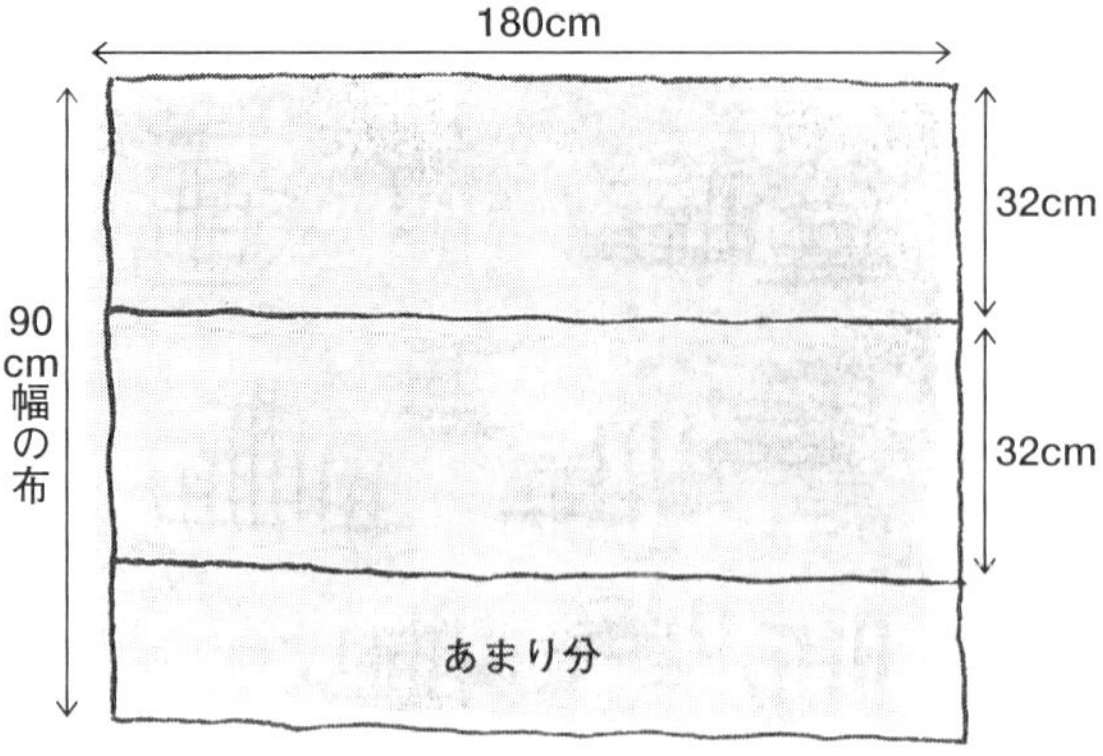
180cm
32cm
32cm
90cm幅の布
あまり分

② 接着芯をつける

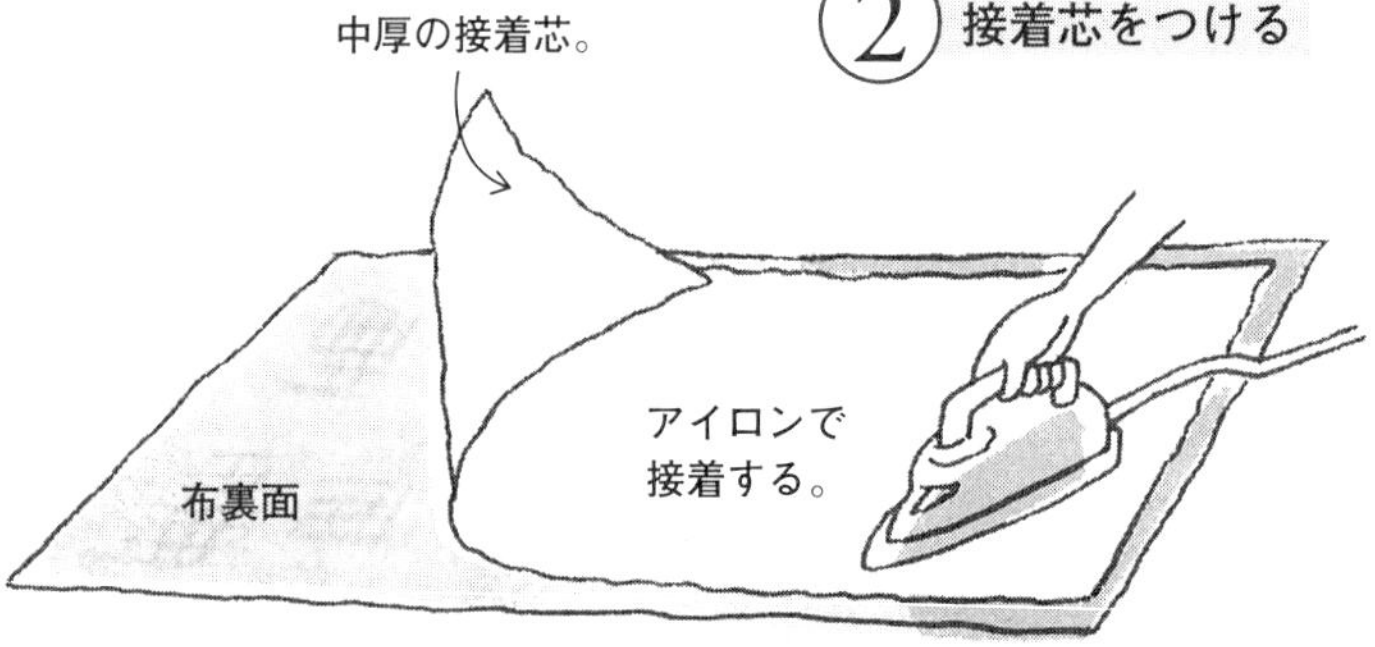
中厚の接着芯。
アイロンで接着する。
布裏面

③ 布をカットする

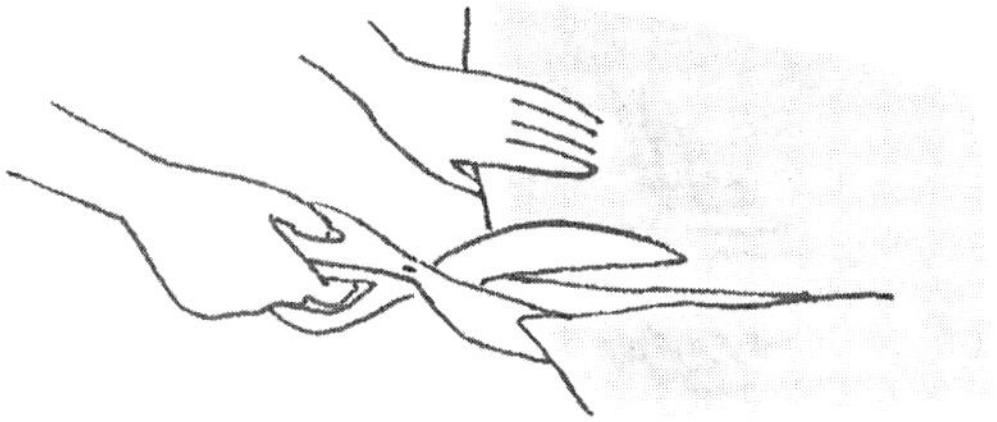

①で印をつけた線を切る。

④ ミシンをかける

③で切った布を２枚、中表にして重ねる。

一方だけミシンをかける。

⑤ ミシンをかける

④を開いて、中表にして細長く二つ折りにたたむ。

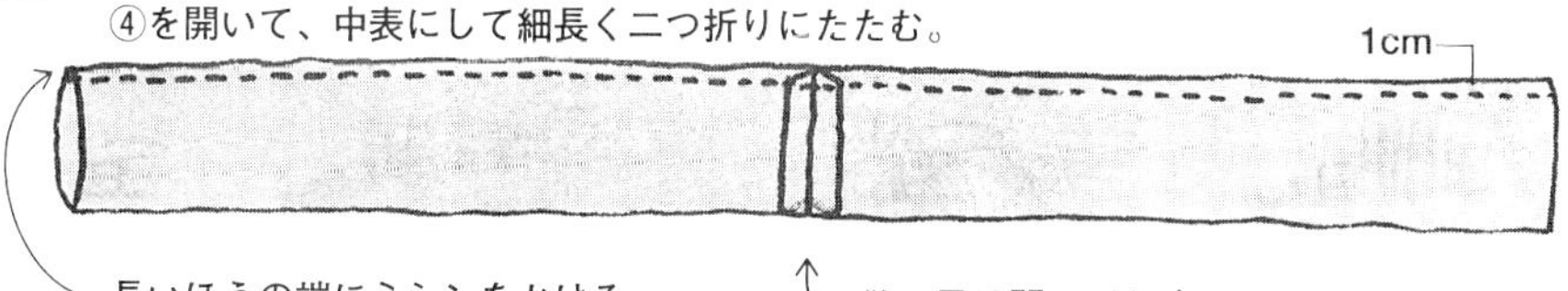

長いほうの端にミシンをかける。

縫い目は開いておく。

⑥ 表に返す

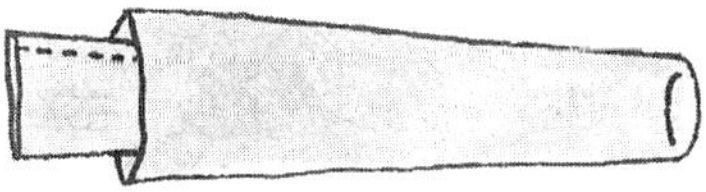

⑦ はじの始末

縫わない。

両はじを10cmくらい中に折り返す。

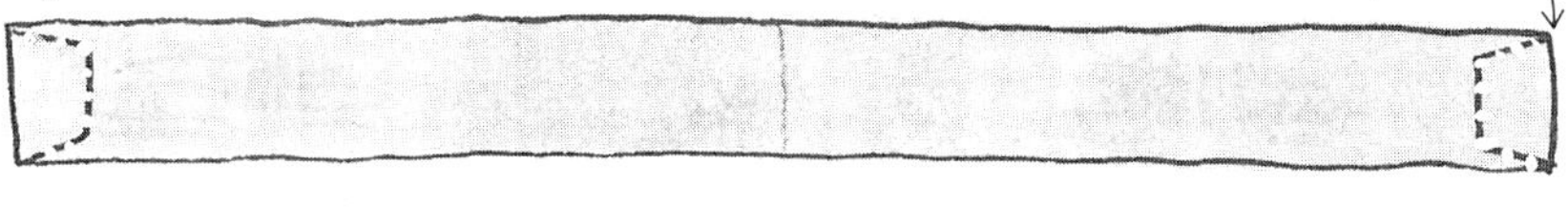

⑧ アイロンかけ

できあがり

スプレーのりをつけアイロンをかける。

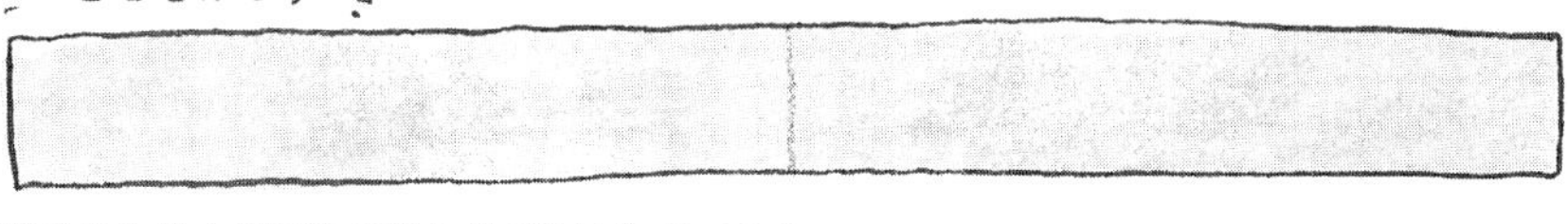

薄手のものより厚手の紬などが作りやすいです。

小物作り

スカーフや好きな布を帯揚げに

また何か考えてるね？
♪
オット

帯揚げの布は細長くてスカーフに似ています。洋服を着なくなってから出番がなかったスカーフを帯揚げに使ってみてはどうでしょう？　案外いいかもしれません。

スカーフには着物にない柄があって、それがかえっておもしろいアクセントになる場合があります。四角いスカーフやふろしきなども、半分に切って縫い合わせれば、帯揚げに使えます。ただしあまり長いと帯の中に収まりきらないので、要注意。

好きな布を買ってきて、半分を帯揚げに、残り半分を半衿にしてみました。お揃いでおしゃれな感じです。

冬に薄手のマフラーを帯揚げ代わりにするのも暖かそう。ししゅうをしたりビーズをつけたら、個性的な帯揚げになりそうです。毛糸のモチーフを作るのが得意な人はカラフルにつないで作ってみませんか？

冬の着物生活がさらに豊かなものになりそうですね。

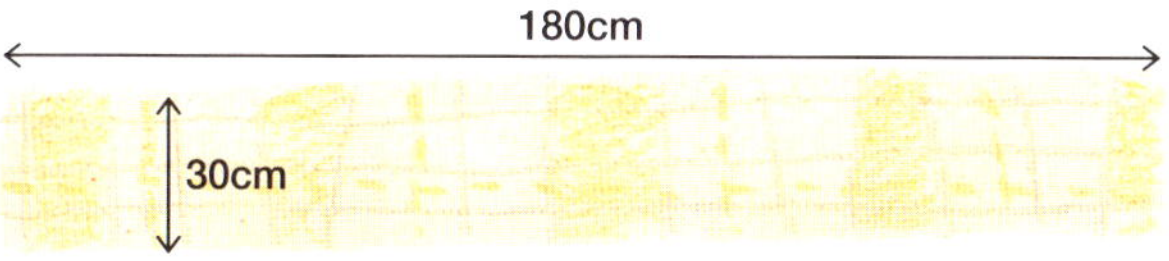
180cm
30cm

この長さがあれば帯揚げになります。

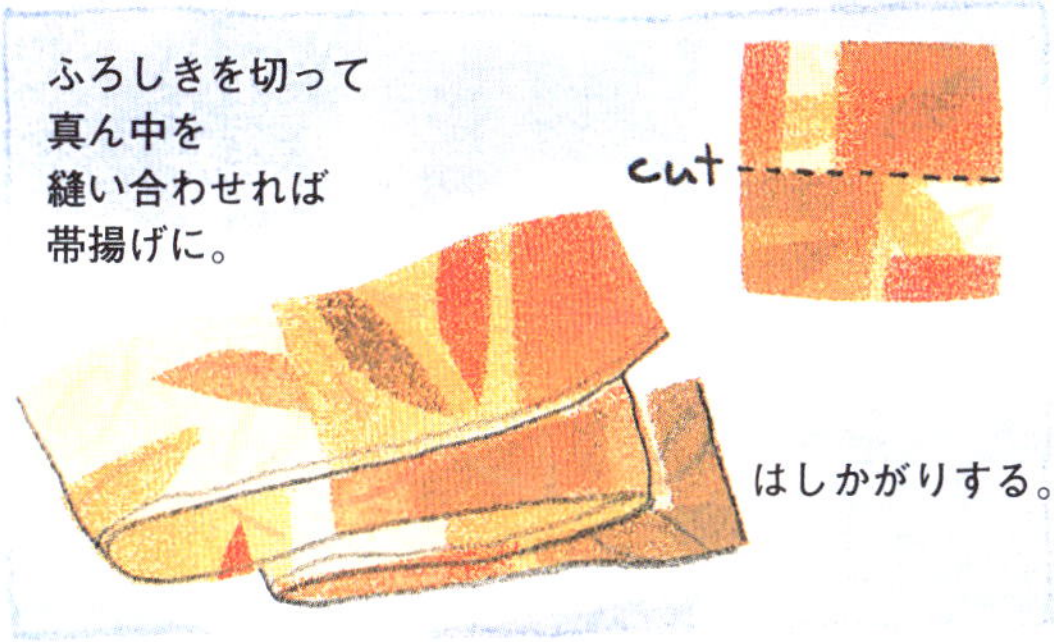
ふろしきを切って
真ん中を
縫い合わせれば
帯揚げに。
cut
はしかがりする。

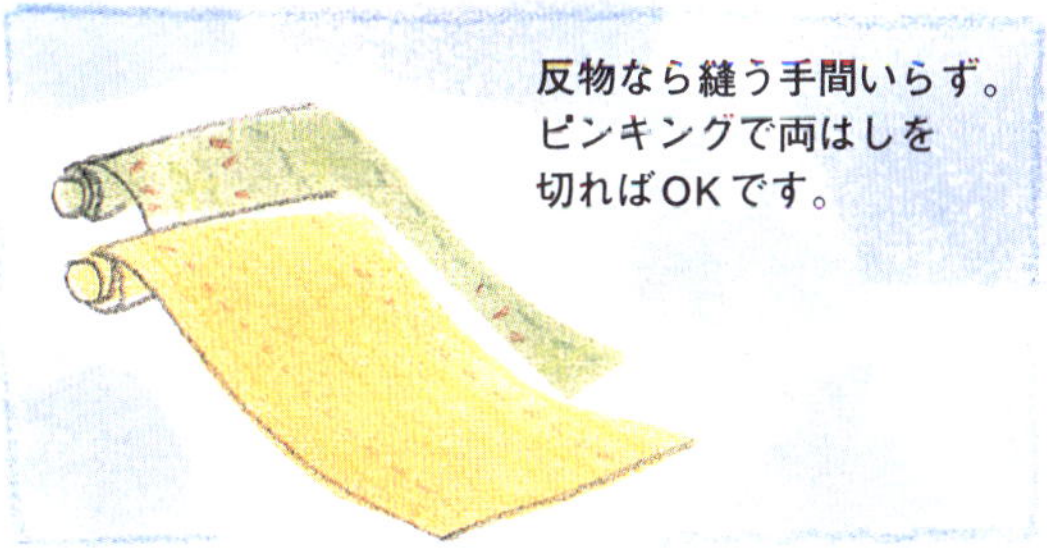
反物なら縫う手間いらず。
ピンキングで両はしを
切ればOKです。

細長いタイプのスカーフはそのまま帯揚げになりそう。

役立情報

自分で作るなら普段用に

着物や帯と同じように、帯揚げにも格があります。絞《しぼ》り（右、中）のほうが格が高く、柔らかい着物に袋帯や名古屋帯を結ぶときに合わせます。全体に絞りがある総絞り（右）はさらに格上です。

絞りがない帯揚げは平（左）といい、普段用。紬に染めの名古屋帯、袋名古屋帯などに合わせます。

格はいちおうの目安。自分なりに楽しんで。

小物作り

いろいろなひもを帯締めにする

たとえばこんな帯締めはいかが？

真田ひも
箱がけなどに使うものですが、普段の着物にあんがい合います。
中国の藍染のリボン
チロリアンテープ
文様が楽しい。
皮ひも
手芸店などで10cmから切り売りしてもらえます。バックスキンやエンボスなどバリエーションも豊富。
塩ビの透明ヒモ
ガラスの帯留めと合わせてみましょうか？

手芸品店が好きで、たまに買い物に行くと、時間の許す限りお店の中を見て歩きます。お店の手作り品例を見るのも楽しいし、目的以外の場所で新しい道具や素材を発見することがあって、ちょっと使ってみようかなと衝動買いすることもしばしば。

先日もチロリアンテープや透明幅広のビニールテープ、抜き模様のあるレザーのひもやフェイクファー、ビーズがついているベルト用のひもなどを見ていてひらめきました。これは着物の帯締めに使えそう！

銀のウエスタンブーツにつけるとよさそうな金具やフリンジなどは、もしサボテン柄や馬の柄などの着物を持っていたらぴったり。パズルのように素材と組み合わせを考えるのってほんとにおもしろいですね。

今までは手芸品の材料を買うと、家の中の小物を作っていましたが、着物生活になってからはすっかり、着物の小物作りにハマっています。

コーディネイトを考えるだけでウキウキ♪

皮ひもに銀のバックルなど、どうかな。
ロックコンサートに行きたくなるね。

こんな羽織ひもならバッグもファーでお揃いに。

夏にぜひ締めてみたい透明帯締め。

裏はこんな感じ。

フェイクファー
冬にちょっと遊んでも。

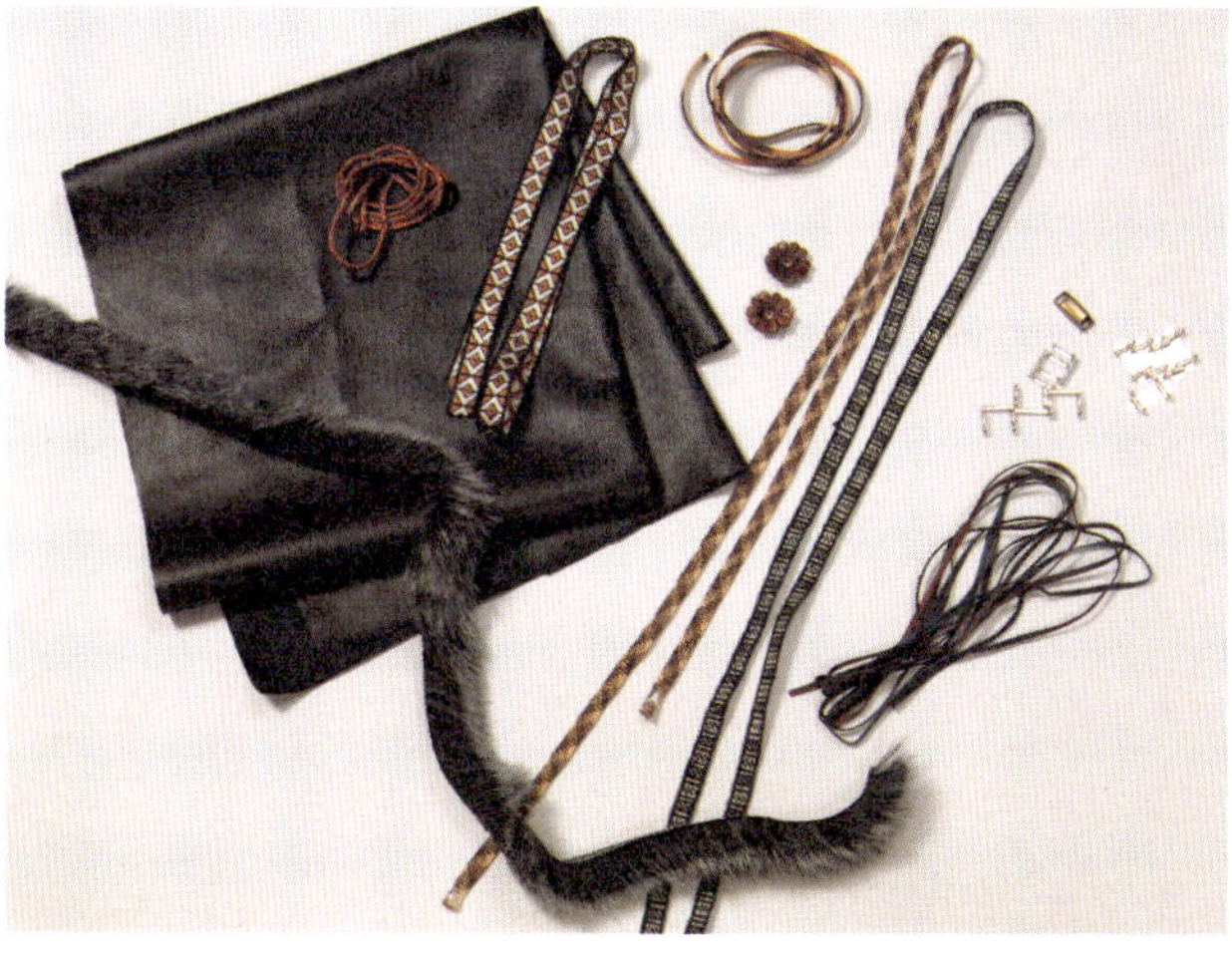

いずれ使ってみたい材料コレクション

手芸品店には、おもしろそうな材料がいっぱい。
イメージがひろがって、買い込んでしまいます。

小物作り

小布、古布から帯留めを作る

こんなふうに小さな古布をセットにして売っていたり……。

アンティークショップなどで一枚一〇〇円くらいから売っている古布。かわいい柄で帯留めを作りましょう。

帯留めを手作りしてみませんか？　ボタンや箸置きなどを使って簡単に作る方法（150ページ参照）から金属を加工する難しい方法までいろいろありますが、まずは、帯留金具を使った簡単な方法をご紹介します。

手芸品店などで売っている七宝焼《しっぽうや》きの金具を使います。値段は一〇〇円から二〇〇円くらいです。

中央の丸い七宝焼きをする金属の部分に布や紙などを貼り、接着剤で留めるだけです。和紙を貼って絵を描きニスを塗ってもすてきに仕上がります。紬などの布を貼ってもいいし、布を貼ってその上にアクリル絵の具で絵を描いてもすてきです。ビーズししゅうした布を貼ると宝石みたいな仕上がりになりますね。

あなたのアイデアしだいで、手軽に帯留めが作れますよ。帯の真ん中にいろいろなアクセントが楽しめます。

使うのは七宝焼きの金具

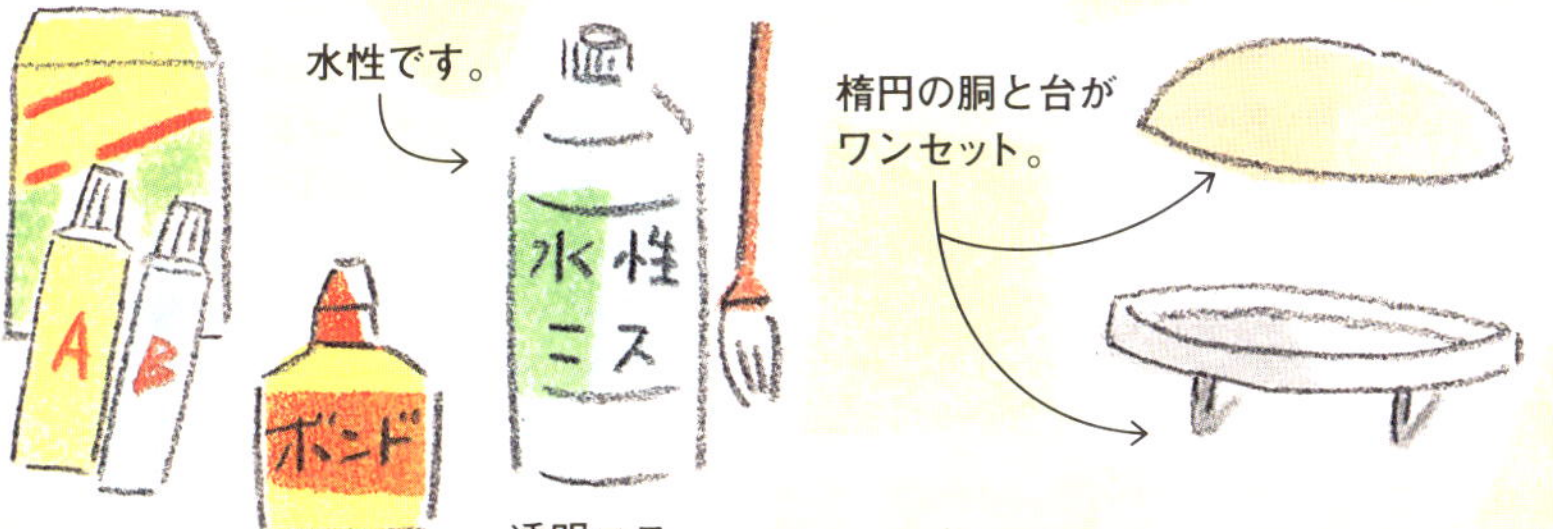

水性です。

透明ニス

2液ボンドと
木工ボンド

楕円の胴と台が
ワンセット。

大きさと形はさまざま。

① 胴の表面に
ボンドを塗り
布を貼ります。

② しわにならないように貼り、
胴からはみ出た布を
3mm残してカット。

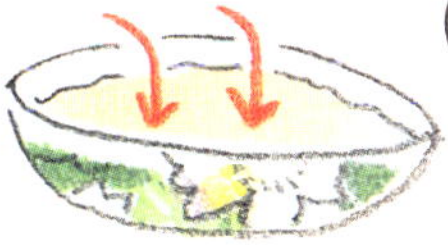

③ 内側に折ります。

④ 乾いたらニスを2度塗りし、
2液ボンドで台に固定します。

布のかわりに
千代紙を使っ
てもいいですね

帯留め
コレクション

手作りでも、既製品に
負けないくらいすてき
だと、自分でも思いま
すが……。
（右下のガラス製帯留めは
金谷株式会社）

箸置き、ボタンから帯留めを作る

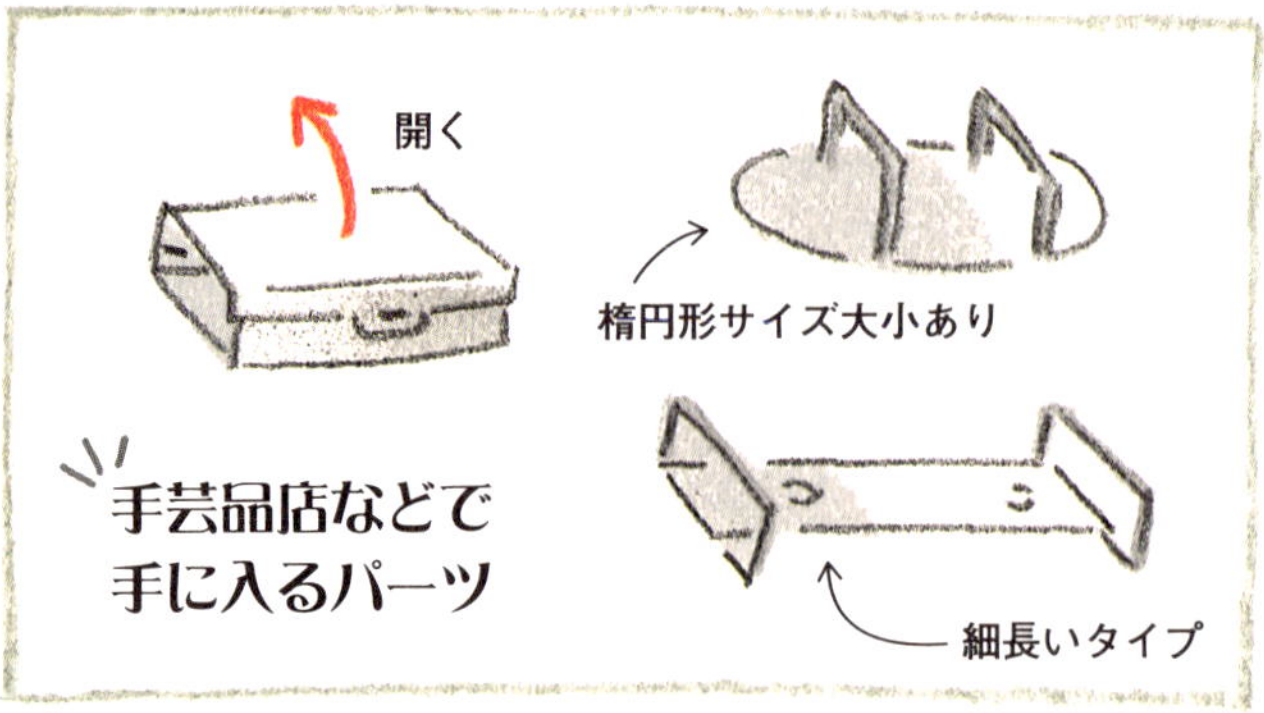
開く
楕円形サイズ大小あり
手芸品店などで
手に入るパーツ
細長いタイプ

①
ボタンの
金具をカット。
②
2液タイプの
接着剤で金具を
つける。

③
できあがり。

帯ひもの一方にセロハンテープを巻き、ななめにカットすると通しやすい。

手持ちの着物が少なくても、季節感を楽しみたいときには、小物を上手に使いましょう。

一番手軽なのは帯留め。小さいけれど注日の的！　ほかの方がどんな帯留めをしているのかって、気になりますよね。

そのまま帯留めに使える優れものは箸置きです。季節を感じさせる箸置きは一年中手に入るので、好きなものを選んで、帯留金具に貼りつければ完成です。薄め小さめの箸置きのほうが、つけたときに出っ張らなくて具合がいいようです。

ボタンも色形、素材とも種類豊富なので帯留めに向いています。重いボタンは取れやすいので、小さめの軽いものが向いています。帯留金具は手芸品店で手に入ります。ゴムやひもを使って帯留めに通す方法もあります。

夏用に涼しげなビーズで、うんと華奢に作ってみたいです。

季節感のある箸置きは帯留めにぴったり！
ガラスのものは涼しげでいいですね あまり重たくないものを選んで
桜の季節に
片方なくした象牙のピアスを帯留めにリメイク
金具を半分にカットして使います
NYのソーホーで見つけた象眼のボタン
黒いビーズで穴をふさぎました
白いレリーフの大きめビーズ
そらまめ
なす
えだまめ

役立情報

帯留めのつけ方

帯留めを帯締めのほぼ中央にくるように通しておきます。帯留めを通した帯締めを、後ろで結びます。前で結んでぐるりと後ろに回す方法もあります。結び目はお太鼓の中に入ってしまうわけです。帯がゆるまないように帯締めを結んだら、前の中央に帯留めがきているかを確認します。

帯締めは、太いと帯留めが通りません。細いひも状の帯締め（帯ひもといいます）で、先に房がついていないものに通します。丸くても平たくてもかまいません。

古くなった帯締めの房を切って、リサイクルして使うこともあります。

着物はなんでもそうですが、決して安いものではありません。きっちりリサイクルして、長く使いたいし、そうできるものです。おばあちゃんやお母さんからもらった着物でも帯でも、小物類も、そうやってうけついでいきたいですね。

かんざし作り。お箸だって使えます

塗りのお箸と
ビーズを使って

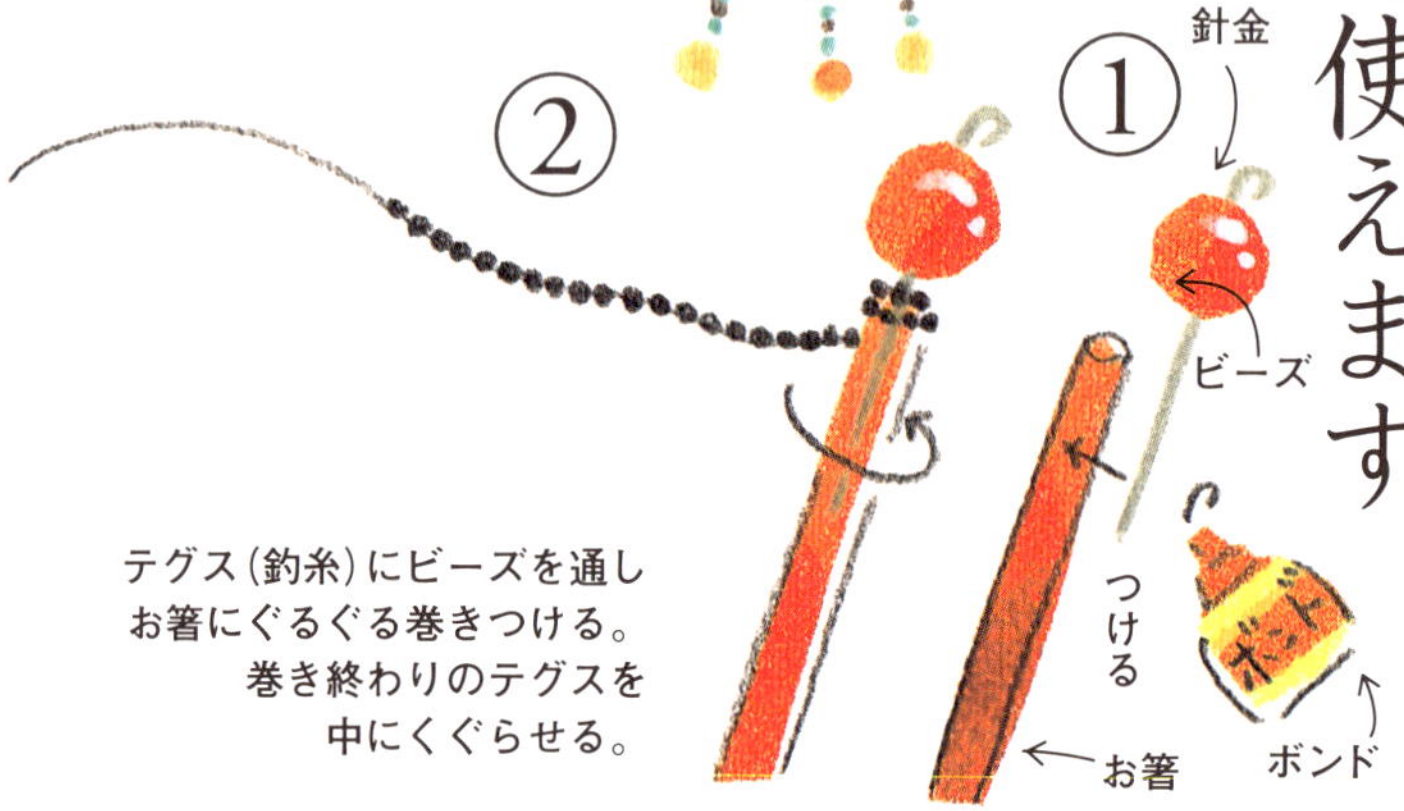
②
①
針金
ビーズ
つける
お箸
ボンド
テグス（釣糸）にビーズを通し
お箸にぐるぐる巻きつける。
巻き終わりのテグスを
中にくぐらせる。

着物のときは髪をすっきりまとめて上げるのが好き。うなじの美しさが際立ちます。髪をアップにすると、かんざしでワンポイントつけたくなります。

いっとき、おしゃれな欧米人たちの間でお箸を髪に挿《さ》すのが流行っていたことがありますが、ナルホド、塗りのお箸はかんざしみたい。カラフルだからアクセントになりますね。

市販のかんざしはちょっと高めですが、簡単なかんざしだったらお箸を使って手作りできそうです。先端に大きめのビーズをつけて、素敵なかんざしを作りませんか？

一〇〇円ショップでも、すす竹や塗りのお箸を売っています。これをベースにしてビーズやボタンやリボンなど、好きな材料をつけて作りましょう。

Uピンやコーム、バレッタにも同じようにビーズをつけてもいいですね。かわいい髪飾りになります。

季節感を出しましょう
箸にリボンや布をボンドで貼ります
てるてる坊主みたいにちりめんの布を丸めて箸につけ、ひもをつけます。
ビーズ
貝ボタンをたくさんつけて
裏に接着芯を貼ってはりを出します。
レースのモティーフやビーズ・ボタンなどもかんざしのパーツになりそう

役立情報

つげのくしが欲しい

髪はとかすほどきれいになります。昔の人が使っていたのは、つげのくし。これで何度もとかすと、髪のつやが出てくるそうです。使ったら椿油を塗って手入れをしておきます。

つげのくしの良い点は、静電気が起きないこと。そして地肌へのあたりがソフトなこと。一度使ってみてください。

つげの木は生長が遅いので、きめの細かい木肌になるとのこと。手作りの、質のいい品を求めて、そっとバッグにしのばせておきたいですね。

つげのくし（酒井産業）

描いて、ししゅうで。半衿作り

きれいに
ししゅうが出る
位置があります。

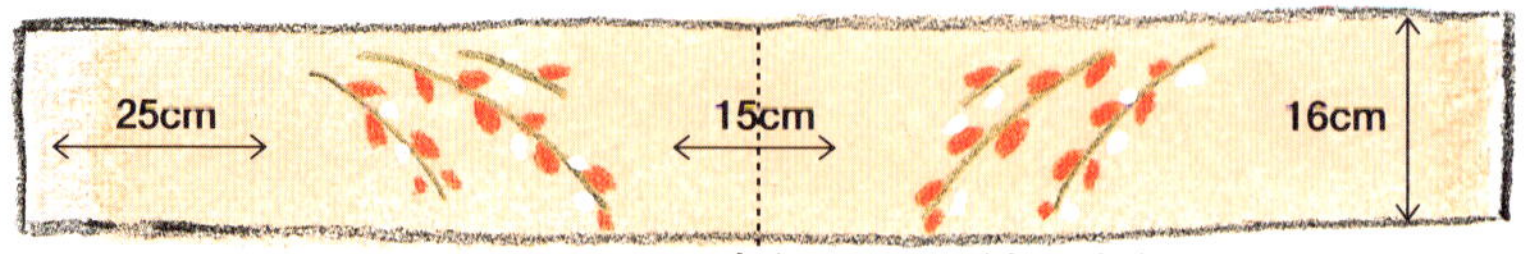
52cm
25cm
15cm
16cm
中心
絵柄は左右対称になります。

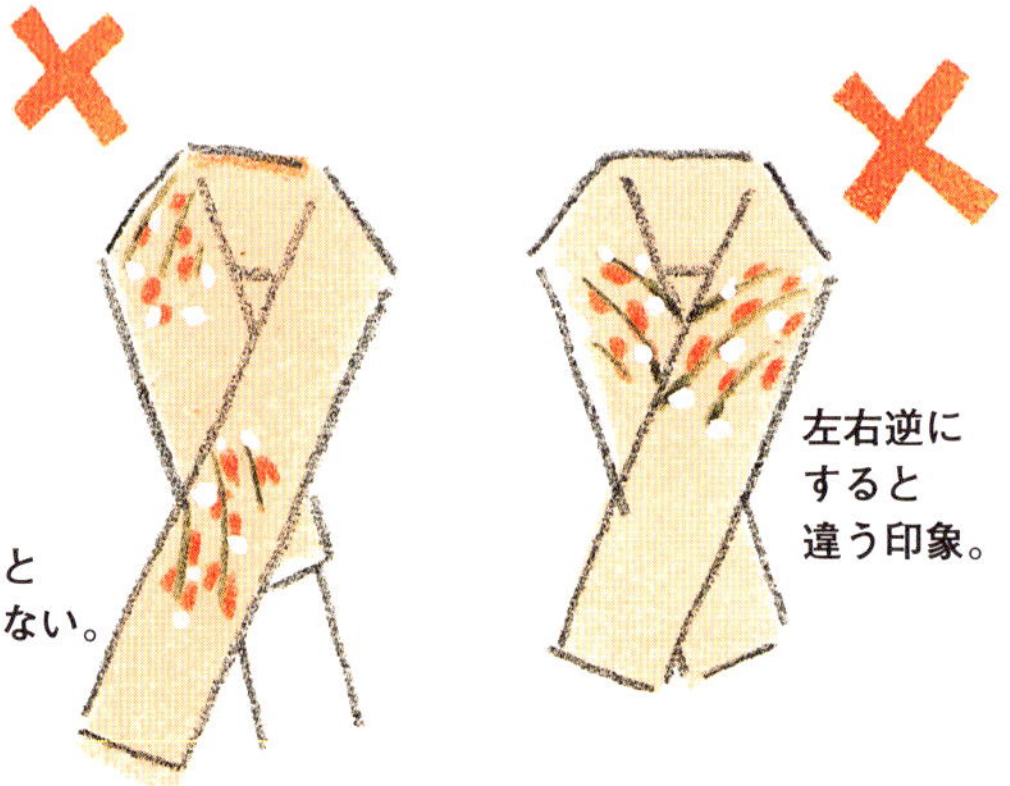
ちょっと変？
要注意
中心がずれると
柄が左右合わない。
左右逆に
すると
違う印象。

半衿は目につきやすいですね。注目されやすいぶん、季節感が出しやすいので、半衿作りに凝っています。

手芸品店に行くといろいろな絵柄の布が並んでいて、半衿にするとおもしろそうなものもたくさんあります。透けた布やレース模様なども夏に試してみたいです。

古代布のアンティークショップに行くと、昭和初期のおもしろ絵柄の端切れを売っています。現代にないレトロな色と形が魅力です。昔のものだから、ほぼ全て一点物。半衿や帯揚げにする方も多いそうです。

半衿作りは楽しいですよ。七草粥《ななくさがゆ》の日には、春の七草の模様をステンシル。海老蔵《えびぞう》襲名《しゅうめい》のときには伊勢エビが網の上で踊っているししゅう。寄席《よせ》に行くときには「大入り」のポチ袋や扇子、野球観戦には竹藪に虎、金魚柄のバッグを持つときにはお揃いの金魚の半衿、という具合。気分を盛り上げて出かけます。

端の始末

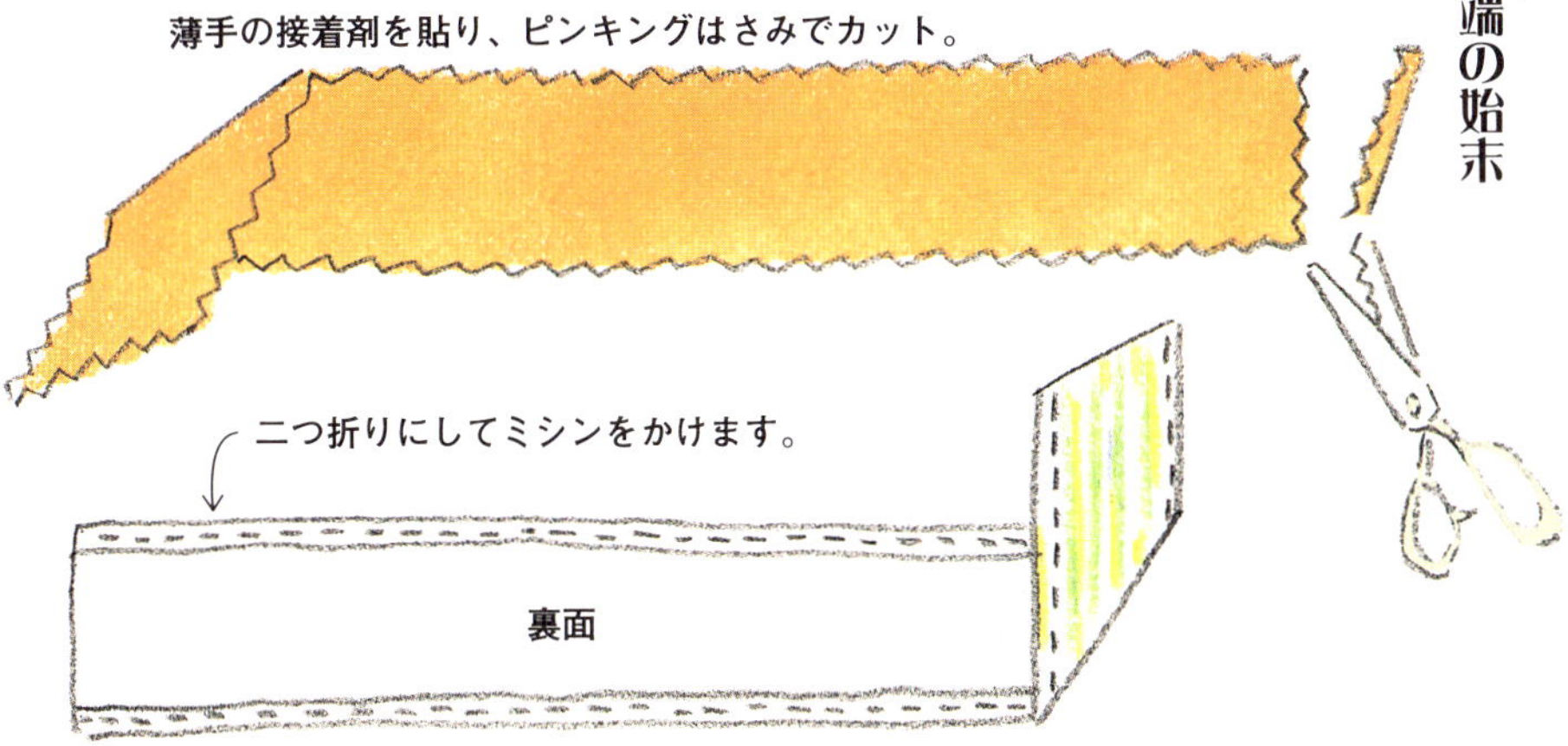

薄手の接着剤を貼り、ピンキングはさみでカット。
二つ折りにしてミシンをかけます。
裏面

どんな半えりを作りましょう？

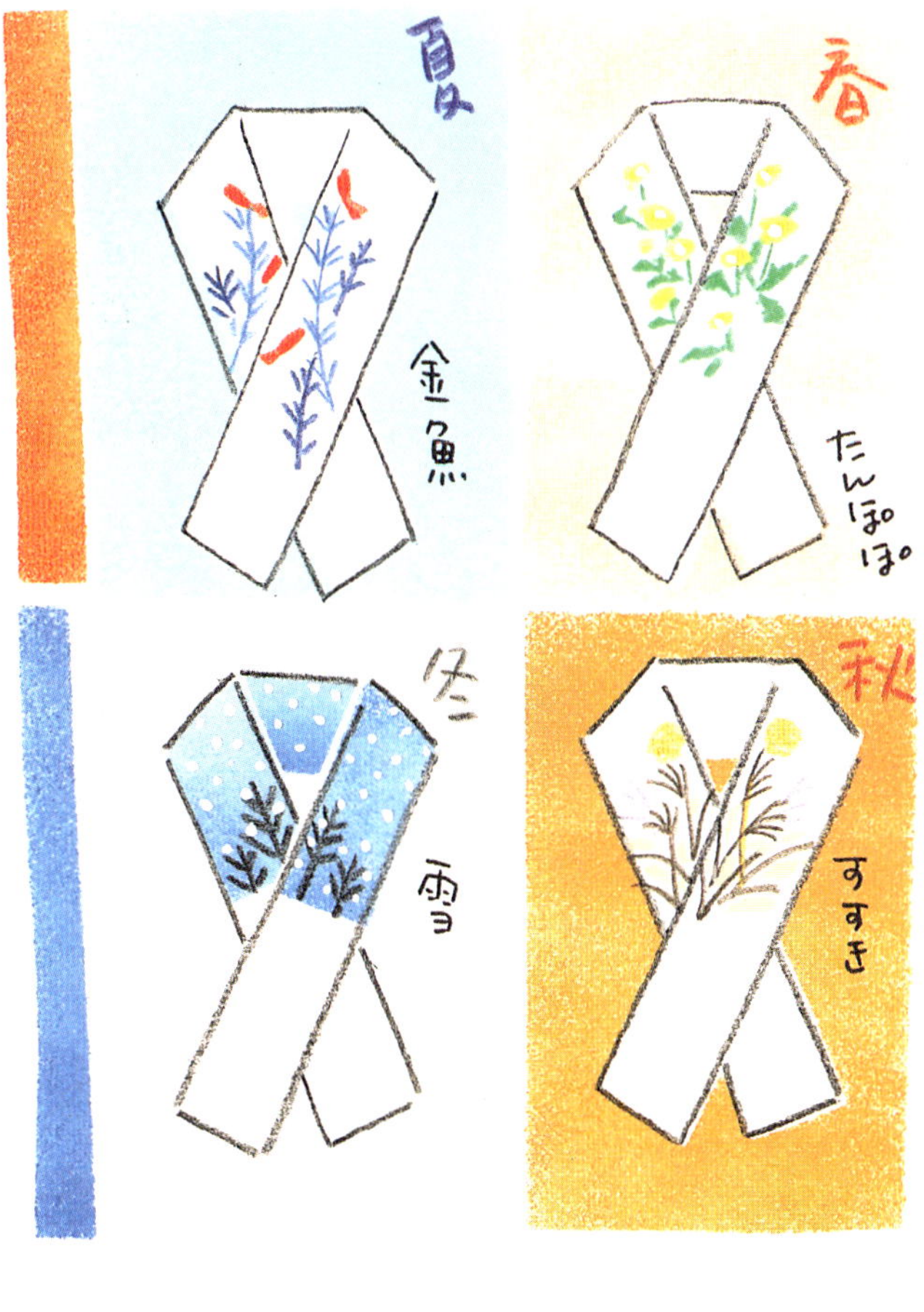

夏
金魚
春
たんぽぽ
冬
雪
秋
すすき

ネルやガーゼなどいろいろな布を使って質感を楽しみましょう

洋服にも合う。手作りの着物用バッグ

同じものが作りたくて
本に載っていた
取手を取り寄せました
皮の細ひも
貝ビーズの質感が
好きで、よく使います

着物生活に入る前は、ショルダーバッグを持っていたのですが、今ではすっかり出番がなくなりました。着物に合うバッグが欲しいのですが、これがなかなか難しい。

昔からの着物バッグは、堅くて角がかっちりしています。あまり中身が入らないので、このタイプのバッグを持っている人は、もう一回り大きな四角いショッピングバッグをセットで持っていることが多いです。

布の巾着《きんちゃく》や、持ち手が竹の輪のバッグはとてもカジュアル。気が張らないのはいいけれど、ちょっと気取りたいときには持ちにくいような……。しっくりきません。

そんなとき下田直子さんの『きものｂ《バ》ａ《ッ》ｇ《グ》がほしい』（文化出版局）という本を見つけました。今の着物生活になじみそうな、すてきなバッグばかり。さっそくこの本を手本に、着物バッグを作り始めました。

季節に合ったバッグができて、外出が楽しくなりました。

クロスステッチ
初挑戦
たっぷり
入ります
ビーズ

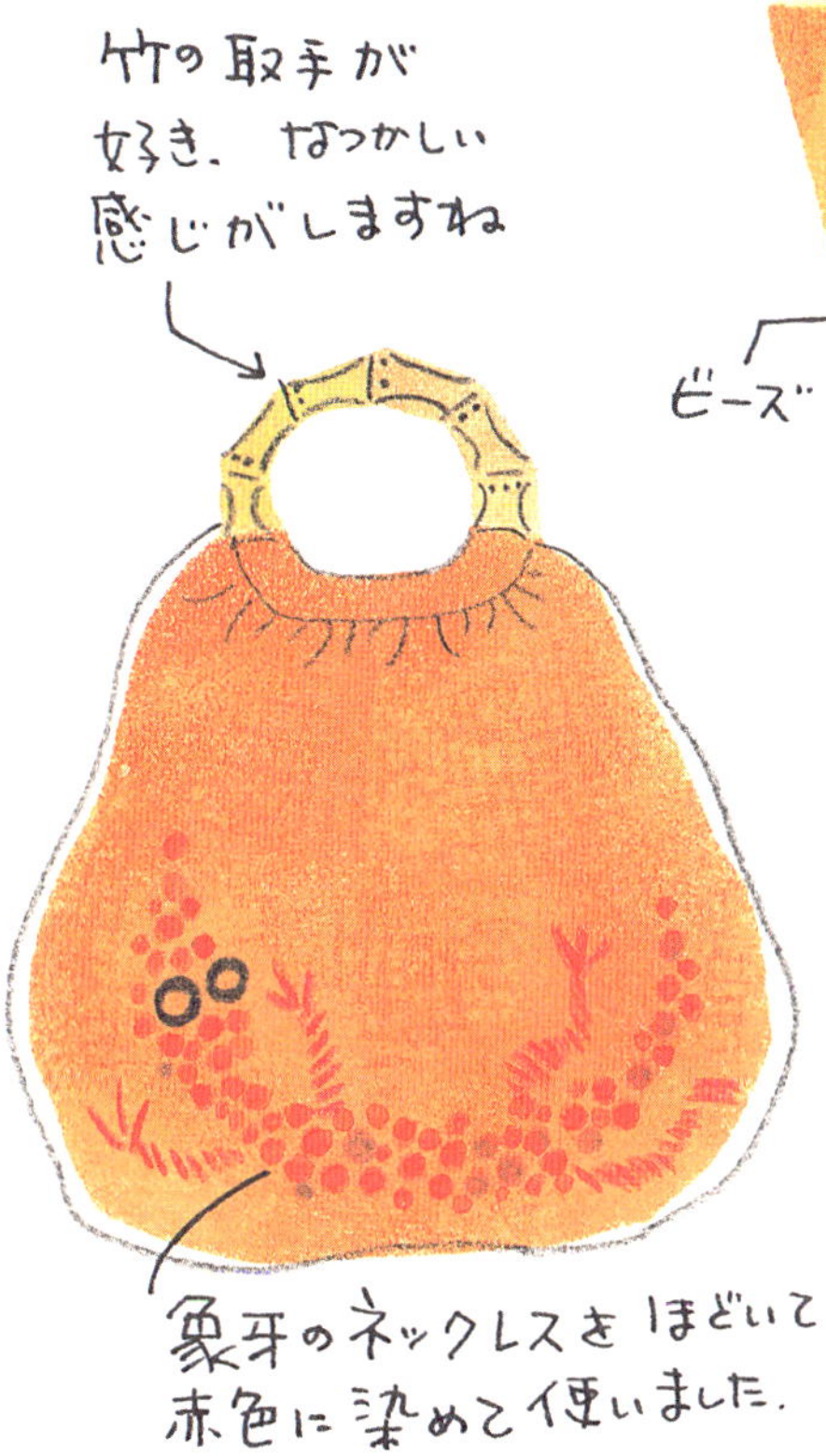
竹の取手が
好き、なつかしい
感じがしますね
象牙のネックレスをほどいて
赤色に染めて使いました。

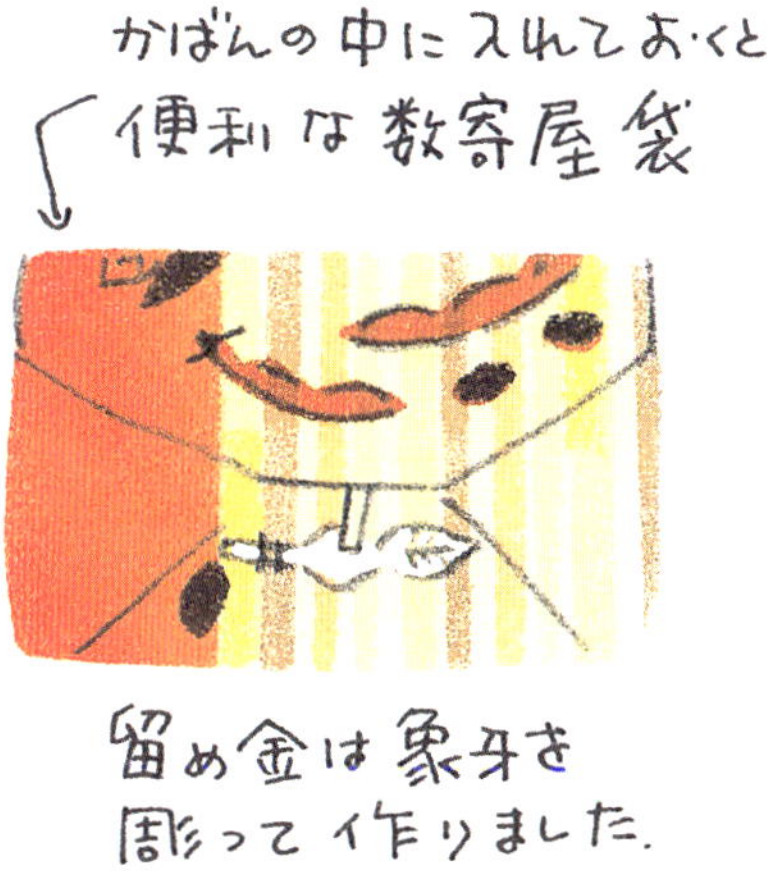
かばんの中に入れておくと
便利な数寄屋袋
留め金は象牙を
彫って作りました。

こぼれ話

着物ブームで注目の銘仙

銘仙はもともと絹のくず糸で織った普段着。明治、大正、昭和初期に流行しましたが、ポップで大胆な柄が多く、今の時代にぴったり（写真の銘仙は地味目です）。

一時生産されなくなり、また作られ始めましたが、昔の銘仙には独特の風合いがあります。だからなおさら人気があるのかな。

実際に作ったバッグをホームページで紹介しています。（176ページ参照）

納得。帯締めを注文で作ってもらう

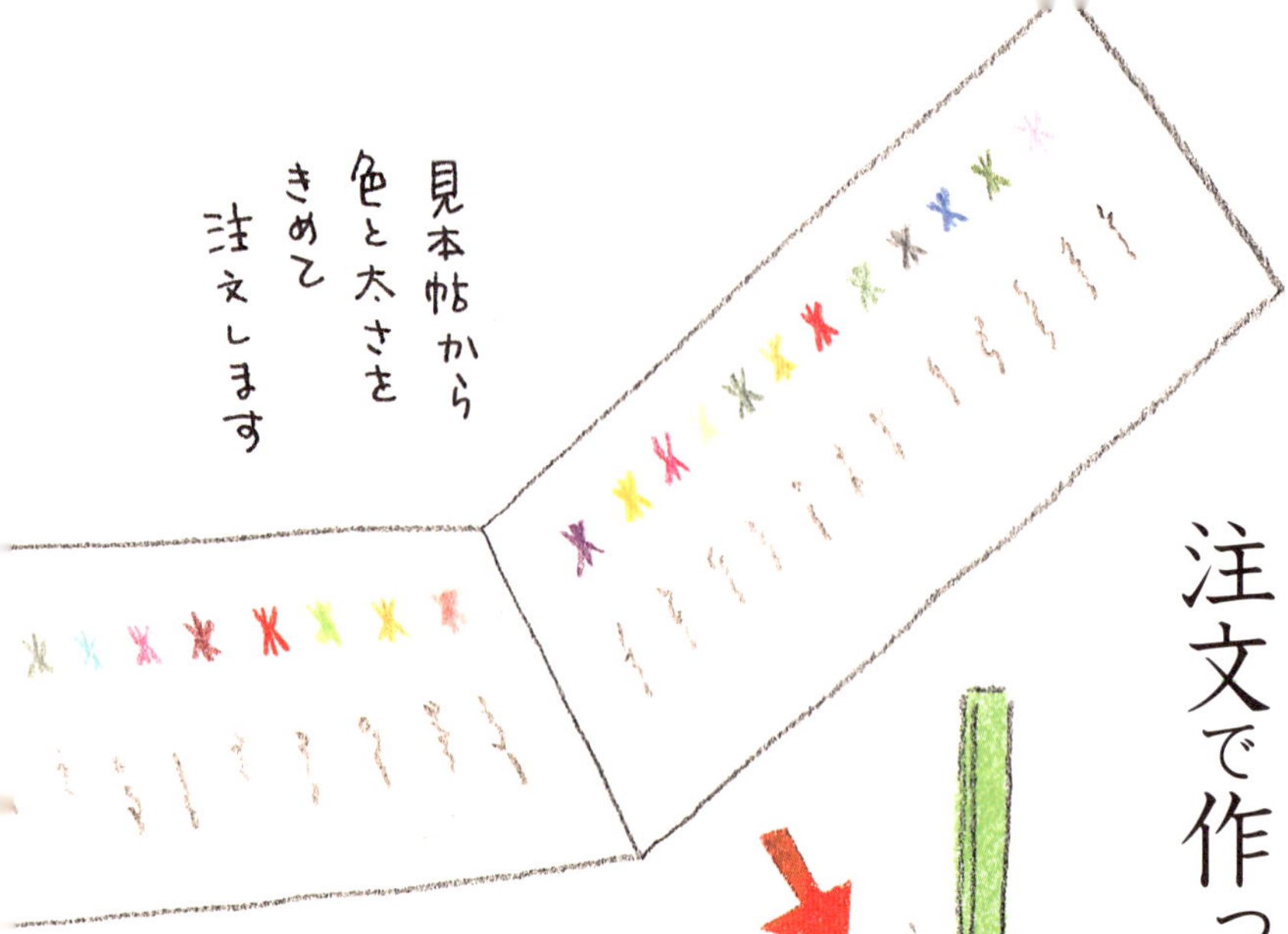
見本帖から色と太さをきめて注文します

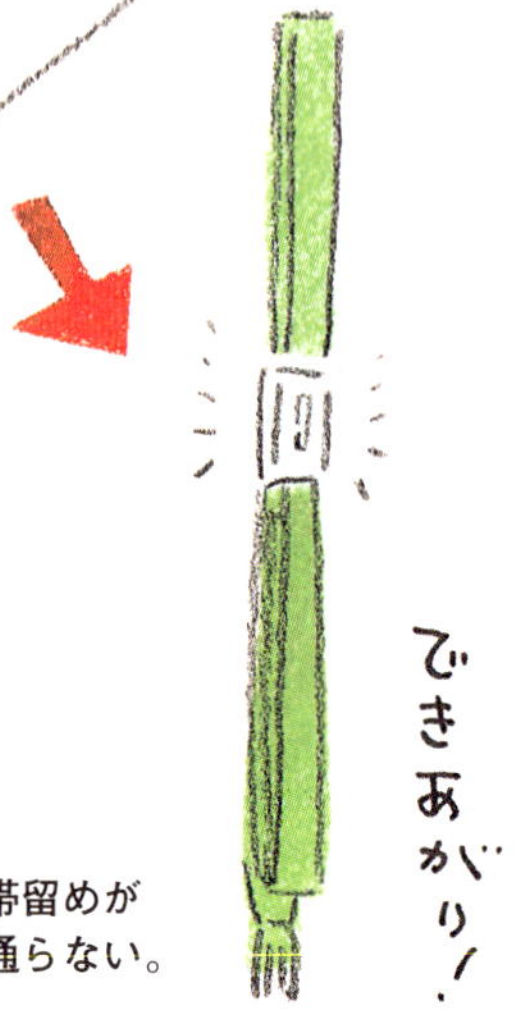
できあがり!

思い切って合うサイズに帯締めを作りますか。

気に入って買った帯留めが手持ちの帯締めに通らない。

アンティークの帯留めを手に入れました。繊細なベネチアングラス。裏の金具のひもを通す部分は薄くて、手持ちの帯締めでは通りません。

合う帯締めがないなら作ってしまいましょうと、オーダーすることにしました。

着物屋さんは帯締めの見本帖を持っていて、それを元に注文することができます。何色もあるなかから、色と幅を決めて注文します。どの色も日本の渋くて優しい色合いで、どれにしようか迷ってしまいます。選んだのは茶系、緑色、黄金色の三本。

数週間後きっちりと仕上がった帯締めが届きました。きゅっと締まり、しっくりと帯に収まりました。一見派手かなと思った黄金色は、不思議と調和のとれた利かせ色となり、どんな帯にも合います。

しょっちゅう使っていたら、柔らかくなってきたので、再度同じ黄金色で帯締めを作ってもらいました。

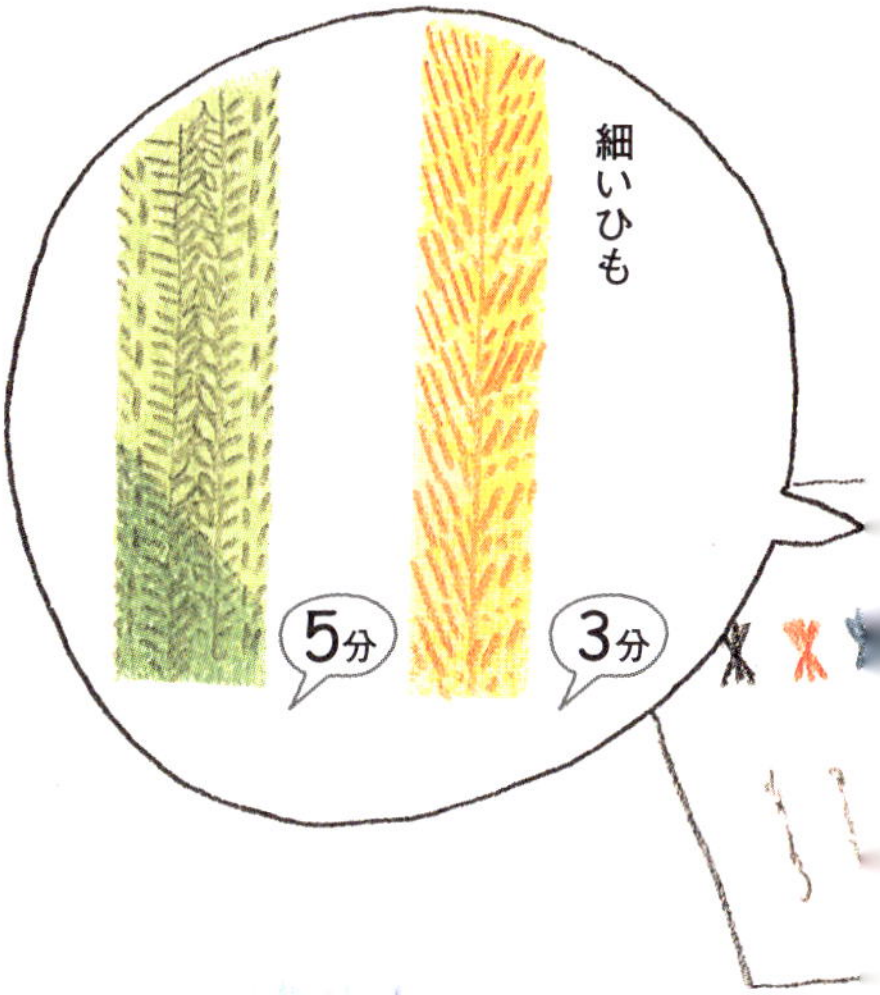
細いひも
3分
5分

ほかにもいろいろな織り方があります。

細かい文様
表裏で文様が違う
カラフルな糸を使っている
文様が織り込まれている
太めの糸で編んである
夏用の透かし入り
ところどころ金糸が入っている

役立情報

帯締めの使い分け

金銀のキラキラしたものや、太いものは華やかな席に。左から、結婚式用、振袖用、正装からよそ行き用（二本）、よそ行きにも普段用にも（五本）、喪服用。

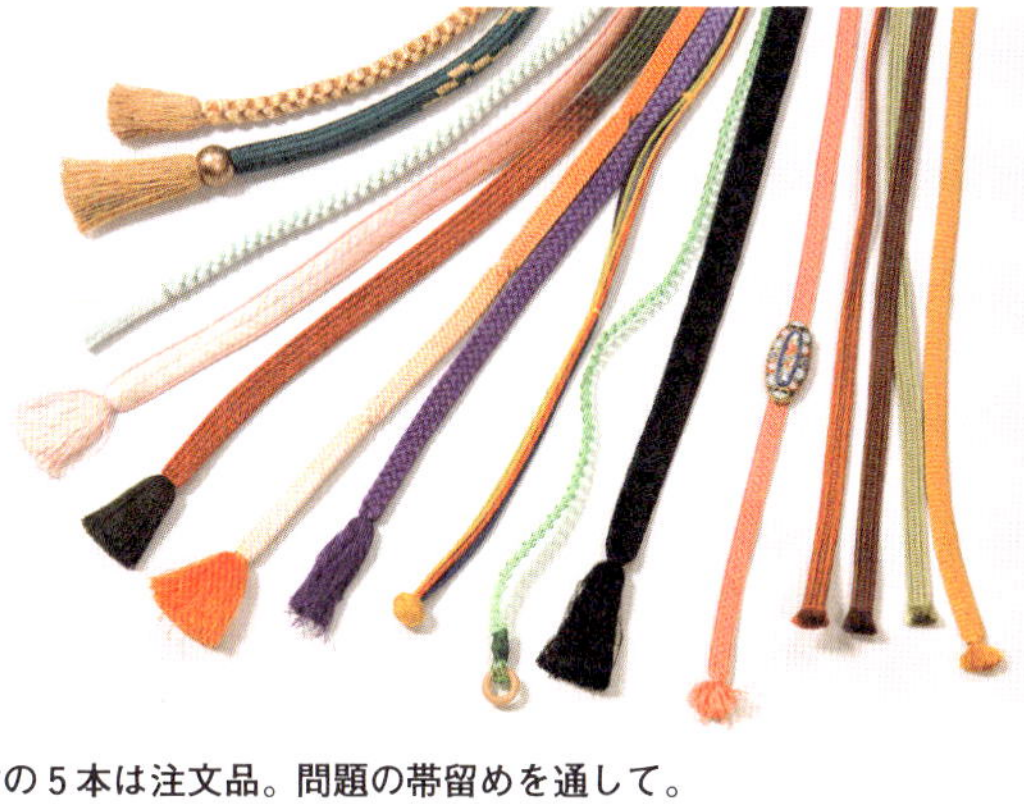

右の５本は注文品。問題の帯留めを通して。

意外にいいかも。鼻緒やぞうりのオーダー

ぞうり作り

おもしろい柄の古布を見つけたら、ぞうりにしてみませんか?

布の大きさが
40cm×60cmのものが
2枚あれば、
ぞうりが作れます。

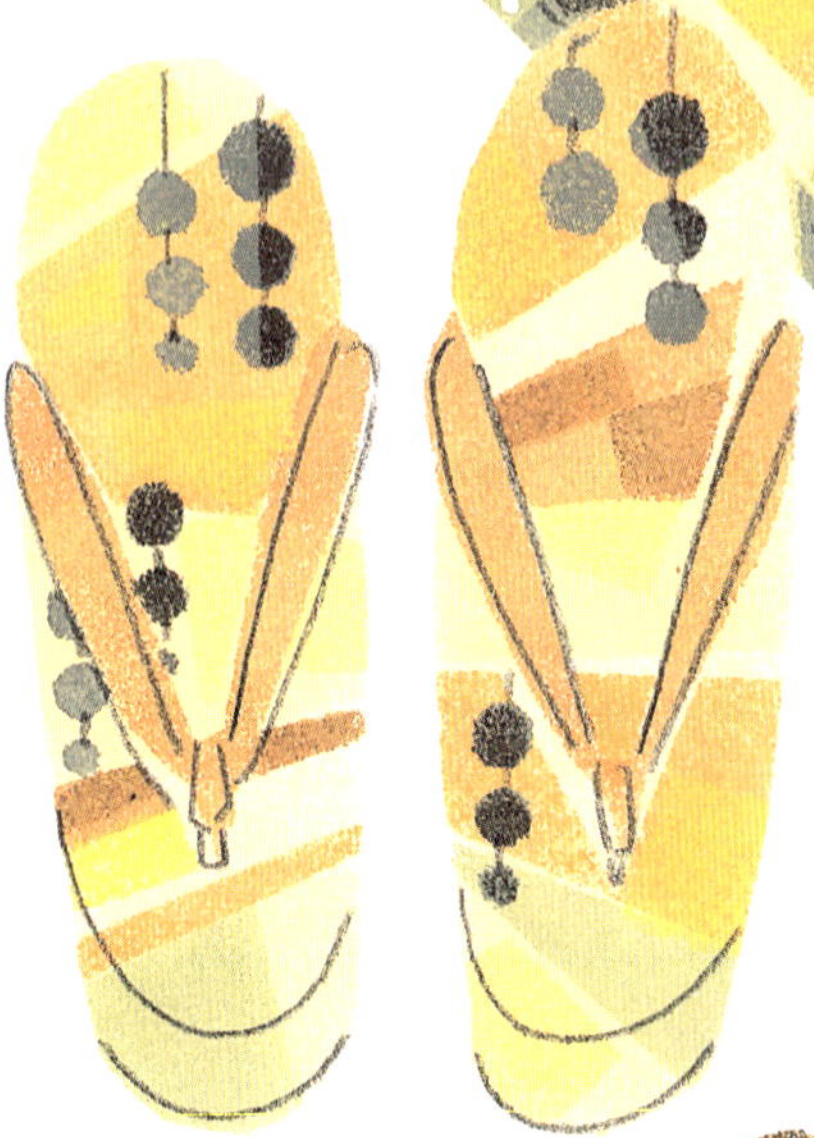

世界でひとつ!

布に絵を描いて
ぞうりに作ることも
できます。

鼻緒作り

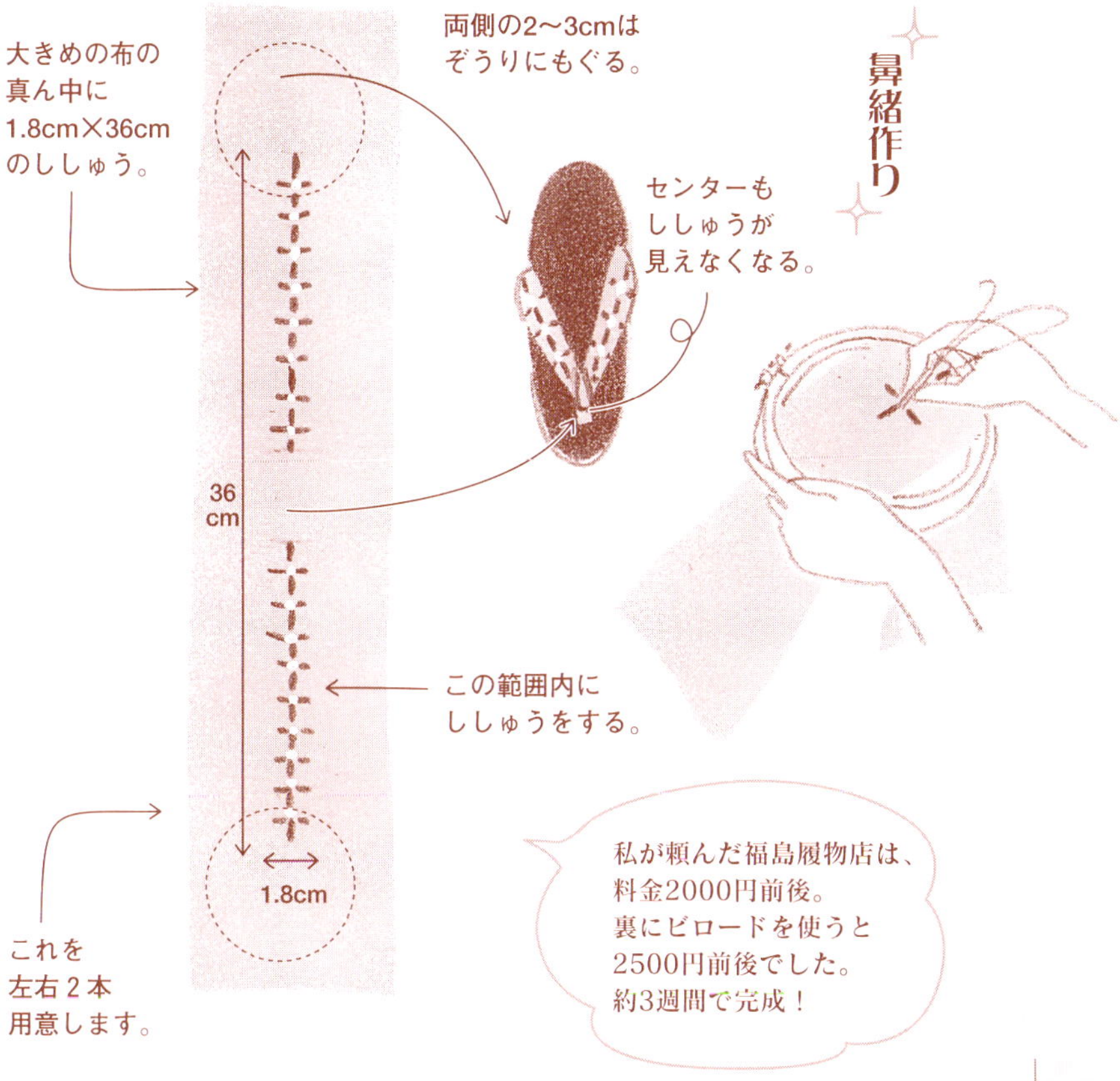
大きめの布の
真ん中に
1.8cm×36cm
のししゅう。
両側の2〜3cmは
ぞうりにもぐる。
センターも
ししゅうが
見えなくなる。
36
cm
この範囲内に
ししゅうをする。
1.8cm
これを
左右２本
用意します。
私が頼んだ福島履物店は、
料金2000円前後。
裏にビロードを使うと
2500円前後でした。
約3週間で完成！

着物人気のおかげか、はきものの種類も一気に増えた感じで、見て選ぶ楽しさが増えました。古いと思われがちな着物の世界ですが、新鮮な感覚が入る余地が、まだまだたくさんあるようです。

先日インターネットで、おもしろいはきもの屋さん発見。好きな布を持っていけば鼻緒が作れます。もちろんその鼻緒を使って、お店で売っているぞうりや下駄に合わせてすげることもできます。たとえば好きな生地、思い出の生地、自分でししゅうした生地も鼻緒になります。言葉や名前をアルファベットでししゅうして入れるのも、おもしろいかもしれません。

さらに、好きな布をビニールコーティングしてぞうりに作ってくれるサービスもあるとか。値段も普通のぞうりよりも少し高い程度です。布に絵を描いてオリジナルぞうりを作るのもしゃれていますよね！　着物好き＆手作り好きの心が騒ぎます。

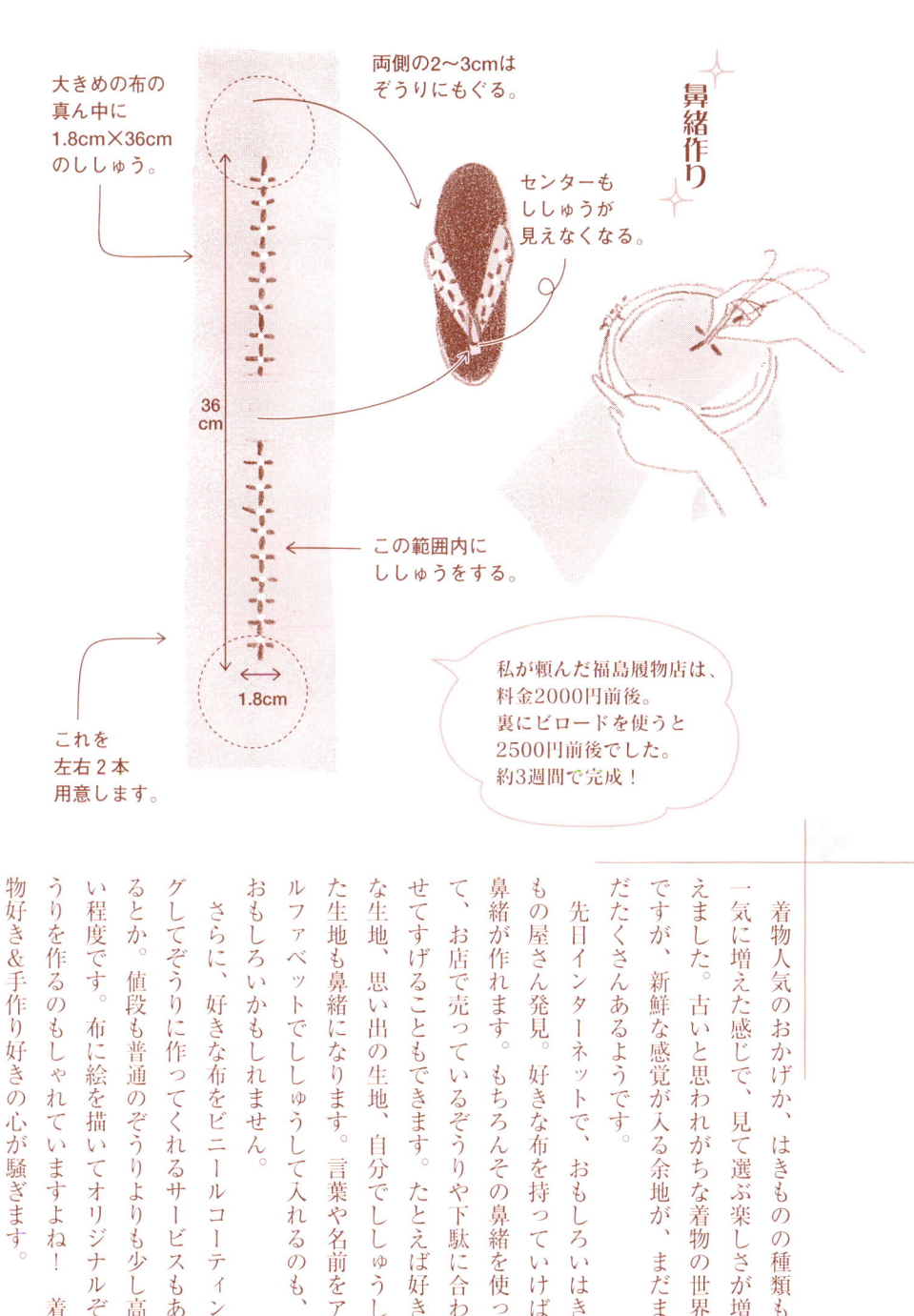

布を選んで、足袋を注文する

　足にぴったりフィットした足袋に憧れて銀座の老舗《しにせ》足袋屋さんに出かけたのですが、職人の方が高齢で最近やめてしまったので今はオーダーを受けていないとのことで、ちょっとがっかり。もう足袋の木型から作ってくれる所はないのでしょうか。

　人づてやネットで調べてみたら、木型から、というのではないのですが、好きな生地から足袋を作ってくれるお店を見つけました。お店に行かなくても生地を送れば足袋にしてくれるそうです。世界にたった一つの足袋なんていいですよね。

　こはぜに名前を入れることもオプションでできるので、プレゼントにもいいみたい。このお店には柄足袋の種類がたくさんあるので、気に入った足袋が見つかりそう。なかでも惹《ひ》かれたのが夏のレース足袋。四色あるなかの、とくに青の裏地にレースの白を重ねてあるのは爽やかで涼しげで、即購入してしまいました。

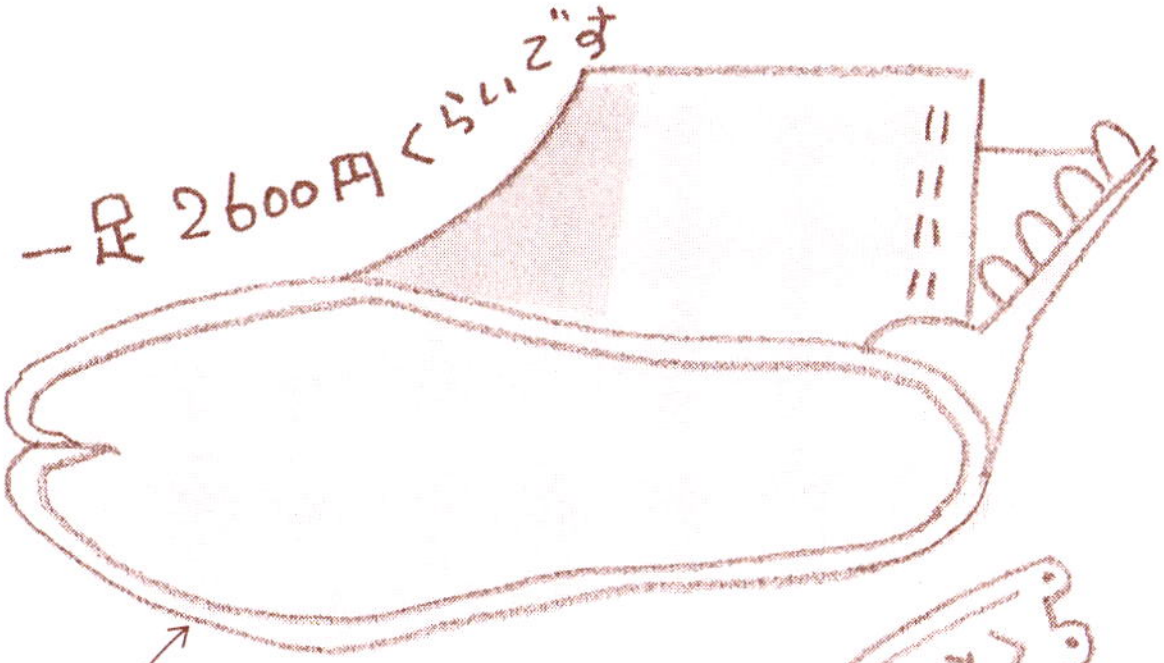
一足2600円くらいです

オーダーメイドだからできること

1
ぴったり
サイズ！

2

200円増

こはぜに名前が入れられる。
ひらがなで3文字。

名前を入れて
プレゼントに
いかがですか？

3
ネル裏の足袋に
することも可。

200円増

4
底は白、
黒選べる。

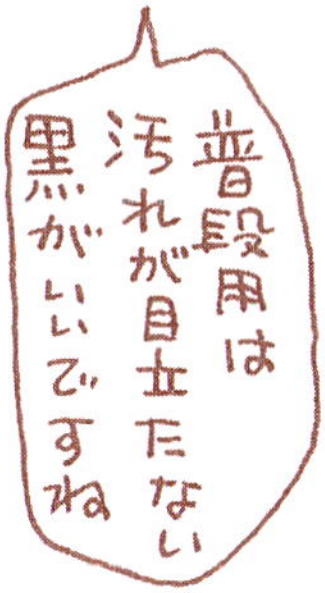
普段用は
汚れが目立たない
黒がいいですね

5
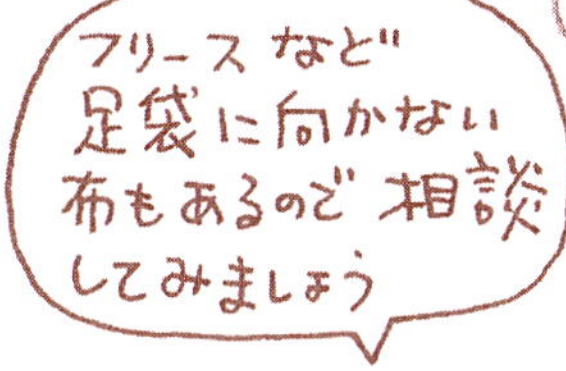
フリースなど
足袋に向かない
布もあるので相談
してみましょう

布の持ち込み可。
料金は変わりません。

6
大きい足袋（26cm以上）も
相談できます。

上記の料金は三鈴呉服店の例です。
注文先によって違いますので、確認してください。

足袋コレクション

写真の上にあるのが、今回購入した青の裏地のレース足袋です。右下の足袋は、大好きなすずめの柄をししゅうした布を送ってオーダーしたもの。色違いや柄の足袋もいろいろ揃えて楽しんでいます。

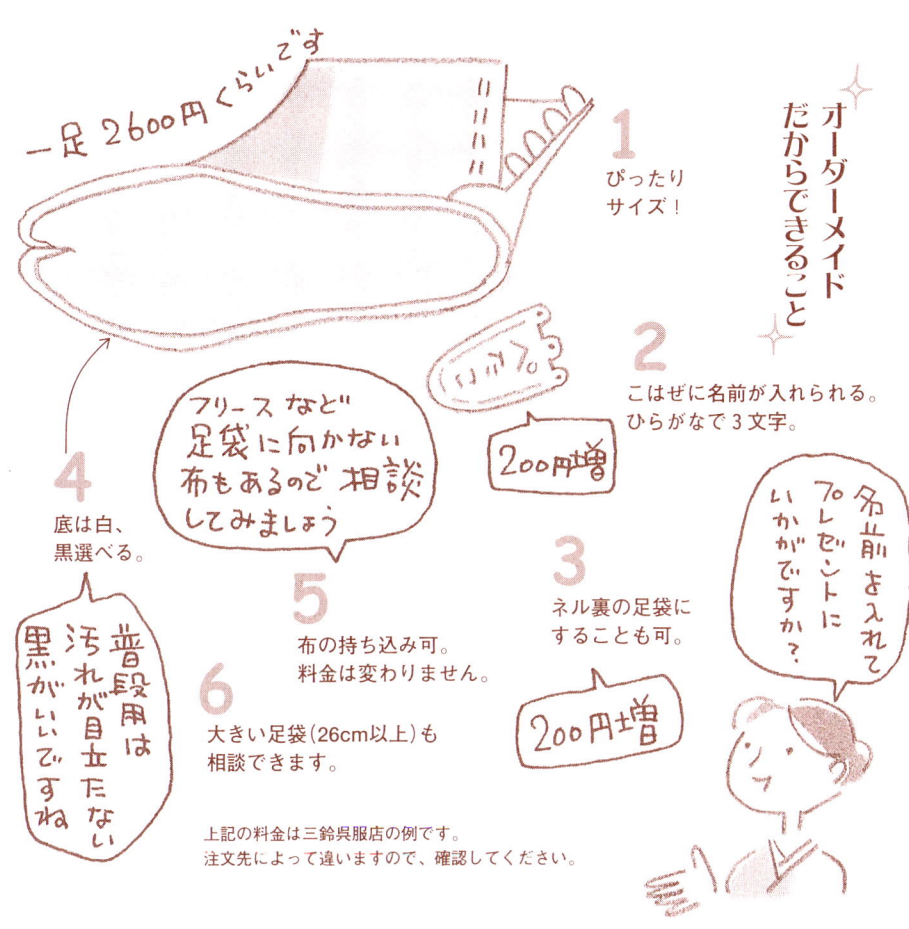

オーダー

着物と合わせた日傘なんて、すてき

90cm×２mの布で作れます。
共布でぞうりを作るのもいいですね。（160ページ参照）
骨や持ち手が丈夫な傘は布だけ貼り替えてもらいます。
残った布で爪皮を作りました。

夏の日射しを受け、毎日のように使っている日傘はだんだん色あせてきます。洗って大切に使っていても汚れが目立ってきたら、そろそろ買い替えましょうか。

気に入っている傘だし、骨はまだ大丈夫というのなら、布だけ張り替えませんか？お店にある布から好きな色を選びますが、好きな布を持ち込んで作ってもらうこともできます。雨ゴートと合わせたり、別ページで紹介した鼻緒やぞうりとお揃いの傘を作ってもしゃれていますね。

最近では紗や絽の着物や反物から日傘を作る方が多いとか。着物ブームということも関係して、和服からの傘作りは人気上昇中。できあがるまでに一か月ほどかかるところもあるそうです。

なお、和服地は三二センチ幅なので、骨の多いタイプの一六本傘を作ります。雨傘は防水加工代が入るので割高にしているお店が多いようです。

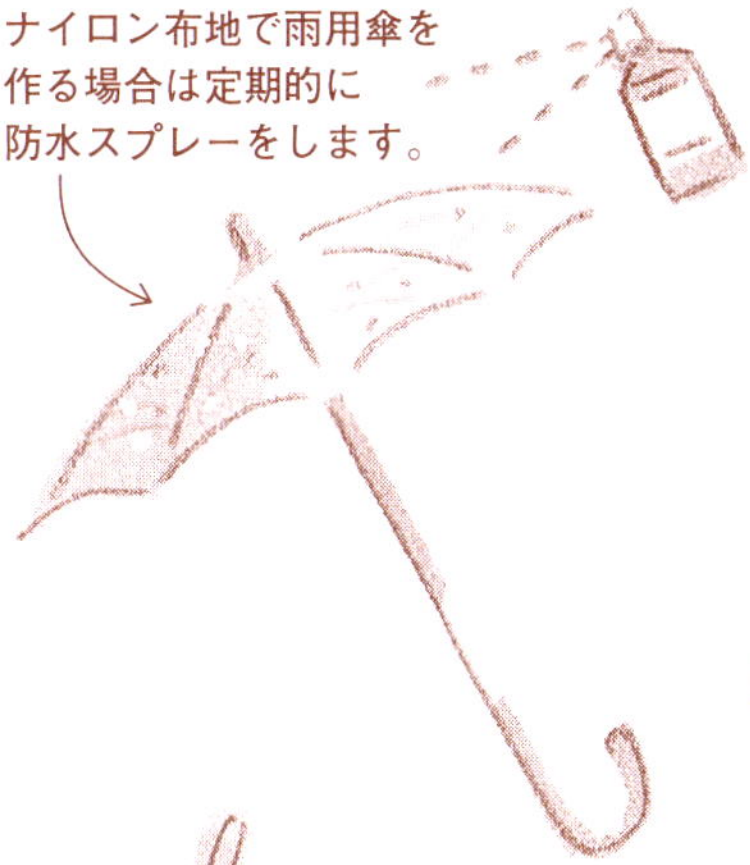
ナイロン布地で雨用傘を
作る場合は定期的に
防水スプレーをします。

浴衣の布で日傘を作ったり……。
いろいろ相談してみると
いいですね。

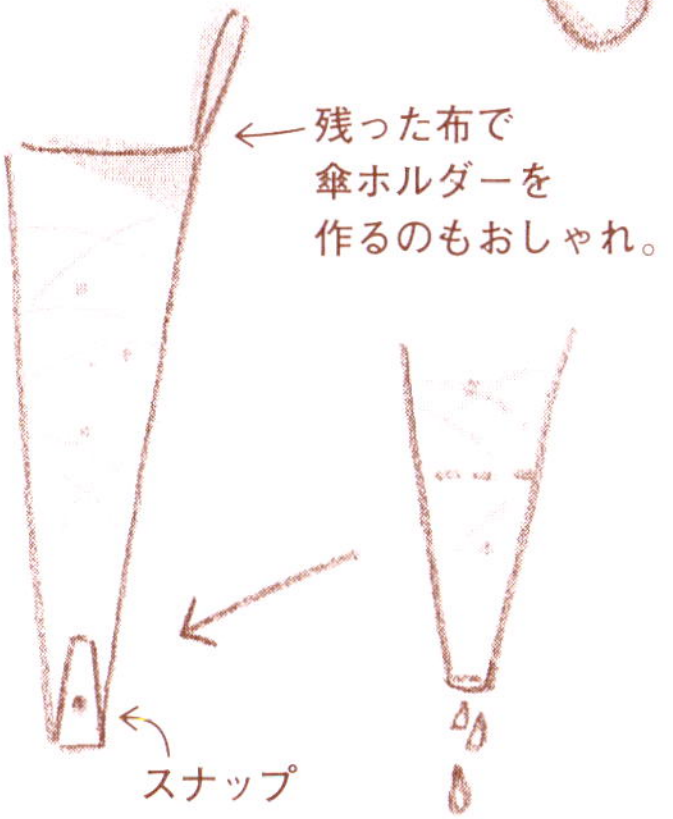
残った布で
傘ホルダーを
作るのもおしゃれ。
スナップ

日傘の注文は呉服店のほか、
手芸品店、通販、インターネット
でも見つけられます。
私はハマヲ洋傘店に頼みました。

役立情報

傘ホルダーの作り方

余った布を2つに折り、傘が入る部分と持ち手を縫い代を含めてカットします。

中表にして斜めにミシンをかけます。底はしずくを出せるように少しあけます。

底を折り上げ、大きめのスナップをつけます。持ち手をホルダーに縫い付けます。

オーダー

羽織の遊び紋はおしゃれで粋

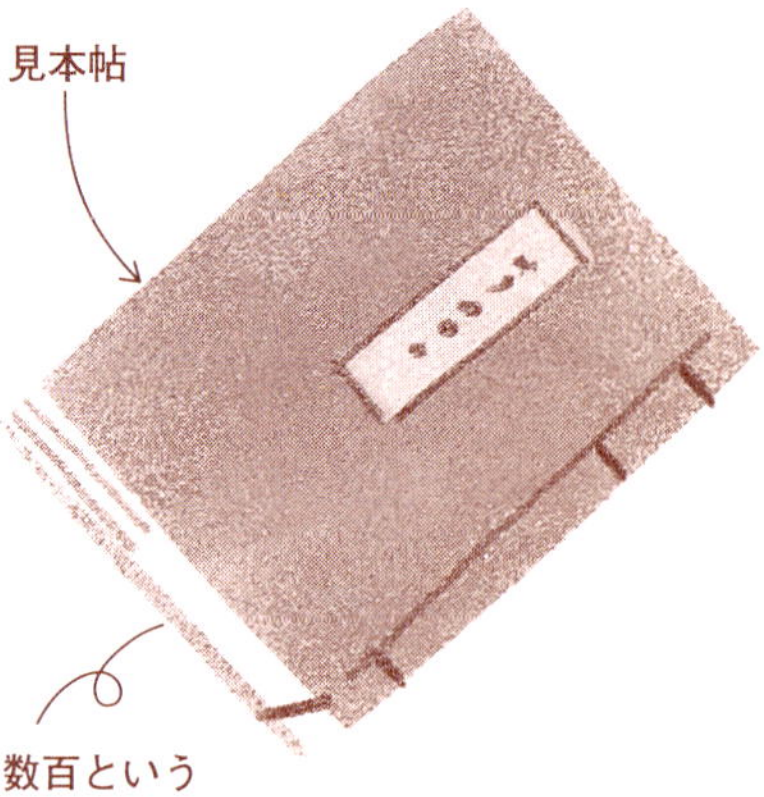
見本帖
数百という
見本が載っています。

無地の羽織に
ワンポイント
おしゃれ紋をつけて。

梅丸

留袖や色無地など、正式な場で着る着物には、家紋がついています。それとは別に、個人個人が自分の好きな模様を、遊び紋としてつける風習が、昔からあります。

おしゃれ着の羽織を作る機会があったら遊び紋をつけてみませんか?

無地の縮緬《ちりめん》など、色合いの良い羽織の背部分に、蝶や花や扇など個性的なワンポイントをつけると背中の表情が生まれます。

遊び紋の図柄は呉服屋さんに見本帖が置いてありますので、好きな紋を選んでもいいし、好きな紋を持参してししゅうしてもらうこともできます。

見本帖を見ると、昔の日本人の美的センスに脱帽。上に紹介した梅丸も、松竹梅の丸など、いろいろなパターンがあって、どれも、デザイン的にたいへん優れています。自分なりにアレンジして、フリンジをつけてもらったり、ビーズやパールをあしらってもらうのも楽しいかもしれません。

家紋をアレンジしたり
オリジナルを作っても
楽しそう♪
なみうさぎ
さわらび
ふくらすずめ
牡丹
扇文
ハスにカエル

役立情報

家紋の知識

自分の家の家紋を知っていますか？　せっかく日本古来の文化なのだから、楽しまなくては損。家紋の名前にもおもしろいものがいっぱい。家紋を見ると、自分のご先祖様のことが想像されます。ずっと、この家紋をつけてきたのかな。

一番正式なのは、背中、胸、袖の五か所につける染め抜き（日なた紋）の五つ紋。三つ紋にしたり、色無地や訪問着には背中だけの一つ紋にすることも。陰紋《かげもん》はやや略式になります。

一つでも家紋を入れておけば正装になりますから、着て行かれる範囲が広がります。先に紹介した遊び紋は、家紋とは別。まったく正式なものではありません。

染め抜き紋（日なた紋）

染め抜き紋（陰紋）

下着作り

アジアの布で涼しい裾よけを作る

暑い国で使われる布は
薄く
風を通し
洗っても すぐ乾く。
この布で 襦袢を作ったら
いいんじゃない？
インドのサリー
ミャンマーのロンジー

パレオやバティックなどアジアの布は、暑い季節に向いています。肌触りが良く、たっぷり汗を吸います。薄手ですから、洗ってもすぐ乾きます。この布を使って夏の裾よけを作ってみました。

私が持っているのは、バリで買った布とミャンマーのロンジーの布。共にストールにできるくらい薄手の綿で、裾に模様が入っています。初夏や秋の暑さの残るシーズンに着ると具合が良さそうです。

アジアの布は色も鮮やかで、着物に合わせると意外性があっておもしろいですね。シンプルな渋い着物に合わせてみようかな。布を広げて、しばし楽しい想像にふけってしまいます。170ページで紹介するような、うそつき袖を何枚も作っておくのもいいかもしれません。

表からは見えませんが、自分だけが知っている内側のおしゃれ。着心地だけでなく、気分も軽くなりそうです。

旅行や
アジアンフェアで
買ったバティック・や
サリーは、夏のカーテンや
テーブルクロスなどに活用して
いましたが、襦袢にするのも
アリ！ですね

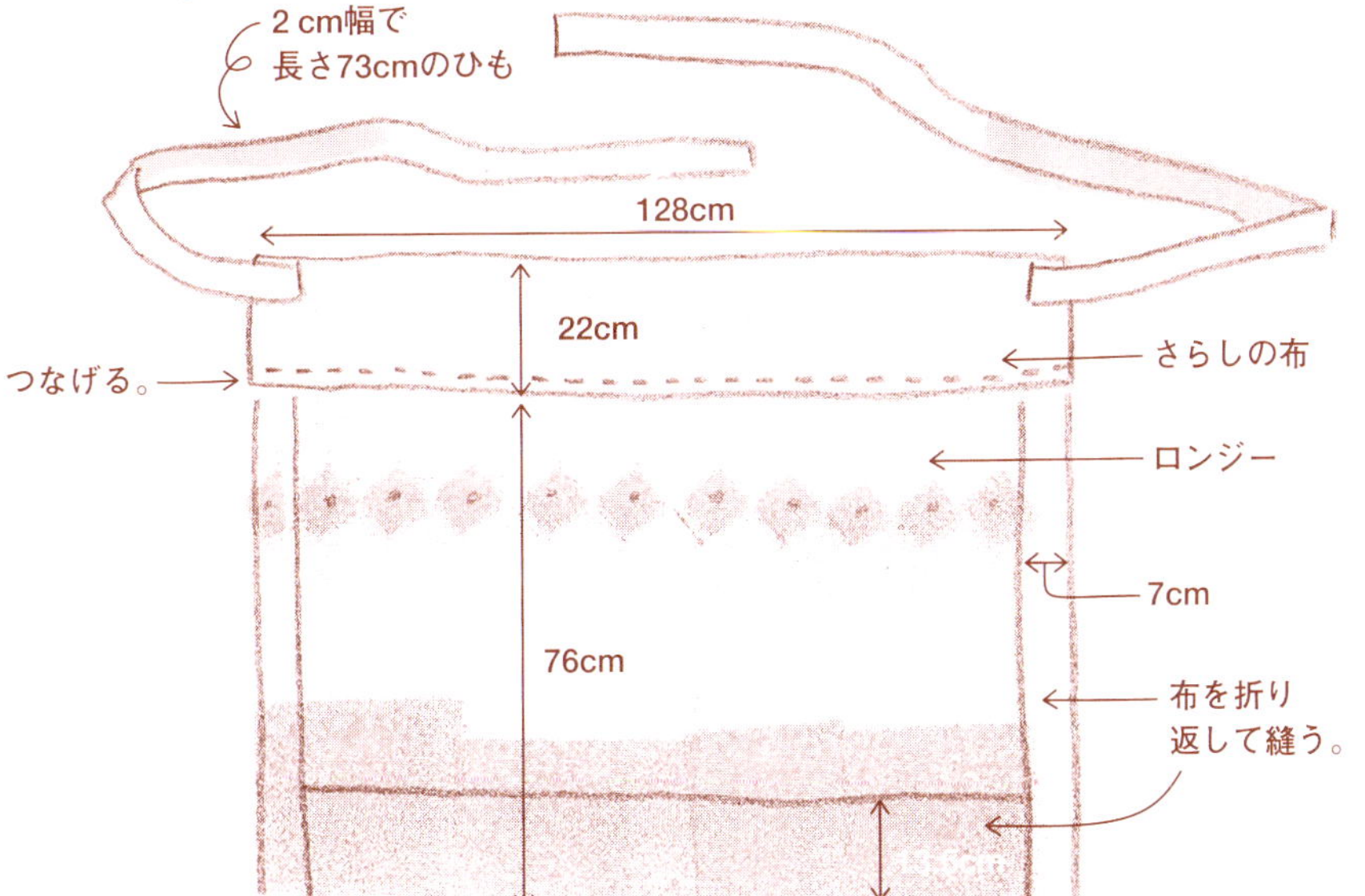
2 cm幅で
長さ73cmのひも
128cm
22cm
さらしの布
つなげる。
ロンジー
7cm
76cm
布を折り
返して縫う。

便利な「うそつき袖」を作る

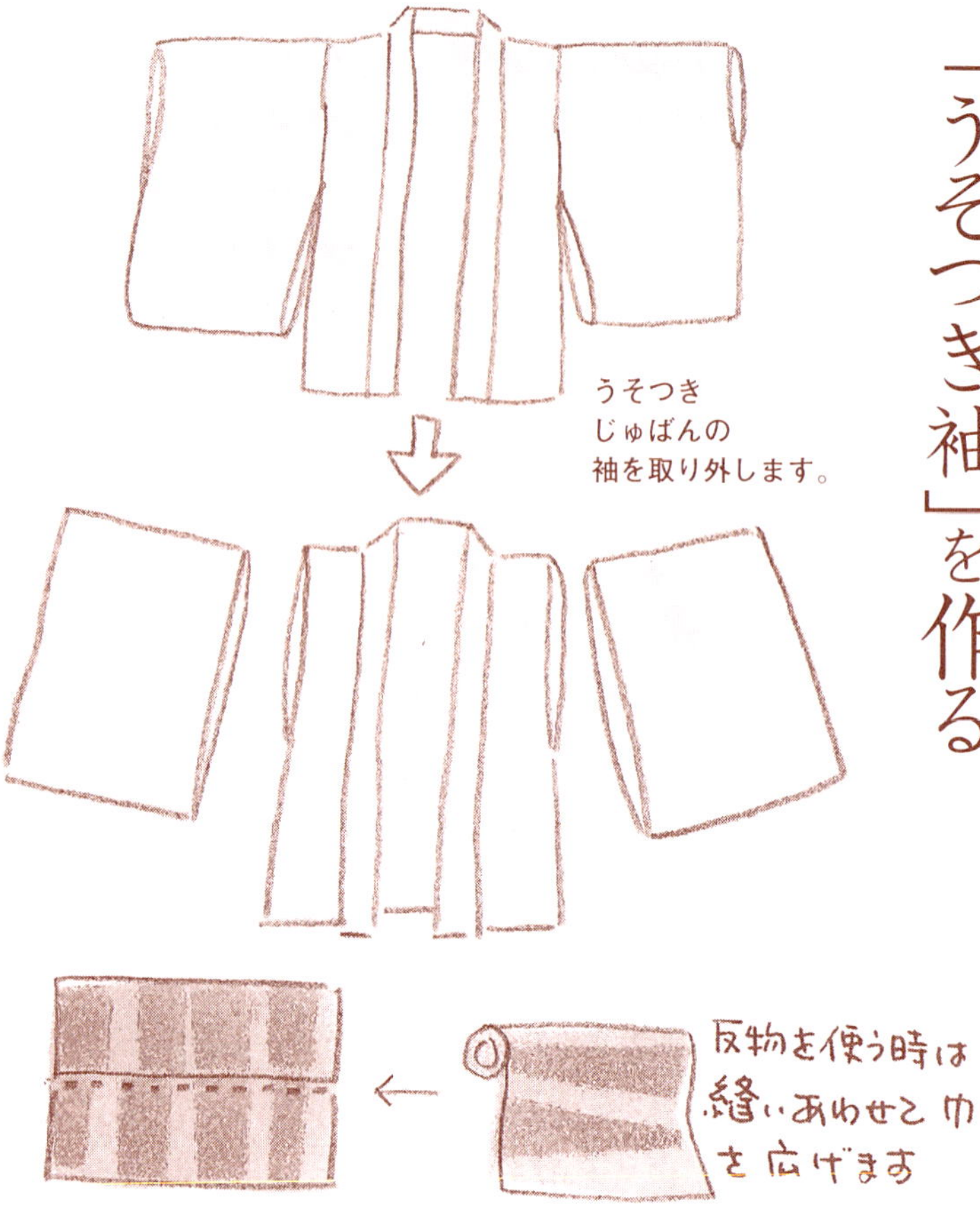
うそつき
じゅばんの
袖を取り外します。
反物を使う時は
縫いあわせて巾
を広げます

袖口からじゅばんの色がちらっと見えるのって好き。思いがけない渋い色だったり、鮮やかな緋色《ひいろ》だったり。着物の色とぴったり合っていると、センスいいなあと思います。でも着物に合わせてじゅばんの色を替えるのはたいへんです。

そこで考えました。じゅばんの袖だけうそつきにしてしまえば便利です。

好きな柄の袖をつくり、マジックテープを四か所につけておきます。うそつきじゅばんの肩にもマジックテープをつけます。これで取り外しができます。夏用にレース袖も同様に作っておきます。

もっと手を省く方法は、着物の袖に直接、じゅばんの袖を縫いつけてしまう方法です。じゅばんの袖を着物の袖の内側の縫い代に沿って縫いつけておきます。このときに着るうそつきは、袖なしの状態になっています。これでいつでもぴったり合ったじゅばんを着ているように見えますね。

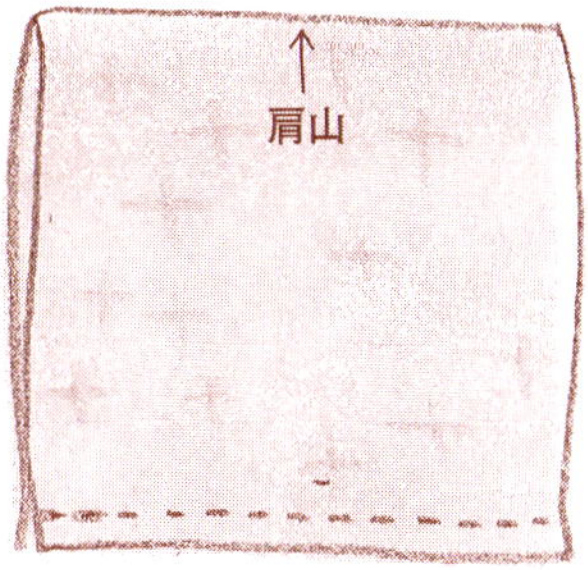
肩山

①
肩山で
２つ折りにして
縫い合わせる。

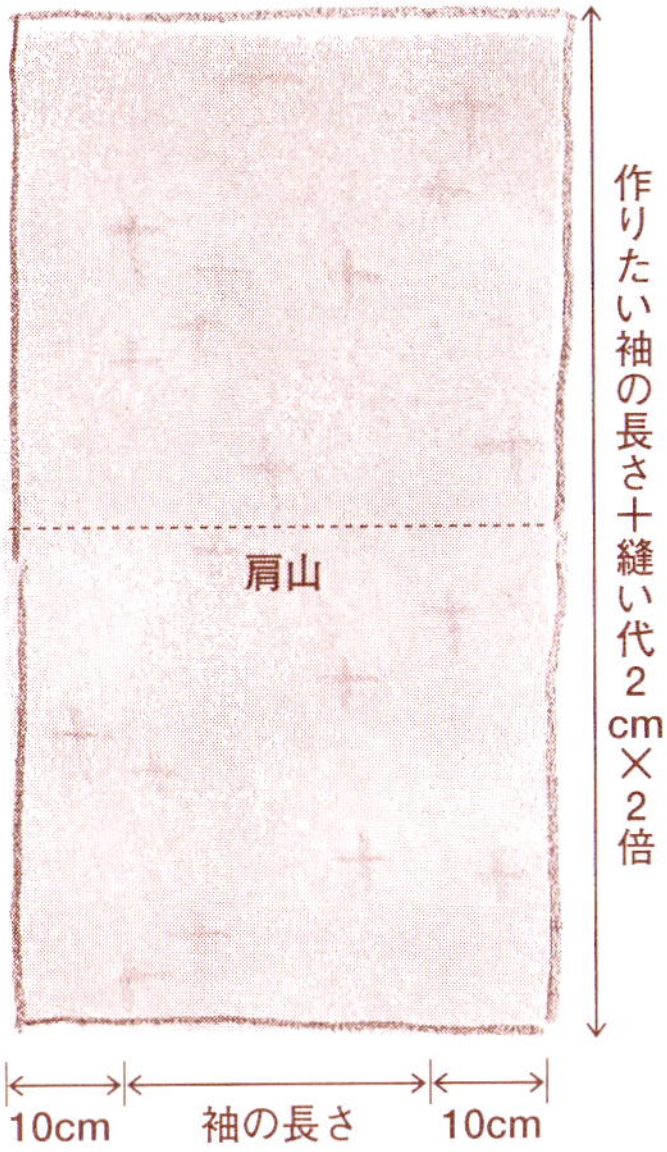
作りたい袖の長さ＋縫い代２cm×２倍
肩山
10cm
袖の長さ
10cm

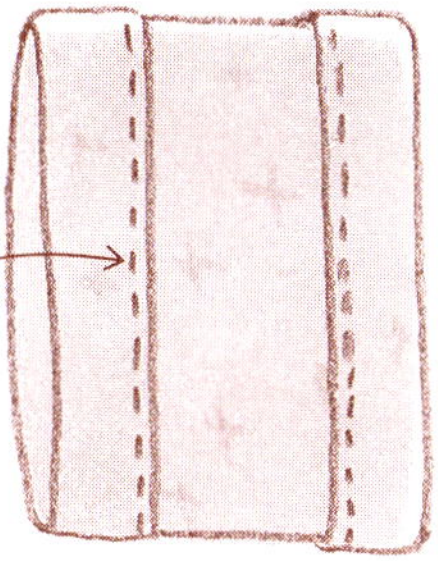

②
両側10cmを
折って縫う。

端を内側に
1cm折って
縫う。

裏返す。

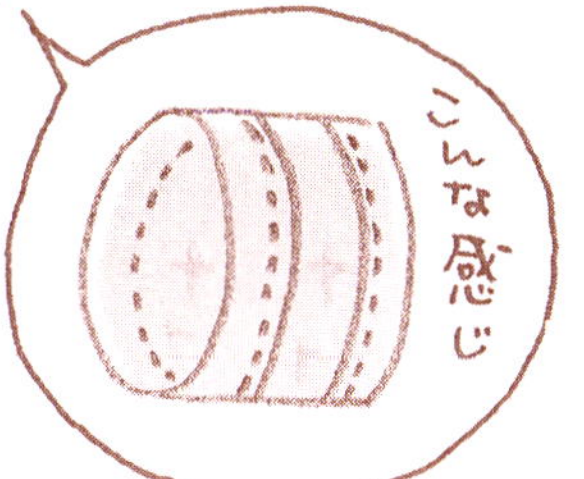
こんな感じ

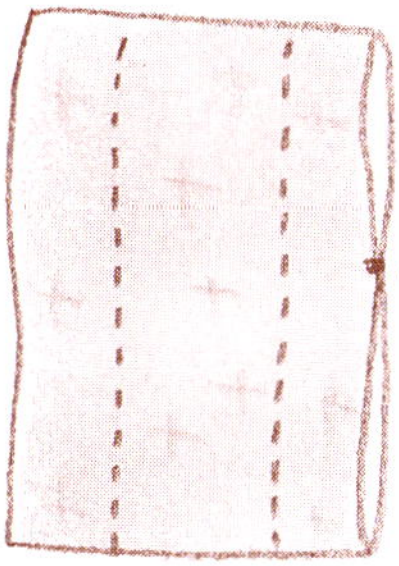

③

そで口を
1か所糸で
かがっておく。

④

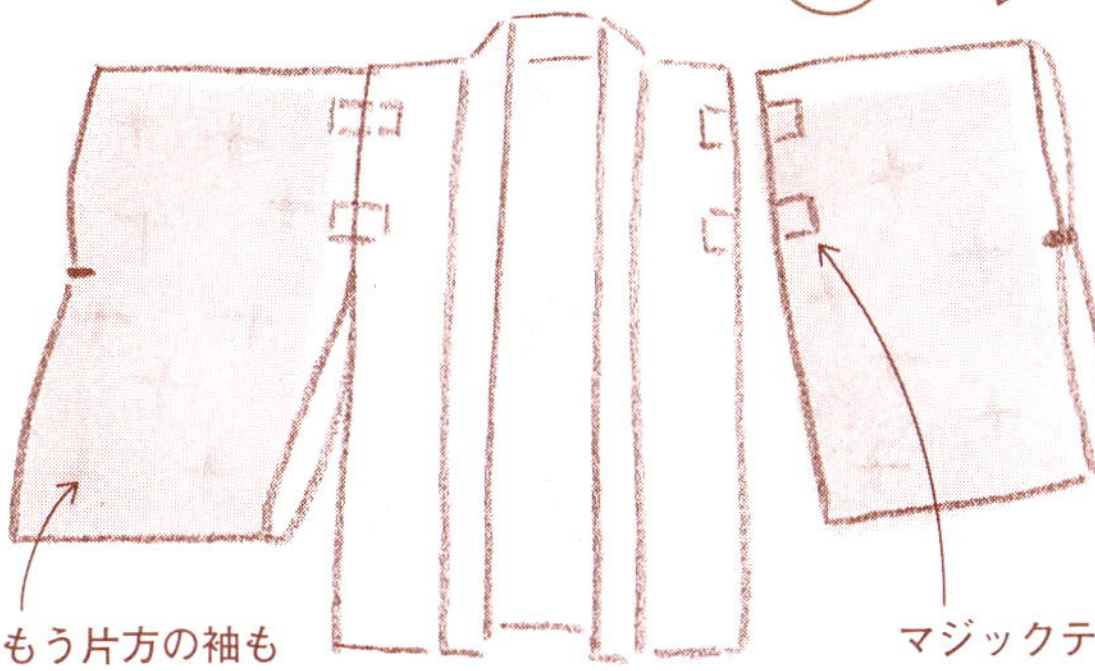

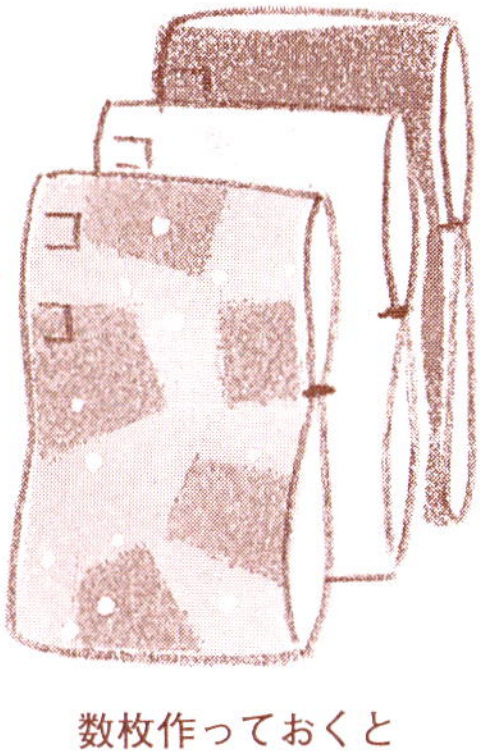

数枚作っておくと
コーディネートが
楽しめます。

もう片方の袖も
同じように作る。

マジックテープを使い、
袖をつける。

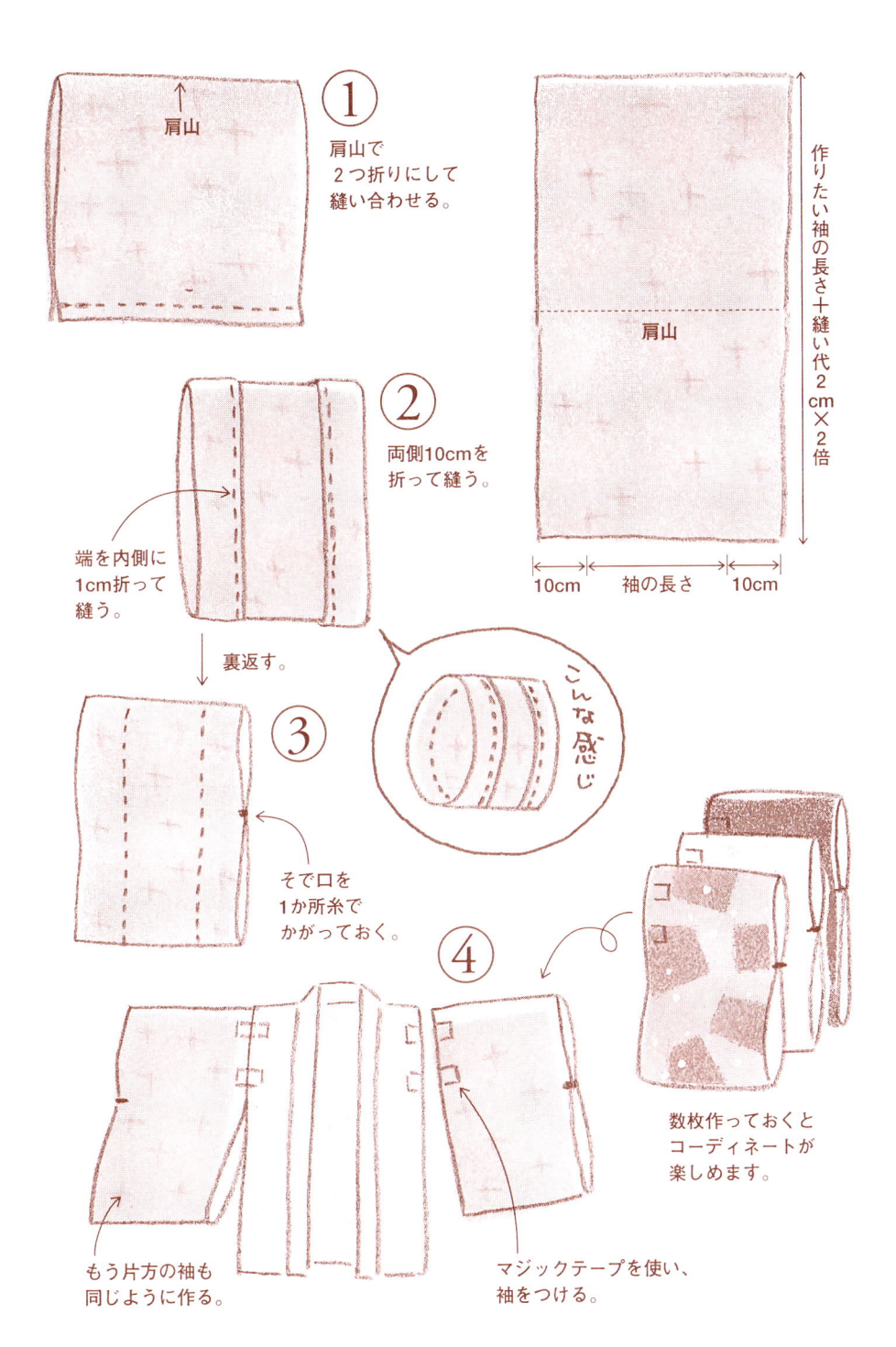

下着作り

防寒用にババシャツをリメイク

ババシャツ作り

襦袢の下に
このシャツを着ると暖かいです。
特に寒い日は二枚重ねに。
カット
折り返して
ミシンをかけます。
Tシャツ
着物から
はみ出さないように
衿を広めにカットします。

着物生活に入って最初の冬、だんだん寒くなったとき、身近にあるものですませようと、これまで着ていたTシャツを着ることにしました。でも、衿からシャツが見えてしまうので、その部分だけぐるっとカットしてミシンをかけました。

着てみるとなかなか暖かくていい感じです。肌に直接着るので、じゅばんの汚れも防げそう。さっそく三枚作り、冬中重宝しました。

洋服の暮らしから着物の暮らしに移っても、なるべく持っているものをリメイクして使いたいので、これはいい思いつきでした。ババシャツを買うのもいいけれど、身近なものを生かせて、そのうえお金もかからずにすんで、なんだかうれしい。

気のせいか、着物と洋服（だったもの）を一緒に着ていると、着物が普通の洋服に一歩近づいたような、カジュアルな感じがします。

「ねこ」で防寒

母からもらったものに、優れものの防寒着がありました。「ねこ」と聞きました。

この上に着物を着ます
じゅばん
真綿が薄く入っています。

これは羽織がぬげないなあ…。
でも暖かい。
外の作業やスタジアム観戦にいいかも
綿がたっぷり入っています。
なんと3cmの厚み！
カイロ用？

あとがき

それは一冊の本との出会いでした。『名和好子のきもの遊び』（文化出版局）という本を読んで、今までの着物の本とは違う自由さにすっかり惹きつけられて、私もいつかは着物の生活に入りたいと思うようになりました。

いつかは着物暮らしを、という漠然とした想いが五〇歳を迎える前に、と具体的になったのは、着物好きの義母が八〇歳を過ぎて着物を着なくなったのを見たから。高齢の方にとっては着物の裾がもつれ、足を取られやすいせいか、不安に思うのでしょう。

そんなわけで、体力がまだあるうちにと私の着物生活が始まります。イラストレーターは家が仕事場。そのことも着物暮らしにはとても具合がよいことでした。

小柄な義母は地味好み。若い頃に着ていたという着物はどれも渋い縞や絣の物が多くて私好み。私とは一五センチ以上身長が違いますが、おもしろいことに、いただいた着物は直さなくても着られます。これぞ着物の良さ、合理性ですね。

幾度も手を通され、年月を経て柔らかくなった着物は着心地が良く、守られているような安心感があります。着ているとなぜか、どこにでも行け、なんでもできる。私を後押ししてくれるような気もしました。

着物での暮らしは毎日が新鮮。生活の中のさまざまな雑事も、着物だと少し勝手が違います。そうじや洗濯や、ご飯作りなど、割烹着で作業していると手の使い方や身のこなしまで神経を使うのです。以来、土いじりにはどんな着物が向くか、雨の日の外出はどうしたらよいか、夏の一日、できるだけ快適に過ごすには？　など、そのつど考えて何か良いアイデアはないかと、春夏秋冬をパズルを解くように過ごしました。

そんな私の着物暮らしを、こうして一冊の本にまとめてみました。この本が、読者の皆様の着物生活を楽しいものにするお手伝いができたら、これ以上の喜びはありません。

本書で紹介したお店

p. 75 …… 山本裕子…………… ☎0466－44－3106
p.135…… オカダヤ新宿本店… ☎03－3352－5411
p.161…… 福島履物店………… ☎0426－22－4427　http://www.e-geta.com/mein.html
p.163…… 三鈴呉服店………… ☎03－3488－4141
p.165…… ハマヲ洋傘店……… ☎0422－43－1666

写真協力

p.49 …… えり新……………… ☎0792－88－6616
p.153…… 酒井産業株式会社… ☎0264－34－3323
p.55の①②、141、149 ………… 金谷株式会社

石橋富士子（いしばし　ふじこ）

イラストレーター。1958年横浜生まれ。教科書、女性雑誌などで活躍中。イラスト、エッセイだけでなく、生活の中の手作りアイデアも提案している。カルチャーセンター「ぺたこさんの手作り倶楽部」は大好評。主な著書は『ぺたこさんの手作り生活』（フィールドワイ社）、「平和と戦争の絵本シリーズ」第２巻『平和ってなに？』（文／大野一夫・中村裕美子）、第５巻『わたしたちは平和をめざす』（文／黒田貴子、共に大月書店）など。イラストでは『きものの着付けと帯結び』（ナツメ社）ほか多数。ポストカード、ちりめん小物の製作販売も。日本図書設計家協会会員、NPOブリッジ・エーシア・ジャパン理事、横浜芝山漆器研究会会員。手作りや着物生活の話題が満載のホームページも人気。

http://white.sakura.ne.jp/~tabletalk/

装丁　こやまたかこ
本文デザイン　南雲デザイン
撮影　森山活
校正　小村京子
編集協力　新保寛子（オフィス201）
編集　福島広司　鈴木恵美（幻冬舎）

知識ゼロからの着物と暮らす入門

2005年11月30日　第１刷発行
2012年12月５日　第７刷発行

著　者　石橋富士子
発行人　見城　徹
編集人　福島広司

発行所　株式会社 幻冬舎
〒151-0051　東京都渋谷区千駄ヶ谷4-9-7
電話　03-5411-6211（編集）　03-5411-6222（営業）
振替　00120-8-767643
印刷・製本所　株式会社 光邦

検印廃止

ISBN4-344-90075-8 C2077
Printed in Japan
幻冬舎ホームページアドレス　http://www.gentosha.co.jp/
この本に関するご意見・ご感想をメールでお寄せいただく場合は、comment@gentosha.co.jpまで。